LONDRES
INSÓLITA Y SECRETA

Rachel Howard y Bill Nash

FOTOS
Stéphanie Rivoal, Jorge Monedero y Adam Tucker

EDITORIAL JONGLEZ

guía de viaje

Rachel Howard es una periodista y redactora que ha vivido en casi todos los barrios de Londres. Colabora regularmente en *Conde Nast Traveller*, *National Geographic Traveller* y *The Guardian*, y escribe principalmente sobre viajes, cocina y arte.

Rachel también estuvo durante una década redactando discursos para el ministro griego de Asuntos Exteriores. Pero ese otro tema.

Bill Nash es un actor y escritor con raíces familiares por todo Londres. Tal es su obsesión por los lugares más recónditos de la ciudad que no ha dudado en colaborar en la creación de esta guía. Bill vive en Brixton, con su familia y con un gato inútil.

Ha sido un verdadero placer para nosotros elaborar la guía *Londres insólita y secreta* y esperamos que, al igual que a nosotros, le sirva de ayuda para seguir descubriendo aspectos insólitos, secretos o aún desconocidos de la ciudad. La descripción de algunos de los lugares se acompaña de unos recuadros temáticos que mencionan aspectos históricos o cuentan anécdotas, permitiendo así entender la ciudad en toda su complejidad.

Londres insólita y secreta señala los numerosos detalles de muchos de los lugares que frecuentamos a diario y en los que no nos solemos fijar. Son una invitación a observar con mayor atención el paisaje urbano y, de una forma más general, un medio para que descubran nuestra ciudad con la misma curiosidad y ganas con que viajan a otros lugares…

Cualquier comentario sobre la guía o información sobre lugares no mencionados en la misma serán bienvenidos. Nos permitirá completar las futuras ediciones de esta guía.

No duden en escribirnos:
Editorial Jonglez, 25 rue du Maréchal Foch
78000 Versailles, Francia
E-mail : info@editorialjonglez.com

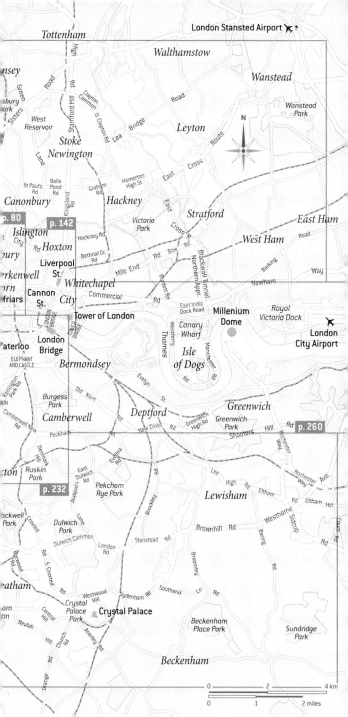

ÍNDICE GENERAL

De Westminster a Camden

De Temple a Angel

ÍNDICE GENERAL

De Tower Bridge a Shoreditch

ÍNDICE GENERAL

De Marylebone a Shepherd's Bush

De Westminster a Hammersmith

De South Bank a Brixton

De Whitechapel a Woolwich

ÍNDICE GENERAL

Greater London (Norte)

Greater London (Sur)

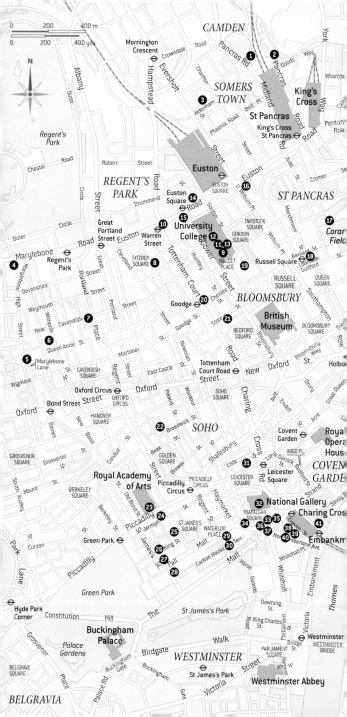

De Westminster a Camden

EL ÁRBOL DE THOMAS HARDY

Realojar a los muertos

Cementerio de la antigua iglesia de Saint Pancras, Pancras Road, NW1 1UL
www.posp.co.uk/st-pancras-old-church
Entrada gratuita
Metro o tren en King's Cross St Pancras, Metro Mornington Crescent

Thomas Hardy, el novelista de finales del siglo XIX, cuyo universo es notablemente lúgubre, odiaba tanto Londres por haber participado en una curiosa operación al norte de la ciudad. Tras estudiar arquitectura en el King's College, fue aprendiz de Arthur Blomfield entre 1862 y 1867, en una época donde la red ferroviaria se expandía con rapidez en el Reino Unido. El obispo de Londres encomendó a Blomfield supervisar la exhumación de restos humanos y el desmantelamiento de las tumbas del cementerio de la antigua iglesia de St Pancras para dejar sitio a la ampliación de la Midland Railway hasta la nueva terminal de la estación de King's Cross. Blomfield encargó el trabajo a Hardy.

Hardy pasó horas en el cementerio supervisando las obras de colocación de las nuevas vías férreas. Tenía unos veinticinco años cuando aceptó este trabajo, un trabajo que debió de marcarle mucho. La indiferencia con la que el progreso acabó con la tradición es en todo caso un tema recurrente en su obra.

En la época victoriana, la gente estaba obsesionada con la muerte y veneraban todos sus atributos. Sentían terror por la cremación, por lo que conservar los restos mortales era extremadamente importante para ellos. Las lápidas eran menos importantes que los restos humanos y la mayoría de las veces las descartaban. No obstante, algunas estaban pegadas las unas a las otras alrededor de un fresno. A lo largo de los años, las raíces del árbol crecieron sobre las lápidas cubiertas de musgo, un *memento mori* accidental pero muy real, del que seguramente Hardy se inspiró para escribir su poema *The Levelled Churchyard* (*El cementerio aplanado*):

> *Es aquí, pobres difuntos, donde descansamos,*
> *Nuestros huesos mezclándose con el revoltijo de osamentas,*
> *Y cada uno de nosotros exclama espantado,*
> *"¡No sé dónde se ha perdido mi alma!"*

El cementerio de la antigua iglesia de St Pancras

En *Historia de dos ciudades*, Charles Dickens describe el cementerio de la antigua iglesia de St Pancras como un lugar siniestro donde "pecaban" los desenterradores de cadáveres. Sir John Soane está enterrado en él, en una tumba sorprendentemente discreta (para él) en la que sir Giles Gilbert Scott se inspiró para crear su legendaria cabina de teléfono roja (véase p. 54). Mary Wollstonecraft y William Godwin fueron enterrados inicialmente aquí. De hecho, hay un monumento dedicado a esta célebre feminista en el cementerio, aunque sus restos fueron trasladados a Bournemouth. Dicen que su hija, que también se llamaba Mary (la autora de *Frankenstein*), habría planeado fugarse con el poeta Shelley cuando ambos amantes se veían clandestinamente en la tumba de su madre.

LA RESERVA NATURAL
DE CAMLEY STREET

Un refugio de paz en la jungla urbana

12 Camley Street, NW1
Tel.: 0207 833 2311
Horario: de jueves a sábado de 10.00 a 16.00 h en invierno y de 10.00 a 17.00 h
en verano - Entrada gratuita
Metro o tren a King's Cross

Las remodelaciones de la estación de King's Cross, donde llega la nueva línea ferroviaria del túnel que atraviesa el canal de La Mancha, han estado acompañadas de frenéticas medidas de saneamiento que han transformado uno de los rincones más sórdidos del centro de Londres. Han desaparecido de las calles los drogadictos y las prostitutas y los promotores se han apresurado a comprar las propiedades inmobiliarias de primera calidad. Entre las grúas, las canteras y los obreros de la construcción, resulta sorprendente oír el gorjeo de los pájaros o ver cómo revolotean las mariposas en el parque de Camley Street. Oculto detrás de un cruce que generalmente está atascado, este refugio salvaje de casi una hectárea de terreno abandonado desde 1983, está delimitado por las vías y por el canal de Regent's. Antaño, este lugar servía para guardar el carbón que se transportaba a lo largo del canal, hasta que los servicios municipales propusieron construir un aparcamiento de autobuses, pero los militantes ecologistas se opusieron y se creó esta reserva natural. Una quietud atemporal se adueña del visitante desde que franquea la entrada. Se oye el rumor del agua que corre por la esclusa vecina y se ven las pintorescas chalanas residenciales amarradas a lo largo del río. Aquí todo ha sido fabricado con materiales naturales o reciclados: las vallas de madera y las jaulas de pájaros, los bancos tallados con hacha, un montón de troncos para los animales pequeños e incluso un "minihotel para bichos".

Si escucha atentamente, todavía podrá oír los gorjeos de las currucas y de los martines pescadores por encima de las lejanas vibraciones de los martillos mecánicos. Hay una pizarra negra donde puede anotar los animales salvajes que ha visto, así como un precioso café gestionado por la comunidad.

Un sendero termina en Viewpoint, una "isla" de madera que flota sobre el canal, donde puede ver pasar casas flotantes y descubrir ocas, gallinetas comunes y corredores con ropa de licra fluorescente. Un nuevo puente peatonal, que cruza el canal y comunica el parque natural de Camley Street con Coal Drops Yard, hará que resuenen más las pisadas, pero afortunadamente las grúas, los obreros de la construcción y el ruido del tráfico quedarán lejos.

QUÉ VER EN LOS ALREDEDORES
Las farolas de St Nicholas flats
Aldenham Street, NW1 - Metro Euston ③

Construidos en la década de 1930, los St Nicholas Flats ("pisos de San Nicolás") forman parte del Sidney Estate, uno de los rincones menos desagradables de Somers Town, una siniestra extensión de viviendas sociales situada detrás de la estación de Euston. San Nicolás es el patrón de los marineros, lo cual explica por qué todas las farolas del patio de esta residencia tienen un barco en la parte superior.

THE BROWNING ROOM

El santuario del amor prohibido

St Marylebone Church, Marylebone Road, NW1
Tel.: 0207 935 7315
www.stmarylebone.org.uk
Horario: todos los días de 9.00 a 17.00 h. Browning Room solo se visita previa cita
Entrada gratuita
Metro Baker Street o Regent's Park

La correspondencia amorosa entre los poetas victorianos Elizabeth Barrett y Robert Browning tiene pocos equivalentes en la historia de la literatura. Durante más de veinte meses intercambiaron 574 apasionadas cartas de amor, cinco de las cuales fueron incineradas sin ni siquiera haberlas ojeado. Era una relación imposible, pues Elizabeth era inválida, era adicta al opio y tenía que guardar cama en casa de sus padres, en Wimpole Street, bajo la vigilancia de su puritano padre. Browning, apuesto y erudito, pertenecía a una familia modesta de Camberwell.

Ella tenía cerca de 40 años (una solterona, según los parámetros victorianos), y él, 36: una edad más que madura para la época.

Cuando por fin se conocieron en 1845, el amor que sentían el uno por el otro alcanzó su plenitud. El padre de Barrett no ignoraba que Browning visitaba a su hija, pero creía que los amantes se conformaban con hablar inocentemente de literatura. El 12 de septiembre de 1846, Elizabeth se escapó de casa para acudir a la iglesia vecina de St Marylebone, donde se casó con Robert en secreto. Una semana más tarde la pareja viajó a Italia y no volvió nunca más. Cuando Henrietta, la hermana de Elizabeth, le dio la noticia a su padre, éste se encolerizó tanto que estuvo a punto de empujarla por las escaleras. No volvió a dirigirle la palabra a su hija Elizabeth.

Hoy en día se conmemora este amor ilícito en la Iglesia de St Marylebone, donde se conserva el certificado de matrimonio original de la pareja. Al entrar a la iglesia, verá a su izquierda, el "Browning Room". Ahora sólo sirve como sala de ceremonias, y está abierta sólo en contadas ocasiones, especialmente los domingos después de misa. Algunos de los muebles originales han sido robados, por lo que la habitación está casi vacía, salvo por dos pequeños retratos en relieve de los amantes y una pequeña ventana decorada con vidrieras en su memoria.

QUÉ VER EN LOS ALREDEDORES
El conducto de Marylebone ⑤

En sus orígenes, St Marylebone se llamaba St Mary-by-the-Tybourne, en recuerdo del Tybourne, que pasaba no lejos de allí. El último rastro de este río -antaño una de las principales fuentes de suministro de agua de la City- es una minúscula placa encastrada en el muro, en el número 50 de Marylebone Lane, en la que se puede leer: "Conduit belonging to the City of London 1776" ("Conducto perteneciente a la City de Londres 1776").

BRITISH DENTAL ASSOCIATION MUSEUM

Una visita al dentista...

64 Wimpole Street, W1
www.bda.org/museum
Tel.: 0207 935 0875
Horario: de martes y jueves de 13.00 a 16.00 h
Entrada gratuita
Metro Oxford Circus

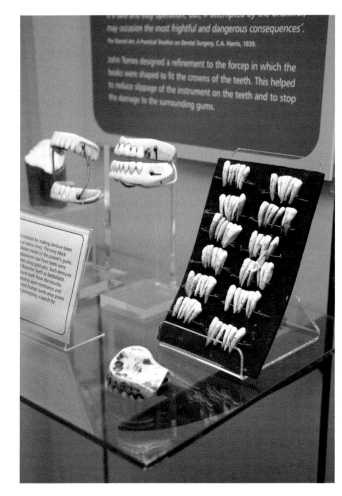

Este pequeño museo odontológico es un anexo de la biblioteca de la Asociación Dental Británica, lo que explica su aspecto pedagógico. Darse cuenta de la suerte que tenemos de poder acceder a los servicios odontológicos actuales es una de las partes más impresionantes de la visita: la profesión de dentista no estuvo reglamentada hasta 1921, y antes cualquiera podía ejercerla.

Los antiguos tornos y las fresas eran variaciones del berbiquí que usaban los carpinteros, y solían ser aparatos mecánicos robustos, como se puede comprobar en la publicidad del "utillaje dental de Mr. Shaw, con su aceitera y sus llaves inglesas". Generalmente las prótesis dentales se hacían con dientes de morsa o de hipopótamo. El anclaje extrabucal del Dr. Edward H. Angle, un temible aparato dental parecido a un colador, muestra bien los extremos a los que podía llegar la ortodoncia. El escaparate más impresionante es sin duda el que contiene los instrumentos para extraer las piezas dentales. Estos objetos rompían con frecuencia los dientes durante la extracción o incluso llegaban a fracturar la mandíbula.

Los instrumentos más bellos de la colección, con mangos de nácar delicadamente tallados, están expuestos como si de joyas se tratara en cajas hechas a medida. Hay un ordenador a disposición del público en el que se pueden ver películas, tan terroríficas como desternillantes, sobre la higiene dental. Oral Surgery Part 2 1948 (Cirugía oral Parte 2) parece un cortometraje hecho por Francis Bacon. No Toothache for Eskimos (Los esquimales no padecen dolor de muelas) parece una parodia, y Came The Dawn (Amaneció), de 1912, tiene una secuencia inquietante en la que un corpulento soldado con falda escocesa y su compañero se burlan durante cinco minutos de un hombre desdentado.

Los museos médicos de Londres

En Londres hay una amplia gama de museos relacionados con la medicina, entre ellos el antiguo "Operating Theatre" (p.254), el museo del laboratorio de Sir Alexander Fleming (p.208) y el British Optical Association Museum (p. 74). Consulte la página web www.medicalmuseums.org para obtener la lista completa. Un poco más lejos se encuentra el Bethlem Royal Hospital Museum (museumofthemind.org.uk). Este museo no sólo dispone de importantes archivos sino también de una sorprendente colección de obras de arte relacionadas con enfermedades mentales.

ANAESTHESIA HERITAGE CENTRE ⑦

Impresionante, hasta perder el sentido

21 Portland Place, W1B 1PY
Tel.: 0207 631 1650
www.medicalmuseums.org/museum/anaesthesia-heritage-centre/
Horario: de lunes a viernes de 10.00 a 16.00 h. Los visitantes deben llamar con
antelación o escribir a heritage@aggbi.org para reservar su plaza
Entrada gratuita
Metro Oxford Circus, Regent's Park o Great Portland Street

¿No conoce la diferencia entre un esfigmomanómetro de Boulitte y una insuflación nasofaríngea? Este es el sitio para descubrirlo. En el sótano de un majestuoso edificio construido por Robert Adam, en una de las calles más imponentes de Londres, hay un pequeño museo que cuenta la historia de la anestesia, la reanimación y el alivio del dolor. La colección abarca más de 4 500 objetos, desde las primeras jeringuillas hasta los aparatos de alta tecnología que se usan en la actualidad para dejar inconscientes a los pacientes.

Las vitrinas tienen éteres, vaporizadores y "bolsas de reanimación", enormes fuelles que se presionan para insuflar aire a los pulmones del paciente. Las "esponjas soporíferas" impregnadas de opio, mandrágora y cicuta, evocan los principios poco tranquilizadores de la odontología.

El objeto más antiguo es un botiquín de reanimación diseñado por la Royal Humane Society en 1774 "para proporcionar un alivio inmediato a los pacientes aparentemente muertos por ahogamiento". Se colocaba toda esta quincalla de manera estratégica en las orillas del Támesis para que los voluntarios pudieran reanimar a las personas que caían al agua.

En 1800, Humphry Davy, un joven farmacéutico y futuro presidente de la Royal Society, fue el primero en estudiar las "propiedades aturdidoras y analgésicas del óxido de nitrógeno". Al principio, no se usaba este gas para fines médicos, pero se puso de moda en las fiestas sorpresa, o "fiestas de éter", muy parecido a esas bolsas llenas de gas de la risa que hoy se respira en las *raves* o en las fiestas *techno*.

Los largos paneles explicativos van dirigidos a los médicos más que a los delicados pacientes que padecen fobia a las inyecciones. Los archivos y la biblioteca suelen estar llenos de estudiantes de medicina, de otro modo es probable que pueda disfrutar a solas de esta oda al olvido.

El término anestesia, que significa "pérdida de la sensibilidad" en griego, no se empleó en inglés hasta 1846, año en que se empezó a usar oficialmente el éter para aliviar el dolor durante una operación en el Hospital General de Massachusetts. John Collins Warren, el cirujano, declaró: "Señores, esto no es una broma".

Antes, los pacientes recurrían a la religión, a la superstición, a la astrología o a la magia para aliviar los efectos de la cauterización, de una extracción dental e incluso de una amputación. El mesmerismo era la manera tradicional de calmar el dolor con la ayuda de imanes y bajo hipnosis.

En 1853, suministraron cloroformo a la reina Victoria en el parto de su octavo hijo. Habló de ello con entusiasmo en su diario: "El Dr. Snow me administró este bendito cloroformo y el efecto fue infinitamente reconfortante, calmante y delicioso".

FITZROY HOUSE

Un lugar de referencia literario (por así decirlo)

37 Fitzroy Street, W1T 6DX
Tel.: 0207 255 2422
www.fitzroyhouse.org
Horario: todos los días previa cita de 11.00 a 17.00 h. Para reservar una visita,
envíe un e-mail a info@fitzroyhouse.org
Metro Warren Street o Great Portland Street

En la esquina de Fitzroy Square, la suntuosa y tranquila plaza que diseñaron los hermanos Adam, se alza una casa de estilo georgiano donde no solo vivieron George Bernard Shaw, premio Nobel de Literatura, y Robert Tressell, el autor de *Los filántropos en harapos*, un clásico de la literatura obrera, sino también, a partir de 1957, L. Ron Hubbard, ganador del récord Guinness por ser el autor con el mayor número de libros publicados (1084). Más conocido como el creador de la dianética y fundador de la Iglesia de la Cienciología, Hubbard vivió en esta casa varios años antes de mudarse a la mansión de Saint Hill, una casa del siglo XVIII, en Sussex, que compró en 1952 al marajá de Jaipur.

Esta casa de cinco plantas ha sido íntegramente restaurada y reformada. La Cienciología sigue teniendo su sede aquí –lugar de reunión y centro de formación de la congregación– y hay varias vitrinas dedicadas a Hubbard, una las cuales ilustra la historia de su vida. Siendo justos con este hombre, hay que decir que su vida fue sumamente memorable: tras haber viajado de pequeño, al parecer, a Extremo Oriente, se convirtió en experto marinero y en piloto de aeroplano también, fue buscador de oro y se unió al Club de los Exploradores en 1940. Aunque se cuestionan muchas de las hazañas que reivindicaba Hubbard, también fue un prolífico y famoso autor de aventuras y de ciencia ficción para distintas revistas en los años 1930. Las portadas de las revistas, así como los carteles de las series cinematográficas de suspense en las que participó, como la desconcertante serie *El secreto de la isla del tesoro*, forman parte de los puntos fuertes de la exposición. Las oficinas de Hubbard, en la planta baja, también han sido cuidadosamente restauradas y poseen un equipamiento completo de otra época, como uno de los primeros faxes que escribe con una aguja caliente, una máquina de escribir supuestamente silenciosa y algunas grabadoras con pinta de ser difícilmente manejables.

Dado que la Iglesia de la Cienciología tiene fama de tener un considerable poder de persuasión, la visita trata esta parte del edificio con suavidad. Evidentemente se trata de Hubbard y de su obra –después de todo, estamos en una de las sedes de la congregación–, pero los comentarios rozan sin cesar las costas más salvajes de esta "religión". Hay otras curiosidades que merecen la visita, como las fotografías que hizo Hubbard de Londres en los años 1950.

La plaza Fitzroy Square, al final de la calle, merece ser más conocida, aunque se encuentre en el lado equivocado de Tottenham Court Road. Virginia Woolf y George Bernard Shaw vivieron aquí; Francisco de Miranda, el revolucionario venezolano, vivió cerca, en Grafton Way, como lo demuestra su estatua cerca de la plaza; y los poetas Arthur Rimbaud y Paul Verlaine vivieron un tiempo a la vuelta de la esquina.

Antiguas osamentas y anguilas congeladas

Rockefeller Building, University College London, 21 University Street,
London WC1E 6DE
Tel. : 020 3108 2052 - www.ucl.ac.uk/culture/grant-museum-zoology
Horario: de lunes a viernes de 13.00 a 17.00 h
Entrada gratuita
Los niños menores de 11 años deben estar acompañados de un adulto
Metro Goodge Street, Warren Street o Euston Square

En el corazón del laberíntico campus de la Escuela Universitaria de Londres (University College London), se esconde uno de los museos de historia natural más antiguos y curiosos de Gran Bretaña. La peculiar colección del Grant Museum parece, al mismo tiempo, el desván de un compulsivo coleccionista victoriano y el taller de Damien Hirst. Los escaparates con olor a cerrado están repletos de esqueletos de monos, sapos en conserva, tarros de lombrices y cráneos de elefantes.

El museo cuenta con cerca de 62 000 especímenes, es decir, una muestra completa del reino animal. El esqueleto en espiral de una anaconda de 250 kilos, la cabeza de un marsupial cortada en dos sumergida en formol y el corazón de un elefante, son especialmente impresionantes. También hay especies desconocidas, como el cuaga, una especie de cebra, y una caja que contiene la osamenta de un dodó. Y si aún no está convencido de que las aves descienden de los dinosaurios, la huella de la primera ave conocida, el archeopteryx, le dará una prueba contundente.

Este museo fue fundado en 1827 por Robert Grant, un pionero en la teoría de la evolución y el primer profesor de zoología y anatomía comparada de Inglaterra. Cuando Grant inauguró su departamento en la joven Universidad de Londres (rebautizada más adelante como University College London), no existía ningún tipo de material pedagógico. Empezó entonces a reunir estos especímenes, que los estudiantes de biología, las escuelas y los artistas aún siguen utilizando.

Aunque le pagaban una miseria, Grant enseñó en la Universidad de Londres desde 1828 hasta su muerte, en 1874. Descansa actualmente en el cementerio de Highgate.

Robert Edmond Grant conoció al joven Charles Darwin en 1826. Fue su amigo y mentor durante varios años, hasta que acabaron peleándose. Curiosamente, Darwin vivió en una casa de este barrio, en el 12 Upper Gower Street, de 1839 a 1842.

QUÉ VER EN LOS ALREDEDORES
El laberinto de Warren Street

Mientras espera el metro en la estación Warren Street, busque el laberinto rojo y negro que hay en el andén. Este dibujo, un juego visual que se ha inspirado en el nombre de la estación (warren = laberinto), fue diseñado por el genial grafista Alan Fletcher. Como hay que esperar casi tres minutos entre tren y tren, Fletcher creó un acertijo que no alcanza a resolverse en tan poco tiempo.

EL PENE DE MIN

*Antigüedades sepultadas en el campus
de una universidad*

*The Petrie Museum, University College London, Malet Place, WC1
Tel.: 0207 679 2884
www.ucl.ac.uk/culture/petrie-museum
Horario: de martes a sábado de 13.00 a 17.00 h
Entrada gratuita
Metro Euston Square, Goodge Street o Warren Street*

Bajo la atmósfera erudita que rodea esta colección de objetos de arte egipcio, se esconden algunas piezas libertinas. El Petrie Museum, creado en 1892 como recurso didáctico para la facultad de arqueología y filología de la Universidad de Londres, lleva el nombre del primer profesor de la facultad, William Flanders Petrie. Este fervoroso arqueólogo desenterró cerca de los 80 000 objetos del museo, que datan desde la prehistoria hasta los primeros tiempos del Islam, pasando por el Egipto faraónico, romano y copto.

La obra más asombrosa es sin duda el bajorrelieve en mármol del dios egipcio Min. Min, que siempre está representado, al igual que el dios grecorromano Príapo, con un enorme pene erecto, era el dios de la fertilidad y de la sexualidad. Al inicio de las cosechas se plantaba su efigie en los campos, donde los hombres, desnudos, escalaban un enorme poste en su honor. Al parecer, para estimular su miembro viril, Min utilizaba largas hojas de lechuga. Quizás no resulte extraño que en el antiguo Egipto se le atribuyera virtudes afrodisíacas a la lechuga: crece con rapidez y verticalmente, y además, segrega un jugo lechoso (de ahí su nombre) cuando se exprime.

Los trajes tienen un papel fundamental en esta colección. Se puede ver la túnica más antigua del mundo, que vistió una bailarina hacia 2500 a.C. Además de los hermosos papiros y de los asombrosos jeroglíficos, el museo cuenta con varios objetos comunes y corrientes, entre ellos una trampa para ratas con más de 3 000 años de antigüedad. En medio del arte egipcio, por lo general abstracto, las máscaras funerarias romanas resultan sobrecogedoras, e incluso llegan a darle un poco de vida a esta cultura, que solía ser insignificante o monumental.

Aunque alberga una de las colecciones de egiptología más importantes del mundo, el Petrie Museum no tiene la importancia de la colección egipcia del British Museum. Sin embargo esta diferencia de categoría juega a su favor. El Petrie Museum no muestra tanto el saqueo como el British Museum y su colección está organizada con bastante más seriedad. Por otra parte, acceder a ella es mucho más fácil. Las galerías de arqueología funeraria egipcia del British Museum, donde están expuestas las piezas más exquisitamente infames, suelen estar llenas de grupos de turistas bajados directamente del autobús, y por mucho que uno se abra paso con codos y rodillas, no está garantizado que pueda ver mejor.

EL AUTO-ICONO DE JEREMY BENTHAM

La momia surrealista de un filósofo alucinado

South Cloisters, University College London, Gower Street, WC1
Tel.: 0207 679 2825
www.ucl.ac.uk/culture/jeremy-bentham
Horario: de lunes a viernes de 8.00 a 18.00 h
Entrada gratuita
Metro Euston Square, Warren Street o Goodge Street

El esqueleto embalsamado de Jeremy Bentham (1748-1832), un filósofo radical y reformador, está tranquilamente sentado en un armario del rellano de una de las plantas de la Escuela Universitaria de Londres (UCL). Tal y como lo solicitó en su testamento, descansa allí desde 1850, en la misma pose pensativa, "vestido con sus trajes habituales y sentado en su silla preferida". Bentham dio a este singular monumento, dedicado a sí mismo, el nombre de "auto-icono" ("hombre a su imagen"). Su particularidad es que contiene un cadáver real. Al menos el esqueleto, porque el cuerpo de Bentham, que se oculta tras el fino traje, es de paja. La investigación médica de la época sólo contaba con los cadáveres de los criminales, de modo que Bentham donó sus órganos "para ilustrar una serie de lecciones magistrales a las que serían invitados científicos y literatos". Más tarde, su cuerpo quedó en manos de los estudiantes de anatomía. Lo único que Bentham no legó a la ciencia fue su cabeza, que hubo que conservar mediante una técnica de disección maorí, para luego colocarla en su auto-icono. Según cuenta la leyenda, durante los últimos diez años de su vida Bentham llevó consigo los ojos de cristal que quería que se insertaran en su cabeza. Desafortunadamente, la cabeza momificada se deterioró rápidamente y tuvo que ser reemplazada por una cabeza de cera, cuyo aspecto resultaba menos grotesco.

La verdadera cabeza estuvo durante varios años a sus pies. Pero en 1975, un grupo de estudiantes del King's College la robaron y pidieron como rescate, a la asociación de los sin techo, 100 £. La UCL consiguió que la suma descendiera a 10 £, y la cabeza fue devuelta a su legítimo propietario. Desde entonces, la cabeza ha estado guardada en una de las bóvedas de la facultad, y nadie está autorizado a verla más que "en ocasiones excepcionales".

Bentham fue un visionario que creyó en el sufragio universal, en la legalización de la homosexualidad y en el utilitarismo, doctrina que busca la mayor felicidad para la mayoría de la gente. Cuando se fundó la Escuela Universitaria de Londres en 1826, se retomaron las ideas del filósofo y fue la primera universidad en admitir a sus estudiantes con independencia de su raza y de sus convicciones religiosas o políticas.

Efectivamente, en 2013, trasladaron el auto-icono en un carro para que asistiera a la última sesión del consejo en presencia del decano, sir Malcolm Grant, antes de que este se jubilase.

Las reacciones de los visitantes frente al filósofo momificado son capturadas por una webcam situada sobre su cabeza. *El Panopticam*, una alusión irónica al siniestro Panóptico, cárcel circular que permite vigilar permanentemente a todos los presos, hace una foto cada cinco segundos. ¿Un comentario sarcástico sobre el deseo de autoconservación o una crítica posmoderna al estado de vigilancia?

INSTITUTE OF MAKING

Por favor toque

Malet Place, University College London, WC1E 7JE
Tel.: 0207 679 3248
www.instituteofmaking.org.uk
Apúntese a la lista de direcciones para recibir información sobre los cursos,
los días de apertura y el Festival anual de cosas (Festival of Stuff). También se
puede visitar la Biblioteca de materiales (Materials Library) previa cita.
Entrada gratuita, pero hay que reservar con antelación para algunos eventos
Metro Euston Square, Russell Square o Warren Street

"Uno nunca sabe lo que va a aprender aquí", comenta Zoe Laughlin, la carismática cofundadora y codirectora del Institute of Making (Instituto de la fabricación). Situado en lo que fue un "basurero infestado de ratas", en el campus del University College of London (UCL), este laboratorio científico no es como los demás. Para empezar, es multidisciplinar: un espacio luminoso, rebosante de energía creadora, donde los ingenieros, artistas, arquitectos y físicos pueden estudiar las relaciones entre la ciencia, el arte, el artesanado y el diseño. La adhesión

como socio está abierta a todo el personal y a todos los estudiantes del UCL, pero el público general también puede asistir a los simposios, a las jornadas de puertas abiertas y a las clases magistrales sobre temas deliciosamente desconocidos como la técnica de talla del sílex, el vidrio soplado o la fabricación del fieltro.

Este instituto surgió de la Biblioteca de materiales, cuyas reservas permanentes ascienden a más de 2 000 objetos extraordinarios, expuestos en grandes vitrinas y en cajones de madera. Animan a los visitantes a "toquetear las cosas", a que se prueben por ejemplo un par de guantes forrados de plomo que se usan para manipular desechos radioactivos; a cortar hielo con un disco de nitruro de aluminio; a sujetar el sólido más ligero del mundo, una gota transparente de aerogel (creada por la NASA para atrapar polvo de estrellas), compuesta en un 99,8 % de aire. Caliente un trozo de alambre con un soplete y se transformará en un clip; está hecho de una aleación "de memoria de forma", un material ingenioso que se usa sobre todo en microcirugía y que recupera su forma original cuando lo calientan.

Uno de los objetos más antiguos es un cemento auto-reparador, que contiene almidón y una bacteria dormida: cuando el cemento se resquebraja y el agua se infiltra, la bacteria se despierta, se alimenta del almidón y secreta calcita, que cierra la fisura. Esta bacteria puede sobrevivir cincuenta años. (Si desea estudiar todos los aspectos de la colección, descárguese la excelente aplicación @Materials Library.)

Estos objetos, y otros más comunes, se estudian en el MakeSpace, un taller donde se han creado prototipos de válvulas cardíacas, palillos grabados con láser, cascos de bicicleta hechos a medida y una impresora 3D que utiliza arcilla. El Instituto también tiene el récord mundial Guinness del cortador de láser más grande, una grúa pórtico amarillo canario de diez toneladas que domina todo el espacio.

El Institut of Making, que es a la vez centro de documentación y de información, laboratorio de investigación, taller y patio de recreo, celebra las cosas, sean las que sean. Desde maravillas de la ciencia hasta la alquimia de lo cotidiano, es un lugar totalmente dedicado al descubrimiento, a la inspiración y a los placeres obsoletos pero apasionantes.

MAGIC CIRCLE MUSEUM

Abracadabra

12 Stephenson Way, NW1 2HD
Tel.: 0207 387 2222
themagiccircle.co.uk
Se puede visitar el museo si se asiste a un espectáculo de magia o cuando se
celebra una jornada de puertas abiertas. Consulte la web para informarse sobre
los eventos públicos
Entrada: consulte la web para conocer las tarifas
Metro o tren Euston, Metro Euston Square

Para empezar, dejemos las cosas claras: la única manera de entrar a
ver este museo es comprando una entrada para asistir a uno de los
eventos públicos del Magic Circle, espectáculos de magia en su mayoría

que se realizan en el teatro de la primera planta. No llegue a la puerta pensando que habrá alguien para recibirle, esto solo puede exasperar a los magos que probablemente le cortarán en dos. De todas formas, los grandes magos ingleses hacen muy buenos espectáculos y merecen la entrada que va a pagar.

Cuando haya localizado el sitio al final de una pequeña calle cerca de la estación de Euston, con un cartel de Magic Circle como único punto de referencia, eche un vistazo a la escalera flotante de caracol que recorre el edificio, una preciosa espiral que al parecer adoran los amantes de este tipo de escaleras. Los muros están prácticamente cubiertos de todo tipo de accesorios de magia que los miembros del Magic Circle coleccionan desde que se fundó en 1905 como una asociación destinada a promover el arte de la magia y a proteger sus secretos. Los magos se toman su lema *Indocilis Privata Loqui* (incapaces de divulgar los secretos) muy en serio.

Hay un montón de carteles antiguos, pero la auténtica joya del lugar es una colección de accesorios y de recuerdos de magia. La sala Devant, que lleva el nombre del primer presidente del Circle, tiene el famoso fez rojo de Tommy Cooper, una leyenda de la televisión. John Nevil Maskelyne, el segundo presidente, cosechó un enorme éxito como mago y hasta encontró el tiempo para inventar la cerradura de los baños de pago, de la que proviene la expresión inglesa *to spend a penny* (cambiar el agua al canario). Obviamente, una de las cerraduras está expuesta en el museo, donde también se puede admirar el modelo original con el que ensayaba Robert Harbin para realizar el número de magia de la *zigzag girl* que consistía en "cortar" a una mujer en tres pedazos; al parecer, el número más copiado del mundo.

El museo como tal está en el sótano y está lleno de objetos preciosos. Podrán ver por ejemplo el mapa original del merodeador de las películas de Harry Potter, que dibujó uno de los miembros del Magic Circle; y una marioneta Sooty auténtica. También están expuestos los trajes del malogrado Chung Ling Soo –nombre de artista de William Robinson, que murió sobre el escenario, en el Wood Green Empire, en 1918, cuando su famoso truco de "atrapa la bala" no salió bien–.

Si no quiere comprar una entrada, puede intentar hacerse miembro del Magic Circle. No es cosa fácil, pero esto le permitirá entrar en su santuario ultrasecreto y en su amplia biblioteca dotada con más de 20 000 libros de magia. El príncipe Carlos es uno de sus miembros: la pelota y los cubiletes con los que hizo su número de magia durante su audición están expuestos en el museo, pero parece que no viene tan a menudo al club como debería.

BLEIGIESSEN

*Verter plomo fundido en agua fría para interpretar
sus formas y predecir el futuro*

Gibbs Building, Wellcome Trust, 215 Euston Street, NW1
Tel.: 0207 611 8888 - www.ucl.ac.uk/culture/petrie-museum
Visitas guiadas el último viernes de mes a las 14.00 h
Para reservar una plaza envíe un correo a Elayne Hodgson (e.hodgson@
wellcome.ac.uk). Visitas para grupos previa petición
Entrada gratuita
Metro Euston Square

Cuando se remodelaron las instalaciones del Wellcome Trust, el instituto de investigación biomédica más grande de Gran Bretaña, se encargaron varias obras de arte para decorar la nueva y suntuosa sede. La obra principal fue encomendada a Thomas Heatherwick: una estructura que debía ocupar el vestíbulo de nueve plantas del Gibbs Building. Fue un verdadero reto para el artista. Su escultura debía llenar un espacio de 30 metros de alto, pero cada una de sus partes tenía que caber por una puerta de dimensiones normales.

Heatherwick resolvió este problema imaginando una obra que "pudiera caber por la ranura de un buzón". Tuvo la idea de emplear un material líquido inspirándose en el estanque que está al fondo del vestíbulo. Creó más de 400 prototipos vertiendo metal derretido en agua fría, antes de escoger una figura de cinco centímetros de diámetro que le sirvió para modelar su escultura. Es evidente que Heatherwick también se inspiró en su madre, fundadora de la Bead Society of Great Britain (Asociación de Abalorios de Gran Bretaña). El modelo fue escaneado y, acorde con las dimensiones del edificio, se reprodujeron cerca de 142.000 esferas de vidrio en una fábrica polaca de lentillas ópticas. Después se insertó una película reflectante dentro de las perlas para obtener reflejos de colores.

Todas las esferas fueron numeradas y ensambladas en el edificio. Fue una operación minuciosa que mantuvo ocupado, día y noche, durante cinco meses, a un equipo de 18 personas. El resultado final recuerda a la forma de una nube incandescente de partículas en suspenso. Las formas se difuminan y se vuelven más o menos borrosas dependiendo de la refracción de la luz.

La abuela alemana de Heatherwick tituló la obra Bleigiessen (verter plomo), inspirándose en una tradición de Nochevieja, aún vigente en Europa del Este, que consiste en verter plomo fundido en agua fría e interpretar las formas que se crean para predecir lo que deparará el nuevo año.

Árboles de mentira

El Wellcome Trust guarda otro secreto: la mitad de los ficus del atrio que están en altura son de mentira. Los árboles plantados originalmente no crecieron como se esperaba así que secaron al horno los troncos y las ramas principales y luego los cubrieron de hojas de seda.

LAS CARIÁTIDES EN PIEDRA DE COADE

Mujeres jóvenes sin vientre

Iglesia St Pancras, Euston Road, NW1
www.stpancraschurch.org
Horario: lunes-jueves de 8.00 a 18.00 h. Domingos de 7.30 a 11.30 h y de 17.30 a 19.00 h
Entrada libre
Metro Euston o King's Cross

La iglesia Saint Pancras, construida en 1819, está inspirada en el Erecteión de la Acrópolis, pero el intenso tráfico de Euston Road le ha arrebatado gran parte de su esplendor. No obstante, la fachada sigue decorada con asombrosas cariátides que sostienen el portal. Si las observa de cerca, descubrirá que estas jóvenes mujeres son más bajas que sus homólogas griegas (una de las cuales está expuesta en el Museo Británico, gracias a Lord Elgin). El escultor Charles Rossi (1762-1839) tardó tres años en dar forma a estas estatuas en piedra de Coade, un material artificial muy usado en los monumentos neoclásicos y que estuvo de moda en el siglo XVIII y a comienzos del siglo XIX. Las cariátides fueron construidas por partes que se ensamblaron luego sobre columnas de hierro fundido. Cuando el escultor las transportó desde su taller hasta la iglesia, descubrió horrorizado que eran demasiado grandes. Ante la mirada perpleja de una multitud de curiosos, Rossi tomó una decisión drástica: cortarles el vientre. El drapeado de sus túnicas disimula en parte sus reducidos abdómenes.

La iglesia organiza recitales gratuitos todos los jueves por la tarde, así como exposiciones y conciertos en el museo de la cripta (cryptgallery. org). Hay 557 personas enterradas bajo estas bóvedas subterráneas que se usaron como refugio antiaéreo en la Segunda Guerra Mundial.

A pesar de este éxito, la empresa quebró poco después de la muerte de Eleanor Coade en 1796, a la venerable edad de 88 años. Descansa en el cementerio de Bunhill Fields.

¿Qué es la piedra de coade?

Fundada por Mrs. Eleanor Coade en 1769, la fábrica de piedra artificial Coade monopolizó durante 65 años el mercado de las estatuas, bustos, lápidas, ornamentos arquitectónicos y de jardín. Esta piedra, económica, fácil de moldear y resistente a la intemperie, estaba fabricada a partir de una fórmula secreta que aún se desconoce. Según un informe anónimo de 1806, "esta mezcla, que se vierte en moldes y después se quema, se considera apropiada para todas las necesidades que requiere la escultura en piedra. Tiene la particularidad de resistir a las heladas y conserva un contraste que supera al de todas las piedras, al punto de igualar al del mármol". Los numerosos monumentos de Londres hechos en piedra de Coade dan ejemplo de esta cualidad, empezando por la tumba del capitán Bligh, en St Mary's Lambeth (véase p. 241), el frontón dedicado a Nelson en la capilla Royal Naval College, en Greenwich, y el león de 13 toneladas de Westminster Bridge, uno de los dos leones que antiguamente adornaban el techo del restaurante Red Lion, en la orilla sur del Támesis. El otro está de guardia delante del All-England Rugby Club, en Twickenham, cerca de la puerta conmemorativa de Rowland Hill.

THE FOUNDLING MUSEUM

Niños perdidos y encontrados

40 Brunswick Square, WC1
Tel.: 0207 841 3600
www.foundlingmuseum.org.uk
Horario: de martes a sábado de 10.00 a 17.00 h . Domingos de 11.00 a 17.00 h
Metro Russel Square, King's Cross o Euston

Los turistas aún creen que Londres sigue siendo territorio del victorianismo, lleno de damas y caballeros estirados y de buenos modales. En realidad, quitando un corto periodo de tendencia a la rectitud moral en el siglo XIX,

el londinense por excelencia ha sido siempre más bien vil; la embriaguez como fin en sí sigue siendo hoy un pasatiempo londinense, al igual que las peleas. Esta brutalidad y esta crueldad alcanzaron su punto más álgido en el siglo XVIII, época en que un hombre podía acabar colgado por robar cucharas. Una de las consecuencias más trágicas de tal tipo de sociedad fue el nacimiento de multitud de niños no deseados.

Afortunadamente, en 1739 y después de haber empleado diecisiete años en recolectar fondos, el filántropo Thomas Coram fundó un "hospicio para la protección y educación de los niños maltratados y abandonados". Más de 27 000 niños fueron acogidos en este establecimiento, situado primero en Lamb's Conduit Fields y trasladado luego al campo en 1953. El formidable Foundling Museum (Museo de los Expósitos) cuenta la historia de estos niños.

Gracias al pintor William Hogarth, uno de los primeros directores del hospicio, el museo cuenta con una asombrosa colección de obras de arte, expuesta en habitaciones cuya atmósfera original ha sido detalladamente reconstruida. La pintura caricaturesca de Hogarth es con frecuencia despiadada y cínica: su célebre grabado de Gin Lane está impregnado de desprecio por el estilo de vida de quienes abandonaban a sus hijos. Aunque también es cierto que Hogarth debió de ser un hombre muy compasivo. Persuadió a importantes artistas como Gainsborough y Reynolds para que donaran cuadros al hospicio, y fue así como logró crear el primer espacio público de exposición de Inglaterra. Esta iniciativa dio origen a la Academia Real de Bellas Artes en 1768. Conforme a los principios de su fundación, la mayoría de los eventos organizados por el museo, empezando por los talleres y los conciertos, están destinados a los niños.

El tranquilo café está gestionado por The People's Supermarket, una tienda de comestibles sin ánimo de lucro, en Lamb's Conduit Street, de la que se encargan voluntarios del barrio.

Händel y Hendrix

El compositor alemán George Friedrich Händel fue también uno de los directores del hospicio, lo cual explica por qué el museo posee una colección de documentos sobre su obra. Cada año, las interpretaciones del Mesías aseguran una fuente de ingresos para el hospicio. En el Haendel House Museum, la antigua residencia del compositor, en el número 25 de Brook Street, distrito de Mayfair, también se interpretan otras obras de Händel. Jimi Hendrix vivió de 1968 a 1969 a dos pasos de ahí, en el nº 23 de Brook Street. Abierta al público desde hace poco tiempo, la tercera planta de este edificio, en la que vivía la estrella de rock, está decorada con accesorios psicodélicos, pero lo más impresionante es el interior sorprendentemente burgués de la vivienda.

THE HORSE HOSPITAL

Salón de vanguardia

Herbrand Street and Colonnade, Bloomsbury WC1
Tel.: 0207 833 3644
www.thehorsehospital.com
Horario: de lunes a sábado de 12.00 a 18.00 h, dependiendo de las exposiciones
(consulte el sitio web para informarse sobre los eventos especiales)
Entrada: tarifas variables
Metro Russell Square

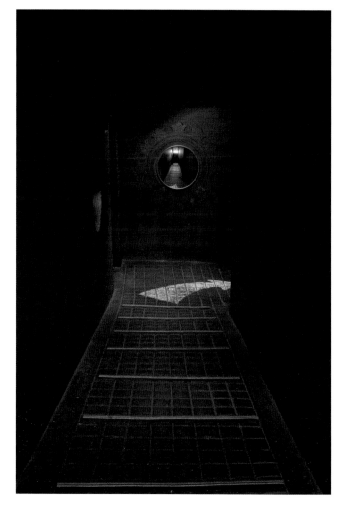

El Horse Hospital (el Hospital de caballos), oculto al final de una callejuela adoquinada, vivió su momento de gloria durante la época victoriana, cuando servía de refugio para los caballos enfermos. Desde el vestíbulo fucsia, una rampa empinada, equipada con listones para evitar que los caballos resbalaran (tenga cuidado, son mortales para quienes llevan tacones), conduce a un salón un tanto siniestro, con olor a cerrado y a tabaco, donde se han colocado algunas sillas maltrechas. Se trata de la "Habitación de la Cultura Pop", un espacio en el que el público más excéntrico se reúne para disfrutar de los eventos artísticos más eclécticos de Londres. Al fondo de la sala hay un pequeño bar, donde la clientela bebe con gusto copas de absenta. Es uno de los pocos lugares de Londres donde se puede entablar una conversación con desconocidos.

El Horse Hospital, a menudo calificado como "réplica" del Instituto de Arte Contemporáneo, fue fundado en 1993 por el diseñador de moda Richard Burton, uno de los pioneros, junto con Vivienne Westwood y Malcolm McLaren, de la moda punk. La tienda de estos últimos, World's End, fue diseñada por Burton. El Horse Hospital causó sensación en 2006, al inaugurar la primera retrospectiva de las creaciones punk de Vivienne Westwood. Con una plantilla de sólo tres personas (Burton, James Hollands, conservador de esta sala de exposiciones, y su socio Tai Shani), el Horse Hospital continúa funcionando con escasos recursos, gracias a una muy apreciada, aunque modesta, financiación pública.

La colección de vestidos contemporáneos

El sótano del edificio alberga la Contemporary Wardrobe Collection (colección de vestidos contemporáneos), creada en 1978 por Richard Burton para proveer de vestidos y accesorios de época a la industria cinematográfica, a la televisión y al mundo de la moda. La colección cuenta actualmente con 15 000 vestidos (los más antiguos son de 1945), y entre ellos hay una selección excepcional de creaciones de estilistas británicos de la década de 1960.

Sólo se puede visitar el sótano con cita previa, pero dos veces al año se organiza una venta de vestidos que ayuda a renovar los armarios del Horse Hospital. Para más información consulte el sitio web www.contemporarywardrobe.com

JARDÍN JAPONÉS SOBRE EL TEJADO

El perdón y el olvido

Galería Brunei, Escuela de Estudios Orientales y Africanos
10 Thornhaugh Street, WC1H 0XG
www.soas.ac.uk/soas-life/roofgarden - Tel.: 0207 898 4023/4026
Horario: de martes a sábado de 10.00 a 17.00 h. Visita nocturna los jueves,
abierto hasta las 20.00 h - Entrada gratuita
Metro Russel Square

Terminada en 1937 en un estilo puramente *art déco*, la sede principal de la Universidad de Londres era la piedra angular de un nuevo y enorme campus que se convertiría, según el vicerrector William Beveridge, en "una isla universitaria en medio de los remolinos del tráfico rodado, un mundo de erudición en un universo dedicado a los negocios". En 1939, Europa estaba en guerra y los estudiantes y profesores fueron sustituidos por espías y consejeros en comunicación contratados por el Ministerio de la Información, instrumento de censura y de propaganda del Gobierno, del que se inspiró George Orwell para crear el Ministerio de la Verdad en *1984*. Para quienes deseen espiar a los funcionarios y a los bibliotecarios que trabajan en el edificio administrativo de la Universidad, hay un jardín secreto que ofrece una excelente perspectiva de esta torre de diecinueve plantas llena de ángulos. En el tejado de la galería Brunei, dentro de la Escuela de Estudios Orientales y Africanos, se esconde un jardín japonés solemne, un espacio tranquilo y fresco, dedicado al arte asiático, africano y de Oriente Medio. La vegetación es escasa: aparte de una preciosa hilera de bancos a la sombra de las glicinias (paradisíacas en primavera) y algunas plantaciones simétricamente cuadradas de tomillo de limón, la decoración se compone esencialmente de guijarros ingeniosamente colocados, de grava impecablemente rastrillada y de losas de roca gris. El efecto, aunque austero, es profundamente relajante. No se pierda el estanque de granito con el símbolo del olvido grabado en él. En un extremo hay un escenario para conciertos o espectáculos ocasionales y para las ceremonias del té y de las flores. La galería Brunei siempre ha tenido un jardín en el tejado; el original tenía una serie de estanques que tuvieron una fuga de agua y tuvieron que ser vaciados. Los acabaron sustituyendo por esta composición que requiere poco mantenimiento.

La mayoría del tiempo, los sábados sobre todo, el jardín está desierto. Uno se puede sentar tranquilamente y dejar que el ruido de la ciudad circundante se vaya alejando…

La azotea ajardinada del Centro ismailí

La azotea ajardinada más espectacular de Londres está en el Centro ismailí, un monolito cubista que parece rechazar a los visitantes. Protegido del tráfico que ruge abajo, en Cromwell Road, este elegante jardín es igual de solitario que el líder político y espiritual de los ismailíes, el Agha Khan. El diseño geométrico hace referencia al jardín coránico del paraíso, con una fuente en el centro que comunica con cuatro estanques de granito que simbolizan los ríos celestiales que llevan agua, miel, leche y vino. Lamentablemente, solo se puede subir al jardín durante el fin de semana de puertas abiertas de jardines y plazas (opensquares.org).

EL CENTRO EISENHOWER

El búnker subterráneo de Eisenhower

Chenies Street, en la esquina de North Crescent, WC1
No se puede visitar pero se puede ver el búnker desde la calle
Metro Goodge Street

En la década de 1930, los atascos del metro londinense eran ya tan frecuentes que hubo que diseñar, bajo la Northern Line, una línea rápida que pasara por el centro de la ciudad. Durante los bombardeos de la II Guerra Mundial, transformaron estos ocho túneles subterráneos auxiliares en refugios antiaéreos. En la superficie, las bocas de metro estaban protegidas por construcciones en forma de pastilleros con las que se protegían los ascensores y las escaleras. También había un guardia fuertemente armado, dispuesto a disparar contra el enemigo a través de las aspilleras. Algunas bocas contaban incluso con baterías antiaéreas.

Uno de los vestigios más admirables de esta red se encuentra en la esquina de Chenies Street con North Crescent, cerca de la estación de metro Goodge Street. Decorado con rayas rojas y blancas como si fuera un bastón de caramelo, fue bautizado "Eisenhower Centre" (Centro Eisenhower) debido a que el presidente de Estados Unidos -y comandante en jefe de las fuerzas aliadas en Europa- tuvo aquí sus cuarteles generales durante la guerra. La mayoría de las operaciones del desembarco de Normandía fueron planeadas justo debajo de la transitada arteria de Tottenham Court Road. Construido entre 1941 y 1942, este refugio antiaéreo estaba equipado con 8 000 literas y un sofisticado sistema de ventilación y de filtración de gas. Aún se ven las bocas de ventilación en el techo. También contaba con un dispositivo de evacuación de aguas residuales, en caso de reclusiones prolongadas.

El gobierno británico no tardó en dejar de usar estos refugios debido a que su mantenimiento era muy costoso. La línea rápida también fue abandonada por los mismos motivos. La mayoría de los refugios -incluso el Centro Eisenhower- se convirtieron en cuarteles para alojar a las tropas en tránsito. Tras el incendio ocurrido en mayo de 1956, el Centro Eisenhower estuvo cerrado durante bastante tiempo. Hoy en día pertenece al metro de Londres, que lo alquila a la cadena de televisión Channel 4 para que guarde sus archivos. Al parecer, Sir Paul McCartney esconde sus discos de oro y de platino, en alguna parte, bajo esta bóveda.

Otros secretos del metro

En 1941 se paralizó la construcción de un refugio profundo en la estación de Saint Paul por miedo a debilitar los cimientos de la catedral. El túnel que pasa por debajo de Chancery Lane estuvo ocupado por el MI6 durante los últimos años del Blitz, luego fue un depósito donde se almacenaron 400 toneladas de documentos, y por último, una centralita telefónica secreta, con una línea especial reservada a los presidentes Eisenhower y Jruschov durante la Guerra Fría. El búnker, que está en los sótanos de Clapham South, donde alojaron a los inmigrantes jamaicanos del barco *MV Empire Windrush* en 1948, es ahora una granja subterránea de lechugas, la primera en el mundo.

LA ARQUITECTURA DEL NUEVO LONDRES

Un terreno de construcción del siglo XXI

The Building Centre, 26 Store Street, WC1
Tel.: 0207 6364044
www.newlondonarchitecture.org
Horario: de lunes a viernes de 9.00 a 18.00 h. Sábados de 9.00 a 17.00 h
Entrada gratuita
Metro Goodge Street o Russell Square

L as galerías de la planta baja de New London Architecture (NLA), un grupo de reflexión dedicado al medio ambiente arquitectónico de la capital, albergan una monumental maqueta del centro de Londres a escala 1/2000. De 12,5 metros de largo y con unos 170 000 edificios, ocupa más de 85 km², desde la estación de King's Cross, al norte, hasta el barrio de Peckham, al sur, y desde los Royal Docks, al este, hasta Old Oak Common, al oeste. Gracias a unas proyecciones e iluminaciones interactivas, se pueden ver en la superficie de la maqueta, mediante animación digital, acontecimientos históricos, como el Gran Incendio de Londres, y nuevos proyectos, como la red ferroviaria llamada Crossrail. Con la ayuda de pantallas táctiles, los visitantes pueden obtener información esencial de los futuros proyectos y monumentos que darán forma a la capital. Con 263 rascacielos en construcción, esta maqueta ofrece una visión desconcertante del futuro de la capital, mientras el terreno del que se apropian promotores inmobiliarios e inversores extranjeros sigue borrando trozos enteros de Londres.

Cada martes NLA, orgulloso de ser "un complemento fundamental en el debate público sobre el futuro de Londres", organiza encuentros en los que se discuten las ventajas y desafíos de los proyectos de restauración urbana, bien sean rascacielos, carriles para ciclistas, la gestión de los desechos o viviendas a precios asequibles. También están a disposición del público una excelente librería especializada en arquitectura y una biblioteca con obras de referencia, así como un agradable café con ventanas panorámicas, desde donde se pueden ver a los estudiantes y empleados de las oficinas subiendo por Store Street.

The City Centre

NLA también gestiona The City Centre (www.thecitycentre. london), dedicado al medio ambiente urbano del Square Mile. Ningún barrio resume mejor el desafortunado desacuerdo entre conservación e innovación, entre el rico patrimonio arquitectónico de Londres y las intervenciones radicales de los promotores inmobiliarios del siglo XXI. Hay una maqueta a escala 1/1500 de la ciudad de Londres que se ilumina para mostrar todos los edificios que tienen en la actualidad un licencia de construcción: otro siniestro presagio del futuro horizonte urbano siempre cambiante de la capital.

LA BOMBA DE CÓLERA DE JOHN SNOW

El vestigio de un Soho insalubre

Broadwick Street, W1
Metro Oxford Circus o Piccadilly Circus

E n la esquina de Broadwick Street con Poland Street, sobre un zócalo octagonal, hay una bomba de agua de metal negro. Una pequeña placa informa a los peatones que esta réplica fue colocada en 1992.

El original estaba, sin duda, al otro lado de la calle, delante de un pub llamado John Snow en homenaje al médico que descubrió las causas de la epidemia de cólera de 1854.

Como dijo Judith Summers en Una historia de los barrios más pintorescos de Londres (A History of London's Most Colourful Neighborhood, Bloomsbury, London, 1989), "hacia mediados del siglo XIX, el Soho era un barrio insalubre en el que se caminaba entre excrementos de los establos, mataderos y antros lúgubres impregnados de grasa sucia y rodeados de alcantarillas repugnantes. Pero bajo el suelo de los atestados sótanos amenazaba algo aún más asqueroso: una infecta capa de excrementos proveniente de las fosas sépticas, tan antiguas como las casas, la mayoría de las cuales nunca habían sido limpiadas. Cual bomba de relojería, este foco de infección esperaba oculto el momento propicio para explotar. Y eso fue lo que hizo en el verano de 1854".

En septiembre de 1854, ya habían muerto de cólera 500 habitantes del Soho. El doctor John Snow (1813-1858), un anestesista que vivía en Soho Square, llegó a la conclusión de que la bomba de agua de Broad Street (como se llamaba entonces), estaba sin duda contaminada y era la causa de la epidemia. En un primer momento las autoridades se burlaron de su teoría. El reverendo Henry Whitehead, pastor de la iglesia vecina de St Luke, en Berwick Street, aseguraba que las victimas habían muerto por voluntad divina. Pero bastó que el Dr. Snow arrancara la manivela de la bomba para que la epidemia cesara.

En realidad, no había que ir muy lejos para encontrar las causas de la enfermedad. Los 70 empleados de la cervecería de Broad Street tenían derecho, entre otras ventajas, a beber cerveza gratis. Todos ellos se abstuvieron de beber agua y ninguno se contagió de cólera.

Durante años, hubo una copia de la bomba de agua en la esquina de Broadwick y de Poland Street. La quitaron en 2015 para dejar sitio a un edificio de oficinas. El consejo municipal de Westminster se comprometió a devolver la bomba de agua a su ubicación original, en frente del John Snow, un viejo y agradable pub en la esquina de Broadwick y de Lexington Street. Un adoquín de granito rosa, situado delante del local, señala el lugar donde estaba originalmente la bomba.

Lo irónico es que John Snow no bebía alcohol. A los 23 años de edad, pronunció un discurso apasionado en el que despotricaba contra "la ebriedad en toda su fealdad" y "los males físicos que afectan a la salud cuando se beben bebidas alcohólicas, incluso con gran moderación". Algo sobre lo que meditar mientras esté sentado en este cómodo pub que lleva su nombre.

LAS CABINAS TELEFÓNICAS K2 ㉓

Las estructuras protegidas más pequeñas de Londres

Burlington House, Piccadilly, W1
Horario: todos los días de 10.00 a 18.00 h, salvo los viernes, de 10.00 a 22.00 h
Metro Green Park

Justo detrás de la verja de la Royal Academy, a ambos lados de la entrada abovedada, dos de las primeras cabinas diseñadas por Sir Giles Gilbert Scott en 1926 permanecen intactas, aunque lamentablemente están abandonadas a su suerte. Son las construcciones protegidas más pequeñas de Londres. En 1923, la General Post Office organizó un concurso con el fin de elegir una nueva cabina telefónica que sustituyera al primer modelo de 1921. Todos los prototipos fueron puestos en funcionamiento en los distritos de Londres, pero sólo sobrevivió la cabina del arquitecto vencedor.

Conocidas con el nombre de K2 (Kiosk 2), las cabinas en hierro fundido de Sir Giles Gilbert Scott tienen un techo abombado con pequeños agujeros de ventilación. Al principio no gustaron nada. La gente se quejaba, especialmente, de su color rojo vivo. Scott, en efecto, había pedido que la K2 fuera de color gris metalizado por fuera y de color azul por dentro, pero la Post Office prefirió el bermellón. Reconocibles a primera vista, estas cabinas telefónicas rojas son desde entonces uno de los símbolos de la Gran Bretaña del siglo XX.

Tras haber sido modificadas en tres ocasiones por el arquitecto, la versión mejorada (K6) fue inaugurada con ocasión del veinticinco aniversario de Jorge V. Se instalaron 70 000 cabinas en todo el país. Pero el vandalismo y el elevado coste de mantenimiento (cerca de 2 000 £ al año) obligó a retirarlas progresivamente y a sustituirlas por cabinas modernas más funcionales. También se está planeando transformar los antiguos modelos en antenas de recepción para teléfonos móviles. En los años 90 se llevó a cabo una campaña con el fin de salvar estas viejas cabinas y desde entonces, algunas de ellas han sido restauradas y reinstaladas. Las otras han sido destruidas o vendidas como recuerdo.

Sir Giles Gilbert Scott (1880-1960) es el autor de varios iconos londinenses, como el Waterloo Bridge y las centrales eléctricas de Battersea y de Bankside (esta última convertida hoy en día en el Museo Tate Modern).

QUÉ VER EN LOS ALREDEDORES
El reloj de Fortnum y Mason
181 Piccadilly, W1

La tienda de ultramarinos más selecta de Londres luce en su fachada un gran reloj flanqueado por dos garitas en miniatura. Cada quince minutos, un carillón del siglo XVIII hace tintinear dieciocho campanillas. Cada hora, cuatro figuras, réplicas de los señores Fortnum y Mason, salen de las garitas y se saludan por turnos, al son del carillón. Según la página web de la tienda, "Los señores Fortnum y Mason parecen estar comprobando en persona la excelente calidad de sus productos".

THE LONDON LIBRARY

Una joya desconocida

14 St James's Square, SW1
Tel.: 0207 7664716. www.londonlibrary.co.uk
Horario: de lunes a miércoles de 9.30 a 19.30 h
De jueves a sábado de 9.30 a 17.30 h
Suscripción anual, semanal o diaria (hay que reservar con antelación). Las
visitas para los no socios se reservan por internet
Metro Green Park o Piccadilly Circus

The London Library (La Biblioteca de Londres), fundada en 1841 por Thomas Carlyle, es una joya desconocida.

Tras perder la paciencia tratando de encontrar una "sala de lectura tranquila" (Carlyle detestaba la British Library del British Museum, porque siempre estaba llena de "personas que roncaban, resoplaban, resollaban o escupían cuando hablaban"), tuvo la idea de crear una biblioteca a la que se accedía mediante suscripción. Aunque hubieron lectores prestigiosos que frecuentaron este lugar (Charles Dickens, Charles Darwin, Arthur Conan Doyle, Henry James, Winston Churchill y Agatha Christie), cualquier persona podía suscribirse pagando un precio razonable. Con este espíritu de independencia democrática, los propios lectores dictaron las reglas.

La London Library se encuentra en uno de los lugares más exclusivos de Londres, en una residencia urbana especialmente construida para albergar la biblioteca. La estrecha y engañosa entrada da acceso a un laberinto de estanterías que se reparten en varias plantas y desorientan de una forma maravillosa. El interior, con sus sillones de cuero agrietado y sus retratos barnizados, conserva su encanto original, al igual que un sistema de clasificación excéntrico que data de la época de Eduardo VII. Los libros están ordenados alfabéticamente por temas, de manera que uno puede toparse con un libro de tauromaquia mientras busca un tratado sobre el arte del tatuaje.

La colección contiene más de un millón de libros y de periódicos que se remontan hasta el siglo XVI. Hay una habitación que conserva todas las ediciones del Times desde 1820 hasta el año 2000. Se pueden consultar todos los libros, salvo los más delicados, en las estanterías de libre acceso. También se pueden pedir prestados y se pueden enviar a cualquier lugar de Europa, para que los miembros puedan leerlos tranquilamente en privado, tal y como lo deseaba Carlyle. Mejor aún: se pueden quedar con los libros hasta que otro lector los solicite.

La biblioteca acaba de comprar un edificio adyacente, que da sobre Mason's Yard, para poder acoger 8 000 nuevos títulos al año. Esta ampliación está valorada en 25 millones de libras esterlinas, por lo que la biblioteca necesita la generosa ayuda de donantes. Como dijo el antiguo presidente T.S. Eliot en 1952: "Estoy convencido de que si la biblioteca desapareciera, sería una catástrofe para el mundo de las letras y se crearía un vacío que ninguna otra biblioteca podría llenar".

LOS DUELOS DE PICKERING PLACE

El último bastión de la República de Texas

Detrás del nº7 de St James' Street, SW1
Metro Green Park

Esté muy atento mientras busca este pequeño patio, oculto detrás de la lujosa St James' Street. Si la verja está cerrada, sólo sabrá que está en Pickering Place por el número 3 que figura en el lugar. El callejón estrecho y abovedado que conduce al patio ha conservado el revestimiento de madera del siglo XVIII. Este pasaje, que ha permanecido relativamente intacto desde el período georgiano, sigue estando iluminado todas las noches por las farolas originales. Debe su nombre a William Pickering, que abrió un negocio de café en los locales que hoy en día ocupan las famosas tiendas de vino Berry Brothers & Rudd. Graham Greene vivía en Pickering Place y alojó al coronel Daintry, el personaje del *Factor Humano*, en un apartamento de dos habitaciones que daba al patio pavimentado donde hay un reloj solar.

En el siglo XVIII, Pickering Place era conocido sobre todo por sus garitos (casas de juego no autorizadas). Pero al tratarse de un lugar aislado, también se convirtió en el lugar predilecto para batirse en duelo, a pesar del poco espacio que había y que dejaba suponer que andar jugando con cualquier tipo de arma -sin contar las pistolas-, tendría funestas consecuencias. Algunos afirman que fue aquí donde tuvo lugar el último duelo de Inglaterra, aunque otras fuentes aseguran que fue en Windsor, en 1852, y que sus protagonistas habrían sido dos franceses.

Se dice que Beau Brummel, el famoso dandi amigo del rey Jorge IV, se batió en duelo en este lugar. Pero considerando que Brummel tardaba cinco horas en vestirse, pedía que se lustraran sus botas con champán y que fue él quien impuso la moda del foulard alrededor del cuello, resulta difícil imaginarle batiéndose cual mosquetero. Siendo aún joven, Brummel ingresó en el ejército, pero no tardó en abandonarlo al enterarse de que su regimiento iba a ser enviado a Manchester.

QUÉ VER EN LOS ALREDEDORES
Una bodega secreta

Situada en el número 3 de St James Street desde 1698, Berry Brothers & Rudd es la tienda de vinos más antigua de Gran Bretaña. Sus bodegas, situadas en el sótano, pertenecían a la residencia real de Enrique VIII, antes de que fueran convertidas en uno de los escondites de Napoleón III durante su exilio y de haber sido luego reconvertidas en salas de reunión. Un túnel secreto, tapado actualmente por botellas de vino, conducía a St James' Palace. Los libertinos de la corte debieron de usarlo cuando iban a visitar clandestinamente a las prostitutas que frecuentaban la tienda en el siglo XVIII, aunque quizás lo usaban sólo para ir a beber una copa antes de acostarse...

MONUMENTO A LA MEMORIA DE LA REINA ALEJANDRA

Macabro homenaje a una reina que lo aguantó todo sin compadecerse

Marlborough Road, SW1
Metro Green Park

Oculto detrás de la puerta de Marlborough, al lado del Palacio de St James, este encantador monumento Art Nouveau es un homenaje a la reina Alejandra, la inquebrantable esposa de Eduardo VII.

Encargado en 1926, fue esculpido por el escultor Alfred Gilbert, el autor de la famosa estatua de Eros en Piccadilly Circus. El monumento está encastrado en el muro del jardín de Marlborough House, la antigua residencia londinense de la reina Alejandra. Moldeada en bronce y cubierta luego con una capa de esmalte negro, la estatua tiene un aire espectral neogótico. La reina aparece sentada detrás de unas figuras alegóricas que representan la Fe, la Esperanza y la Caridad.

El monumento a la memoria de Alejandra fue la salvación para Alfred Gilbert, quien, tras haberse arruinado, se exilió en Bélgica. Los términos del encargo, que incluían una residencia permanente en Kensington Palace, aliviaron a Gilbert de sus preocupaciones económicas. El rey Jorge V inauguró el monumento el 8 de junio de 1932 y al día siguiente Gilbert fue nombrado miembro de la nobleza. Desde entonces se le vio pavonearse por los alrededores de St James con un inmenso sombrero en la cabeza. Gilbert también es el autor de un espectacular monumento, que se encuentra en el castillo de Windsor, en honor a Alberto Víctor, hijo del rey Eduardo VII y de Alejandra. Víctor fue un personaje curioso: estuvo implicado en un escándalo que se desató en un burdel de homosexuales, y luego fue sospechoso de haber sido el autor de los asesinatos de Jack el destripador.

Eduardo VII, un marido terriblemente depravado

La reina Alejandra participó activamente en comisiones filantrópicas y fue uno de los miembros más queridos de la familia real. Eduardo VII, por el contrario, fue un libertino en toda regla. Era famoso en toda Europa por su glotonería. Sus numerosas amantes tenían notoriedad pública, empezando por la actriz Lily Langtry y siguiendo por Jennie Jerome (la madre de Winston Churchill) y Alice Keppel, la bisabuela de la esposa del actual Príncipe de Gales, Camila Parker Bowles. Eduardo fue llamado, en dos ocasiones, como testigo ante un tribunal, caso sin precedentes dentro de la familia real. Se le vio en el estrado por un caso de divorcio, dando un falso testimonio sobre una supuesta aventura con una joven. También favoreció con su testimonio a un amigo acusado de haber hecho trampa en el bacará, un juego de cartas ilegal. Eduardo tuvo que esperar años antes de convertirse en rey, lo cual explica en parte sus excesos. También fue excepcionalmente tolerante para la época, y deploró el racismo que por lo general fue algo característico del Imperio Británico.

LA TUMBA DE GIRO

El epitafio al perro de un embajador del III Reich

Al lado del 9 Carlton House Terrace, SW1
Metro Piccadilly Circus o Charing Cross

Situada entre St Jame's Park y Piccadilly Circus, Waterloo Place es obra del arquitecto del siglo XIX John Nash que la diseñó como un legado fastuoso del esplendor del Imperio británico. Innumerables estatuas de comandantes heroicos y aristócratas de mala fama rivalizan entre ellas y se superan mutuamente en tamaño y estatura.

Oculta entre los imponentes monumentos del majestuoso Waterloo Place, hay una pequeña lápida sepulcral a los pies de un gran árbol, entre las escaleras del duque de York y un garaje subterráneo. Allí, protegido por una especie de nicho en miniatura, hay un epitafio en alemán que reza: "Giro, ein treuer Begleiter! London, im Februar 1934, Hoesch". Giro, ese "fiel compañero", era el amado pastor alemán del embajador del III Reich, Leopoldo von Hoesch, de servicio en Londres entre 1932 y 1936. Este terreno, hoy en día vallado, era antiguamente el jardín de la residencia del embajador, en el número 9 de Carlton House Terrace.

El desafortunado Giro pasó a mejor vida al tropezar con un cable eléctrico mientras correteaba por el parque donde hoy se encuentra el Instituto de Arte Contemporáneo. Según algunos testimonios apócrifos, Giro tuvo un funeral nazi en toda regla, algo que resulta bastante improbable ya que Hoesch estaba abiertamente en contra del ascenso del III Reich. Fue tal la presión que sufrió, que acabó muriendo de un derrame cerebral en 1936.

El embajador tuvo derecho a un funeral de Estado. Pero los nazis tuvieron la última palabra: cubrieron su ataúd con una gigantesca cruz gamada y el personal de la embajada le dedicó un saludo nazi cuando el cortejo fúnebre pasó por delante.

La escalera de mármol de Mussolini

Tras la muerte de Hoesch, Joachim von Ribbentrop, uno de los más fieles colaboradores de Hitler, se instaló en Carlton House Terrace. Albert Speer, el arquitecto preferido del Führer, fue enviado a Londres para volver a dar un poco de brillo a la embajada, antes de que el gobierno británico expulsara a los diplomáticos del Reich en 1939. La Foreign Office tomó entonces el control del edificio y quitó todo el oropel nazi, incluso la escalera en mármol de Carrara que donó Mussolini y que al parecer adornaba el edificio.

QUÉ VER EN LOS ALREDEDORES
El estribo del duque de Wellington

El Athenaeum Club y el Institute of Directors son dos Gentlemen's clubs (Clubs de Caballeros) que celebran la memoria del Imperio Británico. En el exterior de ambos establecimientos, hay dos escalones con una placa oxidada donde se puede leer: *"This horseblock was erected by desire of the Duke of Wellington 1830"* ("Este estribo fue erigido por encargo del duque de Wellington en 1830"). Ambos estribos, recuperados sin duda de Carlton House o de los escalones del duque de York, permitieron al vencedor de Waterloo subir y bajar de su caballo sin dificultad cuando venía al Athenaeum. Se ignora si los demás miembros del club también podían utilizar tan ventajosa ayuda.

LAS PINTURAS MURALES DE COCTEAU EN NOTRE-DAME DE FRANCE

¿El esoterismo de Cocteau?

5 Leicester Place, WC2 H7BX
Tel.: 0207 437 9363
Horario: todos los días de 9.00 a 21.00 h
Entrada gratuita
Metro Leicester Square

La comunidad francesa existe en Londres desde hace mucho tiempo. La primera afluencia masiva fue la de los hugonotes en 1675, los cuales hicieron fortuna en la industria textil en el barrio de East End. Notre Dame de France es la encarnación más reciente de una iglesia católica que se ha reconstruido varias veces desde que se fundó en 1865 para cuidar del "proletariado francés" de Londres. Hasta hace relativamente poco, el Soho era un enclave francés; esta iglesia es uno de los fantasmas de aquellos tiempos.

El edificio original, diseñado por Louis Auguste Boileau en 1865, tiene una planta circular de hierro, que generó muchas polémicas. La iglesia fue destruida por una bomba en 1940, y la nueva, tras dos años en obras, fue inaugurada en 1955.

Aunque hay pocas iglesias circulares en Gran Bretaña, el edifico es un tanto anodino. Todo su encanto reside en su decoración interior, y en particular, en las pinturas murales de Jean Cocteau que adornan una de las capillas. Los temas, que abordan desde la Crucifixión hasta la Asunción de María, están representados con una vigorosa, sensual y viva factura, muy distinta al arte religioso británico. Entre otras excentricidades, llama la atención un extraño sol negro y el hecho de que el espectador sólo puede ver los pies de Cristo mientras musculosos soldados, vestidos con faldas cortas, se juegan la túnica a los pies de la Cruz. Cocteau hizo su autorretrato en uno de estos muros. Al parecer, se exaltó tanto con el dibujo que hablaba con los personajes mientras pintaba.

En 2003, durante unas obras de restauración se descubrió un mosaico de la natividad, con brillantes contornos de esmalte, de Boris Anrep, un artista ruso, conocido sobre todo por los mosaicos que realizó en la catedral de Westminster y en la National Gallery (véase p. 66). Jean Cocteau ocultó deliberadamente la obra de Anrep, y este se enfureció. En 2012, un vándalo desconocido añadió su propia firma críptica (T_A*) a una de las pinturas, y trazó un círculo alrededor del sol de Cocteau. Ahora los murales restaurados están protegidos con un vidrio.

A diferencia de muchas iglesias de Londres, Notre Dame, que se ocupa en particular de un centro de refugiados, es muy activa.

También hay que reparar en la bella tapicería del altar, de Robert de Caunac, que muestra a María bajo el aspecto de una nueva Eva. Tampoco debe ignorarse una gran estatua de la Virgen, sobre la entrada, obra de Georges Saupique, autor de las esculturas del Palacio de Trocadero.

Encienda una vela, como Cocteau lo hacía cada mañana antes de empezar a trabajar, y luego piérdase por los antros de perdición del Soho y de Leicester Square.

LOS MOSAICOS DE BORIS ANREP

Pisotee obras de arte con total impunidad

National Gallery, Trafalgar Square, WC2
Tel.: 0207 747 2885
www.nationalgallery.org.uk/paintings/history/sculptures-and-mosaics
Horario: todos los días de 10.00 a 18.00 h, excepto miércoles, de 10.00 a 21.00 h
Entrada gratuita
Metro Charing Cross

Ignorados por la mayoría de los visitantes, los singulares mosaicos que decoran los tres vestíbulos y la sala de recepción de la National Gallery fueron financiados por Samuel Courtauld y otros mecenas privados, y diseñados por el artista ruso Boris Anrep (1885-1969) entre 1928 y 1952. Aunque Anrep empleó la técnica y los colores bizantinos, sus cuatro mosaicos están adornados con personajes ilustres y guiños irónicos que exaltan la vida cotidiana.

A Anrep le gustaba la idea de que los visitantes pudieran caminar sobre sus obras y las admiraran desde distintos ángulos, sin el respeto que se manifiesta por los cuadros enmarcados que cuelgan de las paredes. Esta actitud irreverente se manifiesta también en la selección de los temas. En *The Awakening of the Muses* (El despertar de las musas), los escritores del Bloomsbury Group están representados como héroes modernos: Virginia Woolf encarna a Clio, la musa de la Historia, y Clive Bell, el crítico de arte, a Baco. Se ve también a Greta Garbo convertida en Melpómene, la musa de la Tragedia. La única que falta es Calíope, la musa de la Poesía épica y de la Elocuencia, quizás porque fue la musa que inspiró en secreto a Anrep.

The Modern Virtues (Las virtudes modernas) retoman el tema de las "personalidades eminentes en situaciones fabulosas". Winston Churchill aparece en "*Desafío*" en la cima de los blancos acantilados de Douvres, donde crece una espantosa bestia en forma de cruz gamada. En "*Ocio*" se ve a T.S. Eliot reflexionando sobre la fórmula de Einstein, mientras una joven desnuda se bate en el Lago Ness con el legendario monstruo. Uno de los principales mecenas de Anrep, Maud Russell, encarna la "*Locura*"; una extraña manera de expresarle su gratitud. Pero Anrep también demostró una sana tendencia a burlarse de sí mismo: en "*Here I Lie*" (Aquí reposo) aparece su tumba decorada con un autorretrato.

Los trabajos de la vida muestran, hasta donde sabemos, obreros comunes: un porteador de Covent Garden, una mujer lavando un cerdo, un minero del carbón. Los placeres de la vida se resumen en un pudin de Navidad, unas terrinas, una partida de críquet y un partido de fútbol, así como en actividades menos tradicionales como el amor profano: un hombre con dos amantes.

Los mosaicos no fueron colocados directamente en la National Gallery. Anrep dibujó primero los mosaicos en papel, los colocó del revés, los pegó con pegamento y luego los barnizó. Para realizar esta obra mágica y maliciosa se inspiró en los artistas que dibujaban con tiza en los andenes; hoy en día puede ver a sus sucesores en plena actividad en Trafalgar Square.

Anrep también es el autor de los mosaicos de los suelos del Blake Room de la Tate Britain y de varios mosaicos religiosos de la catedral de Westminster.

Estaciones de metro fantasma

Los misterios rondan por el metro de Londres, y no solo el Robot Yeti que, durante los años 1970, aterrorizó a una generación de niños a causa de la serie de televisión Doctor Who. En la actualidad, hay 267 estaciones de metro en funcionamiento. Pero otras muchas no figuran en ningún mapa: 21 de ellas han cerrado desde 1900. Muchas de ellas dejaron de prestar servicio cuando se creó la Sociedad de Transportes de Londres en 1933 con la fusión de varias empresas independientes de transporte que habían construido estaciones a muy poca distancia las unas de las otras para conseguir el mayor número de pasajeros. El cierre de algunas de estas estaciones ha supuesto una verdadera pérdida para los habitantes de la periferia: British Museum, Aldwych (véase p. 133) y Lord's, por ejemplo, no eran rentables económicamente. Otras fueron sencillamente mal diseñadas, como King William Street, la terminal norte del ferrocarril City & South London, la primera línea de ferrocarril eléctrico subterráneo del mundo. El príncipe de Gales (el futuro Eduardo VII) inauguró esta estación, pero el tren inaugural se averió en el viaje de regreso. Una placa conmemorativa señala la ubicación de la antigua estación que estaba cerca de Monument. La estación de Brompton Road se usaba tan poco que, en horas punta, los conductores de metro ni siquiera hacían la parada. El aviso Passing Brompton Road pasó a ser el título de una obra de teatro en 1928.

La mayoría de las estaciones fantasma han quedado abandonadas o han sido tapiadas. Algunas se usaron como refugios antiaéreos en la Segunda Guerra Mundial. Down Street era el centro de operaciones subterráneo de Churchill antes de que se trasladara a las Salas del Gabinete de Guerra en Whitehall. El baño que usaba sigue estando ahí abajo. El tambor de ladrillo y hormigón situado sobre la antigua entrada de la bifurcación de Nothern Line, en la estación de Stockwell, era el acceso de un refugio antibombas, donde hoy se guardan documentos y películas. El tambor está cubierto por un mural que representa a Violette Szabo, una heroína de la Resistencia francesa, que vivió cerca de ahí.

Es prácticamente imposible visitar estas estaciones-fantasma. Pero si es observador, podrá ver partes de andenes cuando el metro pasa por estas estaciones desiertas. Se puede entrever Bull & Bush –una estación que no llegó a abrir nunca– entre las de Hampstead y Golders Green en la Northern Line. Wood Lane se ve cuando se viaja hacia el este, entre White City y Shepherd's Bush. Los muros blancos de la estación British Museum se pueden ver desde las ventanas del lado derecho del metro de la Central Line, entre Holborn y Tottenham Court Road. En esta estación se rodó la película de terror de los años 1970, Death Line (Carne cruda), en la que unos obreros de la construcción quedan atrapados en el metro y se convierten en zombis que se alimentan de los viajeros.

Fuera, en la calle, en Kentish Town Road, no se pierda los azulejos rojos de las fachadas de los antiguos accesos de las estaciones de Down Street y de South Kentish Town; la segunda es ahora una tienda. Esta estación cerró tras un corte de luz y no volvió a abrir. Un día, un pasajero se bajó aquí por error, hecho que inspiró a John Betjeman para su relato South Kentish Town.

Consulte las webs underground-history.co.uk/front.php y abandonedstations.org.uk para conocer otras historias sobre los secretos del metro.

LOS MONSTRUOS DE TRAFALGAR SQUARE

Unos leones no tan perfectos

Trafalgar Square, WC2N 5DN
Metro Charing Cross

T odo el mundo conoce los cuatro leones de bronce que están a los pies de la columna de Nelson, en Trafalgar Square, pero pocos conocen su historia. La columna se erigió en 1843, y el proyecto de William Railton incluía cuatro leones para soportarla. La falta de medios

y las discusiones sobre la elección del escultor retrasaron el pedido de los felinos de cobre hasta 1858. La Junta de Obras responsable de la construcción del monumento eligió a sir Edwin Landseer.

La elección fue controvertida. Por un lado, Landseer era el pintor favorito de la reina Victoria –a quien enseñó, así como al príncipe Alberto, a hacer grabados–, gozaba de una reputación sin igual como pintor de animales pero, por otra parte, no había esculpido nunca. El proyecto, que ya llevaba retraso, se atrasó aún más debido a unos problemas de salud de Landseer. Cuatro años más tarde, el pintor seguía haciendo bocetos. Solicitó que le enviasen copias de moldes de un león auténtico que había realizado la Academia de Arte de Turín, copias que acabaron enviándose a Londres. También pasó horas estudiando a los leones en el zoo de Londres. Por último, pidió al zoo un león muerto para usarlo como modelo, pero tuvo que esperar dos años a que uno muriera. Desafortunadamente, el león empezó a pudrirse antes de que Landseer terminase su obra, lo que le obligó a improvisar utilizando un gato doméstico como modelo para las patas y, parece ser, un perro para la lengua. Estos monstruos híbridos ocuparon por fin su lugar en 1868.

Carlos I y sus años en la clandestinidad

La estatua ecuestre de Carlos I, atrapada en medio del tráfico al sur de la columna de Nelson y con la mirada fija en el lugar donde le decapitaron en Whitehall, desapareció en la Primera Guerra Mundial. Tras la derrota de los monárquicos contra los "cabezas redondas" (puritanos), la estatua se vendió a un orfebre llamado John Rivet, a quien pidieron que la fundiera. En vez de hacerlo, Rivet tuvo la astuta idea de esconderla en los sótanos de la iglesia de Saint-Paul en Covent Garden, según cuenta la leyenda. Luego, Rivet ganó un buen dinero vendiendo cubiertos y baratijas afirmando que se habían fabricado con partes de la estatua. Tras la Restauración, vendió la estatua a la Corona.

QUÉ VER EN LOS ALREDEDORES
La estatua de san Olaf

Encima de los números 21 y 24 de Cockspur Street, donde ahora hay un restaurante tailandés, se alza una estatua dorada de san Olaf. Es un vestigio de la función original del edificio, que se construyó hacia 1890 para albergar la Cámara de Comercio de Noruega. Olaf, ataviado con un casco, una capa y una espada, fue una elección rara para representar los negocios noruegos en Londres: antes de ser canonizado, este rey vikingo bastante cruel saqueó la capital e hizo una incursión subiendo el Támesis para demoler el London Bridge. De ahí procedería la nana titulada *London Bridge is Falling Down*.

LA COMISARÍA DE POLICÍA MÁS PEQUEÑA DE GRAN BRETAÑA

Una columna de observación

Trafalgar Square, WC2
Metro Charing Cross

Seguramente que las hordas de turistas de Trafalgar Square no reparan en la garita que hay sobre la base de granito de una farola. Se trata, en efecto, de la comisaría de policía más pequeña de Gran Bretaña.

Se dice que Scotland Yard instaló este puesto de guardia secreto en 1926, con el fin de vigilar a los agitadores y a los manifestantes que se reunían regularmente en Trafalgar Square. Esta plaza sigue siendo el lugar de protesta por excelencia de Londres. Este minúsculo puesto de observación, con unas dimensiones que no exceden las de un probador y con unas troneras a modo de ventanas, debía de parecer aún más pequeña durante un motín. Disponía de un teléfono que comunicaba directamente con Scotland Yard por si las protestas se agravaban.

Instalado en 1826, el farol decorativo que corona esta garita no pertenecía al HMS Victory, el barco de Nelson, como algunos guías intentarán hacerle creer. Sin embargo sí que emitía ráfagas de luz cada vez que un policía que se quedaba encerrado descolgaba el teléfono para alertar a uno de sus compañeros del vecindario para que viniera a rescatarle.

Hoy en día, la garita sirve para guardar el material de limpieza urbana. En el exterior, sólo la descolorida lista de detenidos municipales recuerda su vínculo con la policía. Cabe señalar que en Trafalgar Square está prohibido alimentar a las aves, acampar, aparcar una caravana, hablar en público, tocar música, lavar o secar ropa y utilizar cualquier tipo de aparato que "pueda fomentar una manifestación" -excepto si se tiene una autorización escrita del alcalde-.

La farola que decora la garita fue instalada en 1826. Según algunas fuentes, fue rescatada del navío de Nelson, el HMS Victory.

QUÉ VER EN LOS ALREDEDORES

Normas imperiales

Al pie de la gran escalera que conduce a la National Gallery, hay una serie de pequeñas placas de cobre que indican la medida imperial de la pulgada (*inch*: 2,54 cm), del pie (*foot*: 30,48 cm) y de la yarda (*yard*: 0,914 m). Estas copias de patrones de medida del Observatorio Real de Greenwich fueron establecidas por el Board of Trade (Ministerio de Comercio) en 1876. La primera medida imperial de longitud se estableció en 1824, con el fin de acabar con las medidas arbitrarias. Una de ellas era la definición de pulgada del rey Eduardo I: "Tres granos de cebada secos y redondos".

El centro de Londres

El punto central de Londres está en una zona peatonal, en la esquina de Strand con Charing Cross Road. Una placa fijada en la acera indica el punto a partir del cual se miden (en millas) todas las distancias en Gran Bretaña. Cuando la reina Leonor de Castilla murió en 1290, Eduardo I mandó levantar, desde Lincoln a Westminter, una cruz en cada una de las doce paradas donde se detuvo el cortejo fúnebre.

BRITISH OPTICAL ASSOCIATION MUSEUM

Cientos de globos oculares

42 Craven Street, WC2
Tel.: 0207 766 4353 - www.college-optometrists.org/museum
Horario: de lunes a viernes de 9.30 a 17.00 h con cita previa
Entrada gratuita. Visita guiada a las salas de reunión: 5 £
Metro Charing Cross

En el sótano de una hermosa residencia urbana del siglo XVIII, se encuentra el sombrío pero maravilloso museo de la Asociación Britanica de Óptica, creado en 1901. El museo cuenta con más de 11 000 objetos relacionados con la historia de la optometría, entre ellos 2 000

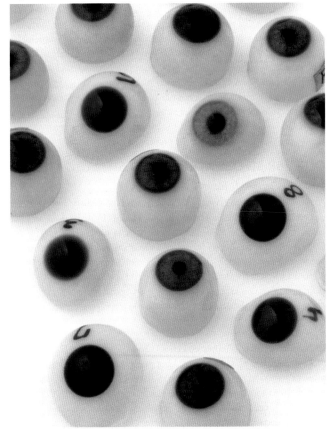

pares de gafas: quevedos, anteojos, monóculos, antiparras, catalejos, lentes de aumento, gafas de submarinismo, gemelos de teatro equipados con un compartimento secreto para el rapé, gafas de sol con cristales ahumados de color rosa, jealousy glasses con lentes disimuladas en los costados, gafas con peluca que se deslizan por los cabellos postizos, y todo tipo de estuches sofisticados. Hay gafas que pertenecieron a celebridades como el Dr. Johnson, Bonnie Corbett y el Dr. Crippen, así como unas lentillas de Leonardo DiCaprio. Otros modelos -como las gafas con limpiaparabrisas que llevan una pila incorporada en la montura, o la máquina de resortes diseñada para colocar directamente las lentillas de contacto en los ojos- jamás tuvieron éxito. Neil Handley, el conservador del museo, acompaña a los visitantes para enseñarles las piezas más raras, como un amuleto del antiguo Egipto que representa el Ojo de Horus, que permitía a los muertos ver en el otro mundo. Los instrumentos de optometría son verdaderos indicadores históricos. Como por ejemplo, un aparato de uso individual, de la época victoriana, que consistía en un texto religioso destinado a mejorar la moralidad del que lo usaba, así como su vista.

Sentados en una silla de oculista de 1930 provista con un sistema de refracción integrado, los visitantes pueden examinarse la vista, probarse varias monturas o explorar mundos extraños con la ayuda de uno de los primeros caleidoscopios. Desaconsejamos a las almas sensibles que miren en el cajón de 1880, repleto de globos oculares artificiales que dan cuenta de las enfermedades, heridas o malformaciones de los ojos. Pagando una entrada, también podrá ver, en las salas de reuniones de la primera planta, retratos de modelos de gafas, así como estampas del mundo de la óptica y dibujos satíricos.

QUÉ VER EN LOS ALREDEDORES

La casa de Benjamin Franklin ㉟

36 Craven Street. Tel.: 0207 839 2006 - www.benjaminfranklinhouse.org
A pocos pasos del Optical Museum, la única residencia de Franklin (inventor, entre otras cosas, de los lentes bifocales) que ha sobrevivido, ha sido transformada en museo donde, actores vestidos con trajes de época, salen a la caza de visitantes. Durante los trabajos de restauración, numerosas osamentas seccionadas y trepanadas que estaban enterradas en el sótano fueron exhumadas. Se trataba de los restos de una escuela de anatomía que dirigía William Hewson, uno de los amigos de Franklin. El inventor del pararrayos debió de asistir a las disecciones de seres humanos que Hewson realizaba en público.

LA HABITACIÓN
DE SHERLOCK HOLMES

Cenar al lado de unos detectives

The Sherlock Holmes, 10 Northumberland Street, WC2N 5DB
Tel.: 0207 930 2644 - www.sherlockholmes-stjames.co.uk
Horario: de domingo a jueves de 8.00 a 23.00 h. Viernes y sábados de 8.00 h a
medianoche
Entrada gratuita
Metro Charing Cross o Embankment

221b Baker Street es de lejos la dirección literaria más famosa de Londres. Sin embargo el apartamento donde vivieron Sherlock Holmes y el Dr. John Watson, tal y como lo concibió Arthur Donan Doyle, no existe realmente: en la época en que el escritor escribió sus novelas policiacas, el último número de la calle era el 85, antes de que Baker Street se convirtiera en York Place. En los años 1930, se prolongó Baker Street. El Abbey National Building Society, la primera cooperativa obrera británica, se instaló en los números 219 y 229 de la calle, y contrataron a una secretaria a tiempo completo para que contestara al correo que recibía el gran detective.

En 1951, en el marco del Festival de Gran Bretaña, la Building Society organizó una exposición en sus oficinas, recreando el salón del 221b según los planos del decorador de teatro Michael Weight. La exposición cosechó tal éxito que la llevaron a Nueva York en 1952. En 1957, volvieron a moverla: los grandes cerveceros Whitbread remodelaron un pequeño hotel de su propiedad, el Northumberland Arms, y lo reabrieron con el nombre de Sherlock Holmes.

Este *pub* está lleno de recuerdos del detective, pero la guinda de la exposición es su salón, que instalaron cuidadosamente en una sala cerrada del restaurante en la primera planta. El lugar es bastante curioso: hay que mirar a través de un cristal mientras que los clientes, sin saber que les miran, cenan, pero la atención al detalle vale la pena. Descubrirá referencias a algunos títulos como *La liga de los pelirrojos* y *Los bailarines*. Así como frascos de bórax, el violín de Sherlock Holmes, su famosa gorra, e incluso un maniquí del detective con una herida de bala en la frente, una alusión a *La casa deshabitada*. Evidentemente, el auténtico Sherlock Holmes sobrevivió "para dedicar su vida a estudiar esos pequeños problemas apasionantes que tiene la compleja vida de Londres".

El Festival de Gran Bretaña

Esta exposición nacional se celebró en 1951 para inspirar un sentimiento de restablecimiento y esperanza después de la Segunda Guerra Mundial. Londres era protagonista del festival, lo que no debió ser nada fácil de gestionar dado que el racionamiento siguió en vigor hasta 1954 e importantes partes de la ciudad aún estaban arrasadas por los bombardeos. Casi toda la exposición era temporal. La parte de la orilla sur del Támesis se demolió (salvo el Royal Festival Hall, que sigue siendo rentable). El Festival de los jardines de recreo (Festival Pleasure Gardens) de Battersea Park sí que sobrevivió y merece una visita, aunque solo sea por el ambiente de los años 1950 que reina.

EL DIQUE DE AGUA DE YORK HOUSE㊶

Último vestigio de una residencia privada
al borde del río

Embankment Gardens, WC2
Metro Embankment o Charing Cross

El Embankment, construido en la segunda mitad del siglo XIX, suele considerarse como uno de los prodigios de la ingeniería civil victoriana. A la vez que reforzaba las orillas del Támesis, este dique dotó a Londres de un sistema hidráulico moderno, que además permitió el desarrollo de la industria inmobiliaria. También transformó radicalmente la relación de la ciudad con su río, como se puede observar sobre todo en los Embankment Gardens, delante del dique de agua de York House, situado detrás de la estación de Charing Cross.

Este pasaje abovedado de estilo barroco, que parece perdido en medio de un pequeño parque, era en realidad el acceso fluvial de York House, una de las residencias que antiguamente se alineaban a lo largo de un recorrido que iba de la City al patio real de Westminster. Actualmente, el río fluye a 150 m del primer escalón del dique de agua, que muestra hasta qué nivel pueden subir las mareas del Támesis. Si se encuentra en el Embankment con la marea alta, especialmente sobre la orilla sur, cerca de Blackfriars Bridge, el nivel del agua, que apenas moja el muelle, da testimonio de la fuerza del río. El dique fue diseñado por Iñigo Jones en 1626, como extensión del palacio que hizo construir el primer duque de Buckingham en 1620. El escudo de armas de los Buckingham sigue estando visible en el dique. Además de Banqueting House y del arco de Temple Bar, junto a la catedral de St Paul, el dique es una de las pocas muestras que quedan, al menos en Londres, del gusto italianizante del rey Carlos I. El segundo duque de Buckingham fue el favorito del rey y uno de los propietarios más ricos. Al igual que el rey, el duque fue un gran aficionado al arte y llegó a hospedar a Gentileschi y a Rubens. En 1635 llevaron a cabo un inventario de su colección y se censaron 32 cuadros y 59 esculturas romanas en el salón.

El código secreto de George Villiers, Duque de Buckingham

Sobre el muro de York Place, al lado del McDonald's, en el Strand, una pequeña placa mugrienta recuerda el curioso nombre que originalmente tuvo la calle: Of Alley. En 1672, el segundo duque de Buckingham vendió York House con la condición de que su nombre y su título quedaran inmortalizados en George Street, Villiers Street, Duke Street, Of Alley y Buckingham Street (estas calles pasaron a llamarse: George Villiers, Duke of Buckingham). Las calles siguen existiendo, aunque Of Alley ha sido rebautizada como York Place y George Street se llama ahora York Buildings.

De Temple a Angel

WINDOWS 108

Una ventana al universo de una artista

108 Rosebery Avenue, Islington, EC1
Tel.: 0207 278 7368
www.whitechapelgallery.org/first-thursdays/galleries/108-rosebery-ave/
abierto las 24 horas
Entrada gratuita
Metro Angel o autobús 9, 38 y 341

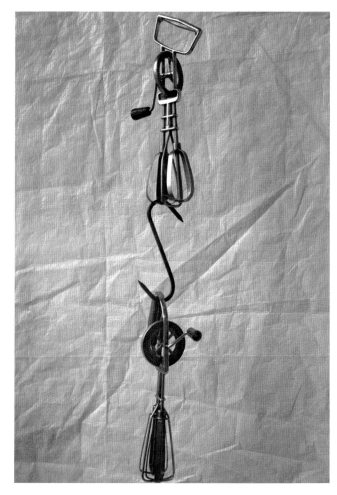

El número 108 de Rosebery Avenue no es un escaparate como los demás. Maggie Ellenby, la artista que vive en la primera planta, utiliza astutamente este espacio desde 1993 para exhibir sus instalaciones artísticas.

En sus obras, Ellenby suele emplear objetos corrientes a los que da unos usos insólitos. "*Marigolds*", por ejemplo, es una masa de guantes de goma amarillos y rojos amontonados que forman flores. Otra de sus obras es la palabra "No", hecha de cientos de gominolas colgadas en el escaparate. Según Ellenby, estas instalaciones son "deliberadamente simples". "Están concebidas para que puedan ser vistas desde un autobús, desde el coche o pasando caminando delante del escaparate; todas dejan al espectador en vilo, a la espera de la siguiente". La ausencia de títulos las hace aún más desconcertantes.

La luz, otro de los elementos característicos del trabajo de Ellenby, crea un efecto aún más sobrecogedor cuando, de noche, pasa en coche delante del escaparate. Se ven frases iluminadas como *"Speed Kills, Jesus Saves"* ("La velocidad mata, Jesús salva"). Mientras Ellenby está trabajando en un nuevo proyecto, pone un letrero en el escaparate que dice "Pause".

Aunque prefiere guardar el anonimato, Ellenby tiene curiosidad por leer las opiniones y anécdotas que la gente escribe en trozos de papel que deslizan bajo su puerta.

THE CLERK'S WELL

El nombre del distrito proviene de una fuente medieval

14–16 Farringdon Lane, EC1
Horario: visitas con cita previa. Llamar al Centro Histórico Municipal
de Islington, tel.: 0207 5277988
Metro Farringdon

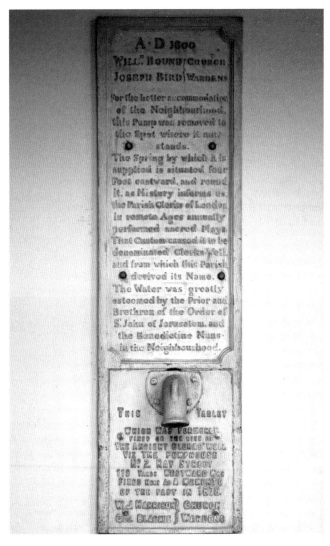

El distrito medieval de Clerkenwell es considerado el primer suburbio londinense, una zona verde al norte de la muralla de la City donde abundaban las granjas y las fuentes de agua mineral. Un "agua dulce, clara y excelente para la salud", según William Fitzstephen, autor de la primera historia topográfica de Londres en el siglo XII.

El nombre de este distrito viene del famoso "Clerk's well, fons clericorum" (Pozo de los clérigos) que se conserva, milagrosamente, desde la Edad Media. Aunque actualmente está en el sótano de un edificio de Well Court, donde el acceso al público es restringido, puede verse a través de los ventanales y se puede leer sobre su historia y los alrededores. Originalmente, el pozo se encontraba en la muralla del convento agustino de St Mary, cuya fundación se remonta a 1140. Lo llamaron "Pozo de los clérigos" porque los miembros de la parroquia escenificaban en torno a él obras misteriosas inspiradas en temas bíblicos, un género teatral muy de moda en la Edad Media. Después de cerrar el convento, durante la Reforma, la pared de la muralla fue derribada y el pozo tapado por nuevos edificios. En 1800 se instaló una bomba de agua a nivel de calle para facilitar su uso público, pero fue inhabilitada en 1857 debido a la polución. El pozo fue redescubierto por azar en 1924, cuando se llevaron a cabo unas obras públicas en Farringdon Lane.

QUÉ VER EN LOS ALREDEDORES
Sadler's Wells ③
Rosebery Avenue, EC1R 4TN; www.sadlerswells.com
Sadler's Wells, la famosa compañía de danza teatral, fue creada por Dick Sadler en Clerkenwell hacia 1680. Cuando se descubrió el viejo pozo en el parque, Sadler se apresuró a difundir las propiedades medicinales de su agua. Fue así como el teatro tomó el nombre de Sadler's Wells (los pozos de Sadler).

El centro médico-social de Finsbury ④
17 Pine Street, EC1 - Tel.: 0207 530 4200
Diseñado por Berthold Lubetkin ente 1936 y 1938, este edificio modernista, ubicado detrás del Exmouth Market, alberga actualmente un centro médico. Con sus paredes de cristal, su interior rojo y azul y sus pinturas murales de colores vivos que animan a los vecinos a aprovechar "la frescura de la noche y del día", es un verdadero ejemplo de la creencia de Lubetkin en la arquitectura como instrumento de progreso social. Finsbury fue antiguamente una de las zonas más pobres de Londres, y este centro fue la base de su política sanitaria y social. Como bien dicen: "Nada es suficientemente bueno para la gente común".

LOS LIBROS DE LA BIBLIOTECA DE JOE ORTON

"¡Disfrute cagando mientras lee!"

Islington Local History Centre, Finsbury Library, 245 St John Street, EC1
Para concertar visitas o pedir información, llamar al 0207 527 7988
www.archiveshub.ac.uk/data/gb1032-s/ort
Horario: previa cita de lunes a viernes de 9.30 a 13.00 h y de 14.00 a 17.00 h y
todos los segundos sábados de mes. Los jueves abre hasta las 20.00 h
Entrada libre
Metro Angel o Farrington

as bibliotecas podrían no existir. Están repletas de libros sin interés, mientras la buena literatura difícilmente encuentra su lugar", deploraba Joe Orton en 1967. Este provocador dramaturgo de los años 60 se hizo famoso gracias a sus comedias negras y, sobre todo, a su prematura muerte a la edad de 34 años: su amante Kenneth Halliwell, en un arranque de celos, le asesinó a martillazos y luego se suicidó.

Halliwell y Orton compartían un pequeño piso en Islington, que habían decorado con imágenes arrancadas de los libros de la biblioteca municipal. No contentos con robar las obras que les gustaban, se divertían llenando otros libros con inscripciones, dañando sus cubiertas e insertando textos vulgares. A Orton le encantaba pasear por la biblioteca para observar las reacciones de los lectores que, enfurecidos o estupefactos, descubrían su obra.

La biblioteca de Islington, sin embargo, no le vio la gracia. Buscaron sin éxito a los culpables, hasta que Sydney Porrett, un empleado municipal de Islington, descubrió su identidad. Después de enviar una carta a Halliwell pidiéndole que moviera un coche mal estacionado, la respuesta mecanografiada tenía los mismos rasgos defectuosos que los que se encontraron en los libros mutilados. El 28 de abril de 1962, la policía irrumpió en el piso de Orton y de Halliwell, y encontraron 72 libros robados y 1 653 ilustraciones de libros de arte. La pareja fue condenada a seis meses de prisión y a una multa de 262 £.

Hoy en día, los 44 volúmenes dañados son el orgullo del Centro Histórico Municipal de Islington. Se conservan reproducciones en color en los típicos álbumes donde se esperaría ver fotos de familias o de bodas. En realidad, se trata de extraños collages de imágenes subversivas: John Betjeman, por ejemplo, fue reemplazado por un hombre mayor en ropa interior, cubierto de tatuajes, y *Queen's Favourite* (El favorito de la reina) está ilustrado con dos luchadores medio desnudos.

A los dos cómplices les gustaba especialmente rediseñar las carátulas de los libros de Shakespeare con elegantes collages. Otros libros fueron tratados con menos reverencia: en la cubierta de Clouds of Witness, se anuncia que la historia trata de una mujer policía pedófila, y concluye con estas palabras: *"Have a good shit while you're reading!"* ("¡Disfrute cagando mientras lee!").

MARX MEMORIAL LIBRARY

El despacho de Lenin en Londres

37ª Clerkenwell Green, EC1
Tel.: 0207 253 1485 - www.marx-memorial-library.org
Horario: todos los días de 13.00 a 14.00 h - Entrada gratuita
Metro Farringdon

La brillante puerta roja es el único elemento que da indicios de lo que alberga esta encantadora residencia del período georgiano, escondida entre las vistosas joyerías y los estudios de arquitectura de Clerkenwell Green. Al lado del timbre, una discreta placa de cobre indica que se trata

de la biblioteca de Marx, un espacio que reúne más de 150 000 volúmenes de literatura izquierdista. Desde la revuelta de los campesinos de 1381 a las manifestaciones contra los impuestos locales de la década de 1980, esta pintoresca esquina de Londres ha sido el lugar favorito de los rebeldes, revoltosos y refugiados políticos. Entre ellos, Vladimir Ilitch Oulianov (verdadero nombre de Lenin) compartió, entre 1902 y 1903, una oficina en este edificio con Harry Quelch, el director de *Twentieth Century Press*, una famosa casa editorial de izquierdas. El minúsculo despacho de Lenin permanece intacto, con sus armarios azules, sus tratados sobre socialismo forrados en cuero, una edición en braille del manifiesto del partido comunista e innumerables bustos de Lenin donados por sus admiradores. Fue aquí donde el futuro "padrecito de los pueblos" editó los números 22 al 38 de la revista rusa Iskra (*La chispa*), impresa en papel extrafino para que resultara más fácil introducirla clandestinamente en la Rusia de los zares.

Construido en 1737 como escuela caritativa para niños galeses, el edificio acogió a sus primeros residentes en 1872, cuando la London Patriotic Society instaló su sede. *La Marx Memorial Library* y la escuela de obreros fueron fundadas en 1933, para conmemorar el 50 aniversario de la muerte de Marx, y como respuesta a la quema de libros en la Alemania nazi. En 1935, el vizconde Jack Hastings, un aristócrata comunista, alumno de Diego Rivera, pintó un mural gigantesco con un título grandilocuente: *Obreros del futuro limpiando el mundo del caos capitalista*. Las siluetas de Marx, Engels y Lenin se alzan en gran tamaño detrás del escritorio de la recepción.

En la planta baja, el archivo de la Brigada Internacional ocupa un lugar de honor en una sala de reuniones decorada con carteles revolucionarios. Las estanterías rojas de la biblioteca y el suelo de linóleo azul están rayados, pasados de moda y totalmente desgastados, tal y como deben de estar. Según los principios del socialismo, la afiliación solo cuesta 20 £ al año (precio reducido: 10 £).

En 1986 se descubrieron unos túneles del siglo XIV en el sótano. Se pueden visitar durante los fines de semana de puertas abiertas.

Marx en Londres

Karl Marx escribió una buena parte de El Capital en la silla número G7 de la sala de lectura del British Museum. De 1850 a 1855, vivió en un sórdido apartamento situado sobre el actual restaurante Quo Vadis, en el 28 de Dean Street, en el Soho. El propietario original, Peppino Leoni, detestaba aquella placa azul que rendía homenaje a un comunista en la fachada de su lujoso restaurante.

CHARTERHOUSE

Una residencia Tudor para los caballeros jubilados

Charterhouse Square, EC1 6AM
Tel.: 0207 251 5002
Horario: visitas guiadas previa reserva en internet
Metro Barbican o Farringdon

Mientras uno pasea bajo los podados árboles del apacible Charterhouse Square, resulta difícil creer que en el siglo XIV este lugar fue una fosa común donde fueron enterradas 50 000 víctimas de la peste negra. En 1371 se fundó aquí un monasterio cartujo, pero la Reforma interrumpió bruscamente la clausura de los monjes. El prior fue ahorcado, arrastrado por la calle y descuartizado. Clavaron uno de sus brazos en el portal. El monasterio, después de haber sido cerrado en 1537, se convirtió en el lugar de recreo favorito de la aristocracia. Lord North lo convirtió en una suntuosa mansión, donde dio tantas muestras de hospitalidad a la reina Elizabeth I que terminó arruinado y tuvo que huir al campo.

Charterhouse fue finalmente adquirido por Sir Thomas Sutton, un filántropo que fundó aquí una escuela para 40 jóvenes indigentes y un hospital para 80 jubilados de sexo masculino (caballeros reducidos a la mendicidad, soldados que prestaron servicio en la marina o en el ejército de tierra, comerciantes en bancarrota tras haber sido saqueados por piratas o haber naufragado, o para los sirvientes ya ancianos del rey y de su majestad la reina).

Charterhouse es la única mansión de la época de los Tudor que se conserva en Londres, y que aún alberga a unos cuarenta "caballeros jubilados". Los criterios de acceso al establecimiento son menos rigurosos que antes -se aceptan incluso católicos-, pero los residentes (de los cuales el más anciano tiene 102 años) siguen estando sujetos a un orden jerárquico. Lo mismo ocurre con el establecimiento para pensionistas del mismo nombre que se trasladó a Surrey en 1872.

Tras el portal, que data del siglo XV, no queda ninguna huella del siniestro pasado de este lugar. Tampoco hay presencia alguna de modernidad, excepto por el vídeo antediluviano de 15 minutos que los visitantes, sentados en antiguas sillas de cuero, tienen que ver antes de iniciar el recorrido.

Por las tardes se habilitan unas mesas para tomar el té en el Grand Hall, donde en otra época, bajo los retratos de aristócratas engalanados con peinados estilo Bee Gees, 80 caballeros fueron armados por el rey Jaime I.

Los domingos la capilla está abierta al público (si logra ser admitido por el guardia de la puerta). Busque la tumba de Sutton y las cabezas de perro esculpidas que decoran los bancos.

Charterhouse también ofrece en alquiler, en edificios independientes, apartamentos y oficinas, pero la lista de espera para adquirir una de estas viviendas es larga.

NOVELTY AUTOMATION

¿Es arte?

1a Princeton Street, WC1R 4AX
www.novelty-automation.com
Horario: de miércoles a sábado de 11.00 a 18.00 h. Nocturno los jueves de doce
del mediodía a 20.00 h. Abierto todos los días de 11.00 a 18.00 h a lo largo del
semestre y durante las vacaciones escolares - Entrada gratuita
Coste del funcionamiento de las máquinas: £1-£2
Metro Holborn

ovelty Automation, la "mecanización innovadora", que se presenta como una "galería loca de máquinas tragaperras satíricas", es obra de un genio excéntrico, Tim Hunkin. Una flecha luminosa de neón le guía hacia una casa de falso estilo Tudor en una calle apartada del barrio

de Holborn. Esta casa alberga una colección de máquinas automáticas que funcionan con monedas y que se burlan de los políticos británicos, entre otros.

Como una revista satírica en tres dimensiones, del estilo *Private Eye*, se celebra lo absurdo. Puede decidir el destino de un cordero (¿mascota o carne?); poner sus nervios a prueba metiendo la mano en la jaula de un rottweiler con los ojos rojos, que jadea y se relame los belfos; dejarse toquetear por una máquina cacheadora automática; hacer un mini descanso de tres minutos en una alfombra voladora (¡no hay riesgo de trombosis!); dejarse auscultar el pie por un podólogo espeluznante (atención: ¡lleve calcetines!); o bien afinar su capacidad de blanquear dinero (¡un bonito ejemplo de éxito británico!). Una máquina "para perder peso *ipso facto*" distribuye un único grano de maíz que le hará encoger de un modo mágico.

La sátira de Tim Hunkin también arremete contra el elitismo pretencioso del mundo del arte. Vacíe el contenido de sus bolsillos por una ranura y un maniquí, que se parece curiosamente a Nicholas Serota, el antiguo director de Tate Britain, dictará su veredicto: "¿Es arte?" ¿Qué piensa Serota de la piruleta de mi hijo? Sacude la cabeza sacando imperceptiblemente su lengua bífida.

Ingeniero cualificado y también caricaturista, ilustrador, decorador y director de documentales en sus horas muertas, Tim Hunkin necesitó entre cuatro y nueve meses para fabricar cada máquina con sus propias manos. Una combinación ganadora de baja y alta tecnología, cada una es un antídoto tónico a la era virtual de la serie de televisión *iZombie*.

"Tuve la suerte de vivir la transición de lo analógico a lo numérico. Poder añadir a unos aparatos electromecánicos obsoletos elementos de brujería numérica es un ámbito muy poco explorado", comenta Tim Hunkin. "Mostrando que siempre se pueden fabricar cosas interesantes a mano, espero que los niños se animen a construir sus propias máquinas. La ingeniería tiene una imagen catastróficamente aburrida en el Reino Unido".

A fin de cuentas, el objetivo de Tim Hunkin es sencillo: quiere hacer reír a la gente. A juzgar por los gritos, las risas y demás carcajadas que recorren la galería, ha logrado su objetivo.

Un reloj parado

La galería está en la Tudor House, un edificio de principios del siglo XVII, que antaño fue una taberna. Los barriles de cerveza se entregaban usando un riachuelo que corría cerca de la puerta trasera. Un poco más lejos, hay otro bar, The Dolphin Tavern, cuyo reloj se paró para siempre a las 10.40 h, hora a la que cayó la bomba del Zeppelin en 1915.

EL TÚNEL DE KINGSWAY

Por los rieles del pasado

Southampton Row, WC2
Metro Holborn

En Kingsway, en medio de Southampton Row, justo detrás de la estación de metro de Holborn, hay una rampa que conduce a un

túnel abandonado. Se trata de uno de los últimos vestigios de la red del tranvía londinense que, hasta comienzos de la década de 1950, atravesaba la ciudad. El acceso al túnel está cerrado, pero basta con echar una ojeada a través de las rejas para ver los antiguos rieles del tranvía. También se alcanza a ver, entre los rieles, el cable eléctrico subterráneo que alimentaba los coches de una línea que iba de Angel a Aldwych. En aquel entonces sólo se tardaba diez minutos para ir de Islington a Waterloo Bridge –una marca envidiable incluso para los criterios actuales.

Construido en 1906, este túnel de doble sentido pasaba originalmente por una estación subterránea en Holborn, luego continuaba a lo largo de Kingsway, antes de hacer otra parada en la estación de Aldwych y regresar a la superficie cerca de Waterloo Bridge. Formaba parte de un gran proyecto de restauración urbana que preveía habilitar los barrios insalubres al este de Strand, creando un centro comercial en Kingsway, la avenida más larga de Londres en aquella época. Bautizada así en honor al rey Eduardo VII, esta vía era el símbolo de la fisonomía moderna de Londres. A comienzos de la década de 1930 se agrandó el túnel para adaptarlo a los nuevos vagones de dos pisos, los cuales tuvieron gran éxito. Pero con la llegada del coche, el tranvía perdió rápidamente popularidad y la red fue desmantelada a comienzos de la década de 1950. El 5 de julio de 1952, se oyó por última vez el tintineo de un tranvía cruzando Kingsway. En 1964, con el fin de reducir los atascos, una parte del túnel fue transformada en carretera bajo el Strand. En la década de 1970, un centro de control del nivel fluvial ocupó la parte restante del túnel, pero hubo que cerrarlo en 1984, cuando se inauguró la barrera del Támesis (véase p. 290).

El pasaje subterráneo de Kingsway, actualmente abandonado, sirve como depósito para los viejos carteles de señalización e información de carreteras. Aunque por razones de seguridad se han rechazado varios proyectos para convertirlo en estudio de cine, el túnel ha servido varias veces de decorado en películas como *Bhowani Junction* (1955) y *The Avengers* (1998).

En 2004, un grupo de estudiantes de Artes Plásticas de Central Saint Martins College of Art and Designs le dio un uso bastante original organizando, en este siniestro lugar subterráneo, una exposición titulada Thought-Crime (Crimen de pensamiento), inspirada en la novela 1984 de George Orwell.

La municipalidad londinense está considerando reinstalar la red de tranvía para descongestionar el centro de la capital. Aún se ignora si volverá a haber obras en el túnel de Kingsway.

VISITAS A LA LUZ DE LAS VELAS EN EL SIR JOHN SOANE'S MUSEUM

Una excéntrica colección de arte a la luz de las velas

12-13 Lincoln's Inn Fields, WC2
Tel.: 0207 405 2107
*Horario: de martes a sábado de 10.00 a 17.00 h. Visitas a la luz de las velas de
18.00 a 21.00 h el primer martes del mes (los primeros 200 que lleguen a las
17.30 h entran seguro. Luego entran de uno en uno hasta las 20.30 h)*
Entrada gratuita
Metro Holborn o Temple

Hijo de masón, Sir John Soane (1753-1837) fue uno de los arquitectos más importantes de su época. Diseñó la Dulwich Picture Gallery

y el Banco de Inglaterra, pero muchos de sus proyectos no vieron la luz; una lástima porque eran extremadamente extravagantes, como su proyecto de *piazza* (plaza) sobre el Támesis, sostenida por cientos de columnas y que habría obstaculizado el tráfico fluvial.

La propia casa de Soane se amplió exponencialmente a medida que su colección se enriquecía con antigüedades, objetos de arte, dibujos arquitectónicos y maquetas. De 1792 a 1824, Soane demolió y reconstruyó tres casas del lado norte de Lincoln's Inn Fields para instalar su colección.

La colección refleja bien la mentalidad de un coleccionista empedernido, pero el efecto global es intensamente personal y visualmente fascinante. Hay sarcófagos y vidrieras, relojes de pulsera y de péndulo, muchísimas piedras preciosas, nichos llenos de bustos, estatuas iluminadas por tragaluces y paneles secretos que unos guías espirituales, con guantes blancos, abren ceremoniosamente para revelar obras maestras de Canaletto, Turner, Hogarth y Füssli.

Tras la muerte de su esposa en 1815, Soane vivió solo entre su colección de arte. Decepcionado por sus dos hijos que no quisieron seguir sus pasos, fundó un museo cuya entrada esta reservada "a los aficionados y a los estudiantes". En 1833, consiguió que el Parlamento aprobara una ley para legar su casa y su colección al país. La importancia y la originalidad de esta colección son espectaculares.

Con el paso de los años, la casa ha sufrido cambios: ahora el apartamento privado de Soane alberga unas oficinas, varias habitaciones están selladas y se han guardado algunos objetos en un vano intento por hacer que el espacio esté menos abarrotado. Hoy, tras siete años de reformas, los números 12 y 13 han recuperado su esplendor original, una luz ámbar, que el arquitecto calificaba de "tenue pero no agotada", inunda los espacios interiores.

A Soane le fascinaba el control de la luz y de la sombra para crear "esos efectos quiméricos que constituyen toda la poseía de la arquitectura", usando vidrio teñido y vidrieras de colores, espejos y cúpulas, para crear distintos ambientes. El primer martes de cada mes, de 18.00 a 21.00 h, los visitantes pueden descubrir este tesoro extraño y fabuloso tal y como

su dueño lo veía al anochecer: totalmente iluminado con velas. Las abundantes colecciones se ocultan en las sombras, creando así un ambiente prodigiosamente gótico. Hay que hacer cola para entrar, pero merece realmente la pena.

LONDON SILVER VAULTS

La mayor colección de objetos de plata antiguos del mundo

53–64 Chancery Lane, WC2
Tel.: 0207 242 3844 - www.silvervaultslondon.com
Horario: de lunes a viernes de 9.00 a 17.30 h. Sábados de 9.00 h a 13.00 h
Entrada gratuita
Metro Chancery lane

Las London Silver Vaults (Bóvedas de plata de Londres), situadas en el tercer sótano de un edificio de oficinas carente de interés, albergan la mayor colección del mundo de objetos de plata antiguos. Forman una insólita y resplandeciente galería de más de 40 tiendas, donde se acumulan las cajas de seguridad adaptadas para guardar la preciosa mercancía.

Este almacén subterráneo, originalmente conocido como la Caja de Depósitos de Chancery Lane, abrió sus puertas en 1876. Antiguamente, estaba reservado a los londinenses adinerados que querían poner a salvo sus objetos de valor. Impresionados por el rigor de la seguridad, los orfebres y los joyeros del cercano Hatton Garden, el lugar más importante del comercio de diamantes, comenzaron a utilizar las cajas de seguridad para guardar sus tesoros durante la noche. Rápidamente, el lugar se convirtió en una especie de punto de venta, donde los buscadores de oportunidades podían comprar directamente a los comerciantes a precio de mayorista.

Hoy en día las London Silver Vaults, cuyas tiendas han conservado los muros blindados originales, se parecen más a un museo que a un centro comercial. Los comerciantes venden todo tipo de objetos de plata, desde candelabros hasta cubertería, pasando por hueveras, pimenteros, saleros, portacartas, relojes o vasos. Se han servido muchos banquetes reales en recipientes comprados en estas bóvedas.

Aunque el edificio fue bombardeado durante la II Guerra Mundial, los sótanos no sufrieron grandes daños. La puerta original también permanece intacta. Su metro de espesor es una poderosa forma de disuadir a los ladrones. Hasta el día de hoy, no ha habido ningún intento de robo.

QUÉ VER EN LOS ALREDEDORES

Las lecciones gratuitas de Gresham College ⑫

Barnard's Inn Hall, Holborn EC1
Tel.: 0207 831 0575
www.gresham.ac.uk

Fundado en 1597, el Gresham College se estableció en esta residencia de estilo Tudor que aparece en la adaptación cinematográfica de la novela de Dickens, Grandes esperanzas (1991). El establecimiento imparte lecciones gratuitas sobre ocho temas: comercio, astronomía, teología, geometría, derecho, música, física y retórica. Ocasionalmente se organizan, en una sala medieval que da sobre un patio secreto, recitales gratuitos de música de cámara.

LA RELIQUIA DE ST ETHELDREDA

Mano momificada y dolor de garganta

Iglesia St Etheldreda, 14 Ely Place, EC1
Tel.: 0207 405 1061
www.stetheldreda.com
Horario: de lunes a viernes de 7.45 a 19.00 h
Entrada gratuita
Metro Chancery Lane o Farringdon

P ara los visitantes, es una de esas calles decepcionantes que no llevan a ningún sitio; para los habitantes, es tranquila y agradable; para el estudiante del viejo Londres, tiene todos los atractivos que pueden aportar cinco siglos de cambios y la larga permanencia de la grandeza y de la nobleza". Estas fueron las palabras que George Walter Thornbury escribió sobre Ely Place en 1878. Ely Place es un encantador pasaje, protegido por una impresionante reja y un pabellón miniatura reservado a los guardianes que antiguamente vigilaban la calle. Cada sesenta minutos, estos bedeles, vestidos con un sobretodo y un alto sombrero cilíndrico, anunciaban la hora y las condiciones atmosféricas para suerte de los habitantes de las majestuosas residencias del período georgiano.

St Etheldreda, la iglesia católica más vieja de Inglaterra, está encajada en este callejón cerrado. Construida en 1250, es el último vestigio del palacio episcopal Ely, cuyas 29 hectáreas de vergeles, viñedos y céspedes se extendían hasta el Támesis. Administrado por el obispado de Ely en Cambridgeshire, a más de 150 kilómetros, este dominio estaba fuera de la jurisdicción de la city y por lo tanto era muy apreciado por los criminales que huían de la justicia.

En el interior de esta pequeña iglesia gótica y un tanto lúgubre, entre los mártires de la Reforma protestante, se encuentra una siniestra reliquia de la santa patrona, St Etheldreda. En un relicario dorado, a la derecha del altar, se conserva el trozo pálido de una mano, donado a la iglesia en el siglo XIX. La mano, que fue robada durante la conquista normanda, escapó a la persecución de los católicos que se llevó a cabo en el dominio del duque de Norfolk. Si desea verla, estarán encantados de enseñársela.

En *Ricardo III*, Shakespeare evoca las sabrosas fresas del jardín de St Etheldreda.

Déjese curar el dolor de garganta

Etheldreda, santa patrona de la castidad (murió virgen, aunque estuvo casada dos veces), es famosa por curar el dolor de garganta. Aunque Etheldreda murió de peste en 679, achacó el tumor que se le formó en el cuello a su inclinación pecaminosa por los lujosos collares. En febrero, el día de St Blaise (santificado, al parecer, por haber salvado a un niño que se estaba asfixiando con una espina de pescado) las personas que sufren de dolor de garganta o de cuello visitan en masa a St Etheldreda para ser ungidas con dos velas unidas.

Enrique VIII y su primera esposa, Catalina de Aragón, se atiborraron durante cinco días en un festín que ofrecieron en la cripta de St Etheldreda, en 1531.

EL CEREZO DE LA OLDE MITRE TAVERN

El recuerdo de una disputa durante el reinado de Elizabeth I

Olde Mitre Tavern, Ely Court (entre Hatton Garden y Ely Place), EC1
Horario: de lunes a viernes de 11.00 a 23.00 h
Metro Chancery Lane o Farringdon

A pocos pasos de Hatton Garden, la perla del centro de Londres, se encuentra Ely Court, lugar donde se oculta un viejo pub llamado *The Olde Mitre*. Su interior, que data del siglo XVIII, permanece casi intacto y está dividido en tres secciones, una de las cuales, llamada *Ye Closet* ("el armario"), sólo tiene una mesa y unos bancos.

Detrás de la barra, dentro de un escaparate, se conservan los restos del tronco de un cerezo. Originalmente, el terreno sobre el que fue construido el pub formaba parte de uno de los jardines de Ely Palace, propiedad del obispo de Ely (véase p. 101 St Ethelreda). En 1576, Christopher Hatton, protegido de Elizabeth I, consiguió, con la complicidad de la reina y en contra de la voluntad del obispo, que le concedieran este dominio. Como dos adolescentes que comparten habitación, los dos hombres utilizaron el cerezo para marcar la frontera que trazaron al dividir el jardín. Se cuenta que la reina bailó alrededor de este árbol durante la fiesta del 1 de mayo, aunque esta leyenda es demasiado idílica para ser verdad.

En los alrededores hay otros pubs con interiores sorprendentes, como la Jerusalem Tavern, en Britton Street, una antigua relojería de 1720 que se parece a un café del período georgiano. The Black Friar, en Queen Victoria Street, posee un decorado en mármol y cobre con bajorrelieves con figuras de joviales frailes, y una pequeña sala trasera con bóveda de cañón, con lemas escritos como Finery is Foolery ("La delicadeza es tontería") y Wisdom is Rare ("La sabiduría es escasa"), destinados, sin duda, a divertir a los siniestros bebedores.

¿La estatua más fea de Londres?

En la esquina noroeste de Ely Place, frente al viaducto de Holborn y encima de la escalera que desciende hacia Farringdon Street, se levanta una de las estatuas más feas de Londres: la de Sir William Walworth, el alcalde que asesinó a Wat Tyler. La figura tiene unas piernas minúsculas que le dan un aire caricaturesco. Entre otros candidatos al premio de la estatua más fea de Londres está el busto de Ana Frank en la British Library, que parece un gnomo artrítico; al menos han tenido la delicadeza de apartarla en una esquina cerca del guardarropa. Recientemente, en la estación de St Pancras, se ha erigido una estatua de Paul Day titulada The Meeting Place, que representa a dos amantes entrelazados. Este horror de 10 metros de altura recuerda al mismo tiempo a Stalin y a Barbara Cartland. Paradójicamente, se encuentra en uno de los espacios públicos más bellos de Londres.

LOS SECRETOS DE
ST BARTHOLOMEW'S THE GREATER

El tonel y la flecha

Cloth Fair, EC1
Tel.: 0207 606 5171 - www.greatstbarts.com
Horario: de martes a viernes de 8.30 a 17.00 h (hasta las 16.00 h del 15 de nov.
al 15 de feb.). Sábados de 10.30 a 13.30 h.
Domingos de 8.30 a 13.00 h y de 14.30 a 20.00 h
Metro Farringdon o St Paul

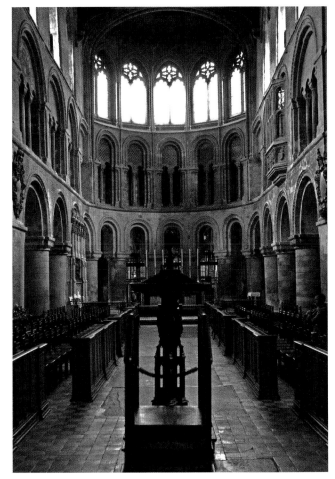

En Londres no quedan muchos vestigios de la alta Edad Media. La ciudad se quemó por completo en 1077, 1087, 1132, 1136, 1203, 1212, 1220 y 1227, y todo lo que sobrevivió a aquellos sucesos ardió entre las llamas del Gran Incendio de 1666. La iglesia de St Bartholomew's the Greater es uno de los pocos monumentos que se salvaron. Y esto a pesar de haber sido bombardeado por un Zeppelín durante la I Guerra Mundial, y de nuevo durante el Blitz de la II Guerra Mundial.

Fundada en 1123, la iglesia fue originalmente un priorato del hospital de St Bartholomew. Desde el punto de vista arquitectónico, el edificio es una mezcla de estilos dispares. Hoy en día sólo se puede ver una parte del edificio monástico original, debido a que una de sus mitades fue demolida en 1543, tras la Reforma, cuando la Corona inglesa se apoderó de vastas extensiones de tierra que pertenecían a la Iglesia con el fin de prohibir el catolicismo en Gran Bretaña. El exterior data esencialmente de los siglos XVI y XIX. La entrada se encuentra bajo un minúsculo fragmento de la fachada románica occidental, y sobre ella hay actualmente un edificio de madera que data de la época de los Tudor.

En el interior, la cruz del crucero y el coro son de estilo románico, como lo atestiguan los arcos y las enormes columnas decoradas. De ahí la tenebrosa atmósfera, característica de este período, cuyos vestigios son raros en el Londres de hoy debido a que las iglesias fueron constantemente reconstruidas.

Entre las curiosidades, cabe destacar la tumba de Rahere, el bufón del rey Enrique I Beauclerc, que fundó el oratorio. Justo enfrente hay una pequeña ventana en voladizo de tres lados, que da a un oratorio o pequeña capilla semi privada, reservada a un rico prior llamado Bolton. La ventana está decorada con el escudo de armas de Bolton, un acertijo visual en el que se ve un tonel perforado por una flecha, es decir, una flecha (bolt) y un tonel (tun).

La iglesia sigue ligada al hospital que se fundó en la misma época, al otro lado de la calle. Dentro del hospital hay una iglesia más pequeña, que, evidentemente, se llama Bartholomew the Lesser. También tiene un pequeño museo que abre de martes a viernes de 10.00 a 16.00 h (llame antes al 0203 465 5798) y cuya gloria suprema son los dos grandes murales de William Hogarth que representan al Buen Samaritano y a Jesucristo en la piscina de Betesda. Según la leyenda Hogarth las pintó gratis para evitar que un pintor italiano lo hiciera en su lugar.

La última escena de boda en *Cuatro Bodas y un funeral* y varias escenas de *Shakespeare enamorado* se rodaron en esta iglesia.

BARTS PATHOLOGY MUSEUM

Una historia de la patología en frascos

3ª planta del Robin Brook Centre, hospital St Bartholomew's, West Smithfield, EC1A 7BE
Tel.: 0207 882 8766 - www.qmul.ac.uk/pathologymuseum/about/index.html
Para reservar en ciertos eventos o durante las jornadas de puertas abiertas, consulte la web
Entrada: tarifas variables
Metro Barbican, Farringdon o St Paul's, tren en la estación de Farringdon

No debe de ser fácil concentrarse en un examen dentro de una sala sepulcral de techo acristalado donde hay frascos con partes de cuerpos conservados en formol, pero es precisamente a este tipo de decoración a la que tienen que enfrentarse los estudiantes de la escuela de medicina y de odontología de Londres (que depende de la Queen Mary University of London). Esta sala de examen es también la macabra sala de exposiciones ubicada en el antiguo hospital de Londres, St Bartholomew.

Estudiar anatomía y patología cambió radicalmente desde que este museo victoriano se construyó para este fin en 1879. Unos 5 000 especímenes de distintos tonos de amarillo putrefacto, de verde gangrenoso y de naranja bilioso están cuidadosamente guardados en las tres galerías abiertas, comunicadas entre sí por una escalera de caracol. El público solo puede acceder a la planta baja, ya que las galerías superiores están reservadas a la enseñanza, a la catalogación y a la conservación. Carla Valentine, una atrevida directora de una funeraria, que parece una *pin-up* de los años 50, fue la asistente de un médico forense antes de conseguir el "trabajo de sus sueños" como conservadora técnica del museo. Antes de su nombramiento, el museo estaba en un estado de deterioro muy avanzado. Había una fuga en el techo pero también en algunos frascos que contenían órganos, Todas las muestras de la planta baja tienen más de un siglo y las de las plantas superiores son más "frescos". Valentine siente una especial predilección por el hígado deforme de un hombre que llevaba corsé, por el pie atrofiado de una china a causa de los vendajes, y por el cráneo de John Bellingham, al que ahorcaron y luego disecaron en 1812 tras asesinar al Primer Ministro, Spencer Perceval. (A los cirujanos les encantó observar que el corazón de Bellingham siguió latiendo cuatro horas después de su fallecimiento). Antes de que se promulgase la ley sobre anatomía de 1832, las escuelas de medicina solo tenían dos maneras de conseguir cadáveres: o recuperaban los cuerpos de los prisioneros condenados a muerte y a la disección, o los compraban a los desenterradores de cadáveres, llamados comúnmente "resucitadores".

Como la financiación limitada del museo no permite que Valentina obtenga la autorización para abrir las puertas al público, se ha tomado la iniciativa de organizar una brillante serie de conferencias y de talleres inspirados en la colección. Se dan cursos de taxidermia, conferencias sobre el canibalismo funerario y la historia de la sífilis, y seminarios sobre la descomposición del cuerpo y de los corazones rotos. Una copa de vino y la oportunidad de conocer nuevos amigos entre manos cortadas y cráneos trepanados. ¿Qué más se puede pedir?

El museo del hospital St Bartholomew

Situado en el ala norte del hospital, este museo narra la evolución de la asistencia médica desde la fundación de Barts en 1123. Tiene algunas pinturas preciosas, espantosos instrumentos quirúrgicos y un homenaje a Arthur Conan Coyle, que escribió algunos de los episodios de Sherlock Holmes mientras estudiaba en esta institución. Hay una placa conmemorativa en la que se puede leer una réplica del famoso detective sobre su primer encuentro con el Dr. Watson en un laboratorio de química en Barts: "Veo que ha estado usted en Afganistán". (Abierto de martes a viernes de 10.00 a 16.00 h)

LA CAMPANA DEL VERDUGO DE ST SEPULCHRE-WITHOUT-NEWGATE

¿Por quién doblan las campanas?

Holborn Viaduct, enfrente del Old Bailey (Tribunal de lo Penal)
Horario: todos los días de 11.00 a 15.00 h pero puede que cierre ocasionalmente durante la celebración de conciertos
Entrada gratuita
Metro Farringdon o Blackfriars.

La iglesia de St Sepulchre-Without-Newgate fue reconstruida después del Gran Incendio de 1666. Su extraño nombre se debe a que estaba situada fuera de las antiguas murallas de la ciudad, con más exactitud en Newgate, la puerta noroeste de la muralla de la City.

Antiguamente, el espacio que separa la iglesia del actual Tribunal de lo Penal (el "Old Bailey", situado en el antiguo emplazamiento de la prisión de Newgate) era, desde finales del siglo XIX, el lugar donde se realizaban las ejecuciones públicas.

En el siglo XVIII, la legislación londinense era particularmente sangrienta: más de 350 crímenes eran merecedores de la pena capital, entre ellas el simple robo. Pero a partir de 1861 la lista se limitó al asesinato, la traición, la piratería y el amotinamiento. El tañido de la gran campana de St Sepulchre-Without-Newgate marcaba la ejecución de un condenado. Asimismo, a medianoche, un empleado de la iglesia tocaba una gran campanilla, que se conserva hoy en día en la iglesia, a la vez que repetía tres veces los siguientes versos mientras caminaba de arriba abajo delante de las celdas de los condenados:

"All you that in the condemned hold do lie
Prepare you, for tomorrow you will die.
Watch all, and pray, the hour is drawing near
That you before th'Almighty must appear
Examine well yourselves, in time repent,
That you may not t' eternal flames be sent;
And when St Sepulchre's bell tomorrow tolls,
The Lord have mercy on your souls!"

En 1604, Robert Dove, un sastre comerciante escalofriantemente piadoso, donó 40 £ a la parroquia para garantizar que se mantuviera este espantoso ritual de por vida.

1 "Vosotros que residís en las celdas de los condenados/ Preparaos, pues mañana moriréis/ Observad todos, y rezad, la hora se aproxima/ En que compareceréis ante el Todopoderoso/ Examinad vuestra conciencia y arrepentíos a tiempo/ Que aún os podéis salvar del fuego eterno/ Y cuando la campana de St Sepulchre suene mañana/ ¡Que el Señor se apiade de vuestras almas!"

El rito floral de Old Bailey

Los procesos que se llevan a cabo en el Tribunal de lo Penal están abiertos al público, pero no se puede reservar un sitio y los curiosos empiezan a hacer fila hacia las 9.30h. La lista de procesos se cuelga en la entrada principal. Por lo general, los más sonados se celebran en el "Court One". Desde la época en la que The Old Bailey formaba parte de la antigua prisión de Newgate, se ha perpetuado una tradición: los miembros del jurado llevaban un ramo de flores al comienzo de cada sesión. En su origen, esta costumbre tenía como fin camuflar -sin mucho éxito- el pestilente olor que provenía de las celdas.

EL GOLDEN BOY DE PYE CORNER

Un pequeño gloton a quien se culpó del Gran Incendio de 1666

Cock Lane y Giltspur Street, EC1
Metro Chancery Lane o St Paul

This Boy is
in Memmory Put up
for the late FIRE of
LONDON
Occasion'd by the

n la esquina de Cock Lane con Giltspur Street, en la cima del edificio, la dorada estatua de un chiquillo gordinflón recuerda el Gran Incendio de 1666, que supuestamente se inició en una panadería de Pudding Lane.

La responsabilidad del incendio fue inicialmente atribuida a Robert Hubert, un orfebre francés que confesó su culpa. Hubert fue ejecutado de inmediato, antes de que se averiguara que este mitómano había llegado a Inglaterra dos días después del inicio del incendio. William Lilly, un astrólogo famoso que había predicho un incendio el año anterior, casi acaba acompañando en el patíbulo al desdichado Hubert. Consiguió, sin embargo, defender su inocencia ante un comité especial de la Cámara de los Comunes. Se acusó después a los católicos, y finalmente el Concejo Municipal decidió imputar el desastre al pecado de la gula, representado por la efigie de un niño regordete, a la que se le añadió esta inscripción:

"El niño de Pye Corner fue erigido para conmemorar el final del Gran Incendio que se declaró en Pudding Lane, y que fue atribuido al pecado de la gula y no a los papistas, contrariamente a lo que sucede en el Monument, y la gordura del niño está destinada a conmover la moral de los espíritus".

La única estatua pública de Enrique VIII

Un poco más abajo, en la misma calle, otro personaje regordete ha sido inmortalizado en piedra.

Enrique VIII, en todo su esplendor, observa sobre la entrada del hospital St Bartholomew conocida como "Henry Gate". Es la única estatua pública del rey en Londres.

LA PRIMERA FUENTE PÚBLICA DE LONDRES

"Agua potable para los hombres y el ganado"

Esquina de Giltspur Street con Holborn Viaduct, EC1
Metro Barbican o Farringdon.

Smithfield Meat Market, lugar de ejecución de herejes y disidentes, fue también, como su nombre indica, un matadero. Mientras esperaban el cuchillo del carnicero, las reses inquietas podían refrescarse en el abrevadero de West Smithfield. Este pilón lleva el emblema de la Asociación de Fuentes Públicas y Abrevaderos Metropolitanos, "único abrevadero que proporciona gratuitamente el agua a los hombres y al ganado en las calles de Londres", según una publicidad reciente. Esta asociación fue creada en 1859 por Samuel Gurney, un diputado que quedó consternado con la insalubridad de las fuentes londinenses, después de que el Dr. John Snow (véase p. 52) descubriera que en ellas estaba la causa de la epidemia de cólera.

La primera fuente pública de Londres se encuentra al principio de la calle del mercado de Smithfield, en la esquina de Giltspur Street con Holborn Viaduct. Este pequeño monumento de granito rojo, en memoria del filántropo Gurney, encastrado en las rejas de la iglesia de St Sepulchre, suele pasar desapercibido.

Una multitud de londinenses asistieron a la inauguración de la fuente, el 21 de abril de 1859. Mrs Wilson, la hija del arzobispo de Canterbury, fue la primera en probar el agua en una taza de plata. El agua provenía del New River (véase p. 321). Una inscripción anima a los sedientos peatones a "devolver la taza a su lugar" (*"replace the cup"*). Pero hoy en día se confía menos en la gente: los dos vasos metálicos originales (bastante oxidados) están sujetos con cadenas a las rejas.

En 1870, la *Drinking Fountain Association* ya había instalado 140 fuentes públicas por todo Londres. Varias de ellas han sido conservadas.

En el Geffrye Museum (véase p. 149), se puede ver un cuadro de la fuente original, que tenía un diseño más elaborado, pintado por W. A. Atkinson en 1860.

Estatuas de colegiales

En la esquina de Hatton Garden con St Cross Street, hay dos estatuas -un tanto ingenuas- encajadas en la fachada de un edificio de oficinas. Una representa a un niño pequeño sujetando una gorra y una Biblia, y la otra a una niña pequeña con lo que parece ser una lista de recados en la mano. Estas figuras, que se ven en muchos rincones de Londres, indican la sede de un antiguo "blue coat school", una escuela de caridad para niños pobres.

Durante la época de los Tudor y Estuardo, las vestimentas azules eran la marca del proletariado, ya que la tintura azul era la menos cara. Esta escuela, que data de 1690, es, sin duda, obra de Christopher Wren.

LAS CELDAS DE LA PRISIÓN DE NEWGATE

"La peste era tal que un caballo se hubiera podido asfixiar"

Sótano de la Viaduct Tavern, 126 Newgate Street, EC1
www.viaducttavern.co.uk
Horario: de lunes a viernes de 8.30 a 11.30 h - Entrada libre
Metro St Paul's o ferrocarril de la City Thameslink

No queda gran cosa de la tristemente célebre prisión de Newgate, principal penitenciaría de Londres durante casi cinco siglos. Situada originalmente en una puerta medieval de la muralla romana, fue creciendo con el paso de los años y permaneció en actividad de 1188 a 1902. Ahora en su lugar se encuentra la sede del tribunal correccional, pero si se dirige con gentileza al personal de la Viaduct Tavern, le enseñarán algunas de las celdas que sobrevivieron al cierre de la prisión y que hoy en día sirven de bodega para almacenar cerveza.

Aunque los propietarios del pub han fijado carteles en los muros del pasadizo que conduce a las celdas subterráneas, el decorado no es precisamente el más atractivo para los turistas. Hay una celda que colmará las expectativas de los amantes de los fantasmas, aunque en realidad no hace falta ser un médium para presentir los misterios que emanan de este lugar. Las celdas son realmente espantosas: frías, húmedas y sombrías, con muros de un imponente grosor. En ellas se podían encerrar hasta 20 criminales -deudores insolventes, por lo general- apiñados unos encima de otros. No había servicios. Según un carcelero, era tal la peste que un caballo se hubiera podido asfixiar. La única luz proviene de un tubo que comunica con la calzada, y que los compasivos usaban para hacer llegar alimentos a los presos. Las prisiones eran establecimientos privados, y los detenidos debían de pagar por el privilegio de estar encarcelados y muriéndose de hambre. Los prisioneros que contaban con los medios suficientes tenían una celda individual y recibían la visita regular de prostitutas.

Al otro lado de la calle, en Old Bailey (Tribunal de lo Penal), hay una celda aún más sórdida que estaba reservada a los condenados a muerte. Es más grande que las otras, ya que los futuros ahorcados podían recibir visitas antes de la ejecución. El pasillo que conducía de la celda al cadalso se estrecha a medida que avanza, de manera que la víctima no pudiera huir movido por el terror.

En comparación, la *Viaduct Tavern* es un magnífico pub victoriano, con un techo de cobre estañado y un tríptico magnífico que representa las cuatro estatuas alegóricas del Comercio, la Agricultura, la Ciencia y las Bellas Artes, que figuran no lejos de ahí, sobre el viaducto de Holborn. Se cuenta que en el siglo XIX había aquí un fumadero de opio en la primera planta.

EL MONUMENTO FUNERARIO DE WATTS

Homenaje a los héroes anónimos

Postman's Park, King Edward Street, EC1
Horario: todo el día
Metro St Paul o Chancery Lane

Esta curiosa serie de placas ubicada en uno de los costados de Postman's Park, que, dependiendo de cómo se miren, resultan espantosamente conmovedoras o llenas de esperanzadora tristeza, debe su nombre a la General Post Office, localizada en el extremo sur del parque. Colocadas por G. F. Watts en 1887 con ocasión del jubileo de la reina Victoria, las placas conmemoran los actos de heroísmo que costaron la vida a londinenses anónimos.

Para una época caracterizada por el eufemismo -uno de los epitafios victorianos más comunes decía, por ejemplo, "fell asleep" ("caer dormido"), la suerte de estos héroes aparece descrita sin rodeos. La mayoría de los destinos trágicos están relacionados con niños, incendios, ahogamientos o accidentes de tren. Lo más conmovedor es constatar que la mayoría de los hombres, cuya heroica muerte se conmemora aquí, fallecieron salvando la vida de desconocidos, como si desearan reforzar la idea romántica de una benevolencia innata.

Watts instaló 13 placas conmemorativas. Después de su muerte, su mujer Mary añadió 34 más. El primer héroe inmortalizado fue una mujer: Alice Ayres, "hija de un obrero que, por su conducta intrépida, salvó a tres niños de una casa en llamas en Union Street, distrito de Borough, lo que le costó su juventud. 24 de abril de 1885". Su destino no fue más terrible que el de "Frederick Alfred Croft, que fue arrollado por un tren al impedir que una mujer trastornada se suicidara en la estación Woolwich". Y también está: "Sarah Smith, mimo. Murió en el Prince's Theatre, envuelta en las llamas de su vestido, mientras intentaba apagar el fuego que envolvía a su compañero. 24 de enero de 1863". ¿Le hubiera gustado a Watts que todas las ciudades de Inglaterra tuvieran un monumento similar? Este eterno optimista dejó espacio en el muro del parque para que otros continuaran colocando placas. Pero aún hay mucho espacio por llenar.

El "Miguel Ángel inglés"

Watts, llamado el "Miguel Ángel inglés", fue uno de los pintores más famosos de la época victoriana. Sin ocultar sus ideas socialistas, declaró en una carta dirigida al Times de Londres que "la prosperidad de una nación no depende de sus posesiones inalienables sino de los actos de su gente". Esta idea inspiró su obra: una galería en el cementerio donde colocó placas que conmemoraban los actos más notables de londinenses anónimos.

LAS CABINAS TELEFÓNICAS DE LOS BOBBIES

Las últimas cabinas de policía

St Martin Le Grand, EC1
Metro Saint Paul

Doctor Who, el eterno héroe popular de la serie radiofónica de la BBC, viaja a través del espacio y del tiempo a bordo del TARDIS (Time

And Relative Dimension in Space), una máquina del tiempo espacial que parece una cabina telefónica azul. La palabra tardis ya forma parte de la lengua inglesa para designar algo que parece más pequeño de lo que es y que alberga profundidades ocultas. Algunas de estas misteriosas cabinas telefónicas azules han sobrevivido en las calles de Londres, como esta señal fuera de uso situada fuera de Postman's Park (véase p. 73).

Antes de la llegada del radioteléfono y de los teléfonos móviles, los bobbies que estaban destinados a la vigilancia de un distrito utilizaban estas cabinas para denunciar los delitos, pedir refuerzos o incluso encerrar a un sospechoso mientras llegaba una patrulla de policía. Si la luz azul parpadeaba en el techo de la cabina, el agente que pasara por ahí entraba a llamar a la estación más cercana para que enviaran rápidamente una patrulla al lugar del delito. Abiertas las veinticuatro horas, estas cabinas telefónicas también estaban disponibles para el público en caso de emergencia.

Las primeras cabinas de policía en madera aparecieron en Gran Bretaña en 1888. Tenían un coste de producción irrisorio, 13 £, y estaban equipadas con un escritorio, un registro, un botiquín, un extintor y un calentador eléctrico. Sin lugar a dudas, también contaban con un hervidor, en caso de que a un bobby se le antojara una taza de té.

En 1929, Gilbert Mackenzie Trench diseñó un modelo de hormigón más resistente. Estas nuevas cabinas, cuyas luces parpadeantes fueron reemplazadas por sirenas, sirvieron para anunciar los ataques aéreos durante la II Guerra Mundial. En 1953, había 685 alrededor de Londres, pero el avance tecnológico acabó por hacerlas obsoletas y el Ministro del Interior ordenó que fueran retiradas en 1969.

Ya no quedan muchas cabinas de policía en Londres. La mayoría están en la City: en Victoria Embankment (enfrente de Middle Temple Lane), en la esquina de Queen Victoria Street y de Friday Street, en Walbrook (enfrente de Bucklesbury), en el patio de Guildhall, delante de la iglesia St Botolph en Aldgate, delante de la estación de Liverpool Street y en Aldergate Street, cerca de Little Britain. Hay otras dos rescatadas en Piccadilly Circus y delante de la embajada de los Estados Unidos, en Grosvernos Square. Lo irónico es que la última cabina sigue funcionando a pesar de haber policías las 24 horas del día.

En 1996 se puso una cabina de policía totalmente nueva en Earl's Court Road, frente a la estación de metro. Para satisfacer la obsesión de los londinenses por la vigilancia policial, esta cabina contaba con una cámara de televisión, supuestamente para disuadir a los aficionados a las bromas telefónicas. Sin embargo, el proyecto de instalar estas cabinas en toda la capital quedó abandonado. Quizás no fue casualidad que este modelo apareciera poco después de que la BBC intentara patentar el Tardis con propósitos exclusivamente comerciales.

LA ESTATUA DEL NIÑO
DE LA CESTA DE PAN

La enigmática estatua del niño de la cesta de pan

Panyer Alley, EC4
Metro Saint Paul

Los fumadores agolpados delante del *Café Nero* y los habitantes de los suburbios que atraviesan la entrada del metro St Paul, no se detienen a observar a este niño que sujeta una cesta y que parece vigilarlos y tenderles un racimo de uvas. Bajo esta pequeña estatua, esculpida en la piedra, se puede leer una inscripción desgastada por el tiempo: *"When ye have sought the city round yet still this is the highest ground. August the 27, 1688"* ("Aunque haya buscado alrededor de la ciudad, no hay terreno más elevado que este. Agosto 27 de 1688"). Esta inscripción no tiene mucho sentido en este lugar, un camino bastante plano que va de la estación de metro al cementerio de St Paul. Ocurre que originalmente la estatua se encontraba en Paternoster Row. En 1892, cuando la vivienda donde estaba esculpido el niño fue demolida, el Farrows Bank hizo de esta estatua su amuleto. El niño, sin embargo, no les debió traer suerte, porque el banco de Cheapside cerró en 1930. En 1964, la estatua fue trasladada a esta anodina calle, anteriormente epicentro de las panaderías. Panyer Alley debe su nombre a los niños que seguían vendiendo sus panes en cestas -o panniers-, tras quedar aprobada una ley que prohibía la venta de pan en otros lugares que no fueran los mercados. Los panaderos burlaron esta ley utilizando las cestas para vender el pan en la calle. Los habitantes de los suburbios que hoy en día se detienen, con un croissant en la mano, ante el bread basket boy (el niño de la cesta de pan), podrían hacerle un guiño en homenaje a los pequeños vendedores de pan de otros tiempos.

QUÉ VER EN LOS ALREDEDORES
Christchurch Greyfriars garden ㉔
Newgate Street y King Edward Street, EC1.

Esta singular rosaleda se encuentra a dos pasos de la catedral de St Paul, encerrada entre los vetustos muros de una iglesia parcialmente destruida por los bombardeos de la II Guerra Mundial. En la Edad Media, el edificio estaba ocupado por un monasterio franciscano, cuyos monjes eran tan piadosos que la gente creía que, si eran enterrados con sus túnicas pardas, irían directamente al paraíso. Quizás ésta sea la razón por la que cuatro reinas quisieron ser enterradas en esta iglesia, antes de que fuera destruida por el fuego del Gran Incendio de 1666. Christopher Wren emprendió enseguida la construcción de una nueva iglesia, que fue terminada en 1704. Sin embargo, en 1940 las bombas alemanas destruyeron la obra de Wren, salvándose sólo la torre oeste. Esta pequeña rosaleda coincide con el diseño original de los cimientos de la iglesia. A cada lado de la nave central hay setos y parterres donde antes estaban los bancos. Las diez torres de madera recubiertas de clemátides y de rosas trepadoras representan los pilares que sostenían el techo. Cuentan que el fantasma de la reina Isabel, la despiadada princesa francesa que presuntamente asesinó a su marido bisexual, el rey Eduardo II, clavándole un atizador candente en el trasero, merodea por este jardín. Más vale no venir después del crepúsculo.

EL TRIFORIO DE LA CATEDRAL DE ST PAUL

La historia secreta de uno de los emblemas de Londres

Catedral de St Paul
Ludgate Hill, EC4
Horario: lunes y martes a las 11.30 h y a las 14.00 h. Otros horarios con
cita previa. Reserva obligatoria llamando al 0207 246 8357
Metro St Paul

El triforio de St Paul, que permanece lleno de muebles viejos y accesorios (dos viejos púlpitos, por ejemplo, uno de ellos un horror victoriano de mármol colorado, que parece haber sido robado de una iglesia italiana), es un lugar totalmente desconocido para la mayoría de los londinenses. Da la curiosa sensación de estar en los bastidores de un teatro.

Las galerías se comunican entre sí por un pasillo que atraviesa la puerta oeste de la catedral. Desde aquí hay una vista fantástica de toda la nave. Verá igualmente la hilera de trompetas electrónicas que anuncian las visitas reales. Sin embargo son un tanto ruidosas, así que cuando viene la Reina, una fanfarria más discreta de trompetistas de carne y hueso avisa de su llegada desde la tribuna.

El esplendor del triforio está en dos salas, a ambos lados de la iglesia. La primera es la biblioteca, un verdadero sueño para todo bibliófilo, cómoda, tranquila, recubierta de madera, con dos galerías esculpidas por el maestro Grinling Gibbons. La otra es conocida como la "sala de trofeos", debido a que los trofeos de Nelson fueron expuestos aquí después de su muerte. Hoy en día alberga una sorprendente colección sobre la construcción de la iglesia, que incluye una maqueta de Wren: un temprano diseño a partir de una cruz griega con una cúpula suplementaria. Estos no son todos los tesoros que encierra el triforio. Además de los restos de la antigua catedral, devastada por el incendio de 1666, se puede ver un busto de Dean Inge, un sacerdote melancólico, que al parecer tenía la costumbre de leer novelas policíacas durante los oficios religiosos.

La escalera geométrica en el interior de la torre del reloj que lleva al triforio es igual de desconcertante. Cada peldaño se apoya sobre el anterior y sobre un empalme de diez centímetros unido al muro. De ahí su nombre de "escalera volante".

El plano inicial que Wren diseñó para St Paul, influenciado por el estilo barroco, era mucho más europeo. Los miembros puritanos de la comisión eclesiástica londinense encontraron sin embargo que tenía un aire demasiado "papal" y por consiguiente obligaron a Wren a rediseñar la catedral siguiendo criterios más convencionales. Hay varios bocetos y maquetas en la Sala de Trofeos, como la "Piña", que habría dado a Londres una versión más prematura del Swiss Re Building, más conocido como The Gherkin ("El Pepinillo") de Norman Foster.

EL DESVÁN DE LA CASA DEL DR JOHNSON

La casa de un lexicógrafo, un esclavo inofensivo

17 Gough Square, EC4
Horario: de lunes a sábado de 11.00 a 17.30 h (hasta las 17.00 h en invierno)
Entrada: consultar la página web
Metro Blackfriars, Temple, Holborn o Chancery Lane

Los londinenses adoran al Dr. Johnson, y tienen motivos, pues es difícil resistirse al encanto de un hombre que dijo: "Ninguna persona inteligente desearía irse de Londres. No, señor; cuando alguien se cansa de Londres, se ha cansado de la vida, porque en Londres se encuentra todo lo que la vida puede ofrecer".

Al igual que muchas personas que viven en Londres, el autor del Diccionario de la lengua inglesa no era originario de la capital, sino de Lichfield, en la región de los Midlands. Johnson se instaló en Londres en 1737, a la edad de 28 años, tras fracasar como profesor de instituto. Durante los siguientes treinta años sobrevivió escribiendo biografías, poemas, ensayos, panfletos e informes para el Parlamento y, lo más importante de todo, su famoso diccionario. Vivió en muchos lugares antes de instalarse definitivamente en esta casa de Gough Square en 1748, donde vivió hasta 1759. Es difícil encontrar la casa en medio del laberinto de patios y pasajes que la rodean. Pero el edificio en sí mismo merece la pena, pues se trata de una de las pocas muestras de estilo georgiano que aún quedan en la ciudad. Construida en 1700, estuvo mucho tiempo abandonada, y a lo largo de los años albergó un hotel, una imprenta y un almacén, antes de ser adquirida, en 1911, por el diputado Cecil Harmsworth, quien la restauró y abrió sus puertas al público. El delicado y encantador interior, con sus habitaciones artesonadas, sus grabados, sus retratos y su colección de muebles de la época, es característico del período georgiano. En el desván, los niños pueden probarse réplicas de ropas de la época y comprobar cómo se hubieran visto vestidos de haber nacido en el Londres del siglo XVIII.

Es de dominio público que al Dr. Johnson le encantaban los gatos. En la plaza donde está su casa hay una estatua de Hodge, el gato negro del famoso hombre de letras, sentado sobre un diccionario junto a dos ostras vacías. Johnson prefería comprar personalmente las ostras para su adorado gato en vez de exponerle al resentimiento de sus sirvientes si les hubiese mandado comprar la cena de su gato.

La estatua de John Wilkes

El Dr. Johnson no escogió esta casa por casualidad. La construcción se encuentra muy cerca de Fetter Lane y de Fleet Street, históricamente, un semillero del periodismo difamatorio y satírico. En Fetter Lane también se encuentra la estatua de John Wilkes, amigo del Dr. Johnson y periodista incendiario de notable virulencia (observe que la estatua le rinde un fabuloso homenaje). Los escritos de Wilkes le granjearon muchos enemigos en el seno de la monarquía y del gobierno, pero gracias al respaldo popular pudo evitar el encarcelamiento. Su estatua, al igual que la de Cromwell delante del Parlamento, es una especie de tótem del distrito.

FOUNTAIN COURT

Un refugio literario en medio de un laberinto jurídico

Middle Temple, EC4
Metro Chancery Lane o Temple

Después de haber explorado la City, Fountain Court es un verdadero oasis donde descansar a la sombra de los árboles. Esta pequeña y desconocida plaza se encuentra en Middle Temple, parte del laberíntico barrio de los *Inns of Courts* (Colegio Profesional de Abogados), y fue erigida sobre las ruinas de las construcciones que pertenecieron a los Templarios del siglo XIV.

Durante casi tres siglos ha habido una pequeña fuente en el centro de la plaza. Antiguamente estuvo rodeada por una reja, pero hoy en día se puede acceder a ella libremente. Despide un chorro de agua que se eleva a 30 centímetros de altura, antes de caer de nuevo a un estanque repleto de peces rojos. Algunos afirman que el nombre de la plaza viene de un tal Sir Edward de la Fontaigne, propietario de una casa en el distrito de Temple.

Un lugar literario

Fountain Court aparece frecuentemente en la historia literaria de Londres. Fue aquí donde Charles Dickens organizó el reencuentro de Ruth Pinch con su amante en la novela Martin Chuzzlewit. El dramaturgo Oliver Goldsmith vivió muy cerca, en el nº 2 de Garden Court, en una casa que desapareció ya hace bastante. Y Paul Verlaine, tras ser liberado de la prisión en Bruselas, vivió aquí mientras daba clases en Inglaterra.

QUÉ VER EN LOS ALREDEDORES

La iglesia de St Brides ㉘

No muy lejos de Fountain Court, la iglesia de St Brides ha estado históricamente consagrada a los periodistas debido a la proximidad de Fleet Street. Se dice que su campanario escalonado habría sido la inspiración para la tarta nupcial moderna, después de que un pastelero de los alrededores lo hubiera representado con azúcar glaseado.

Prince Henry's room, un homenaje a Samuel Pepys ㉙

El escritor Samuel Pepys nació en Fleet Street en 1633. En el nº 17 de esta calle se puede ver una preciosa colección de manuscritos, grabados y pinturas relacionados con Pepys. La casa de madera fue una de las pocas que se salvó del Gran Incendio de 1666. El nombre de esta pequeña habitación -Prince Henry's room- se presta a confusiones; el príncipe, cuyas iniciales y blasón figuran en los muros, la utilizó probablemente como sala de concejo. Está abierto de lunes a viernes de 11.00 a 14.00 h. La entrada es gratuita.

LA CRIPTA DE MAGPIE ALLEY ㉚

Los vestigios de un monasterio de la Edad Media

Entre Bouverie Street y Whitefriars Street, EC4
Metro Blackfriars

En el siglo XIII, los Padres Blancos de la orden de los Carmelitas -que se llamaban así por las capas blancas que, en ocasiones especiales, portaban sobre sus hábitos pardos- eran dueños de un enclave que incluía claustros, una iglesia y un cementerio que se extendía desde Fleet Street hasta el Támesis. Todo lo que queda es esta cripta semi derruida, que data de finales del siglo XIV. La cripta se encuentra enclaustrada entre ventanales y un inmenso edificio de granito negro que pertenece a una firma multinacional de abogados.

El monasterio de los Padres Blancos fue una de las pocas construcciones que sobrevivió sin daños a las revueltas campesinas de 1381. No obstante, Enrique VIII retiró el apoyo al priorato a mediados del siglo XVI, y se apropió de la mayor parte de los bienes inmuebles de los monjes para dárselos a su médico, William Butte. El refectorio fue transformado en un teatro para niños, el Whitefriars Playhouse, y la cripta fue usada como depósito de carbón. El distrito se fue degradando poco a poco y adquirió mala reputación. Fue bautizado como "Alsatia", en alusión a Alsacia, al territorio que se disputaban Francia y Alemania. Los delincuentes que huían de la ley se refugiaban en la cripta, aprovechando la inmunidad de la que entonces disfrutaban los monjes.

La cripta estuvo oculta durante siglos antes de ser desenterrada en 1895. Pero sólo fue en la década de 1920 cuando se emprendieron los trabajos de restauración, cuando el diario The News of the World se instaló en el barrio. The Daily News, Punch, News Chronicle, Daily Mirror y The Sun también tuvieron sus oficinas en Bouverie Street. Así como ya no quedan rastros de la presencia de la prensa, tampoco hay nada que indique a los visitantes la existencia de la cripta.

Descienda por Bouverie Street y tome el Magpie Alley (donde estaban antes los dormitorios de los monjes). Al final del pasaje verá un patio. Las escaleras de la izquierda le conducirán al sótano, donde se encuentra la cripta. En la entrada, un falso candil arde día y noche.

Las pinturas murales de Magpie

Impresas sobre las baldosas blancas de Magpie Alley, una serie de ilustraciones y fotografías hacen un breve recuento de la historia de las casas editoriales de Fleet Street. Desde la antigua imprenta de Wynkyn de Worde, fundada hacia 1500, a las infames salas de redacción de los tabloides de la década de 1960, Fleet Street fue sinónimo de la industria de la prensa, hasta que tuvo que trasladarse a regañadientes a Wapping, en 1986.

TWO TEMPLE PLACE

El santuario privado de William Waldorf Astor

2 Temple Place, WC2R 3BD
Tel.: 0207 836 3715 - www.twotempleplace.org
Cada año se organiza una exposición de enero a abril. Hay visitas guiadas
para grupos durante la exposición y en ciertas fechas a lo largo del año. Para
reservar una visita guiada, contacte con Alex Edwards en el 0207 240 6044 o
por e-mail: alexandra@bulldogtrust.org. La adhesión anual a la asociación
de los amigos de Two Temple Place incluye una visita del edificio y una visita
privada de la exposición - Entrada gratuita
Metro Temple

Esta mansión que domina el Victoria Embankment abrió sus puertas al público de manera permanente hace muy poco. Situado junto a Middle Temple, podría pasar fácilmente por un anexo de los Inns of Court, el Instituto de Estudios Judiciales. Aunque es indiscutiblemente imponente, su fachada almenada de piedra de Portland parece casi sobria si la comparamos con la decoración minuciosamente elaborada del interior. Hay un primer guiño al dueño del edificio en el tejado: una veleta dorada de la *Santa María*, la carabela en la que Colón embarcó para "descubrir" América. Terminada en 1895, esta casa era la sede de las oficinas de William Waldorf Astor, uno de los hombres más ricos del mundo. Cuando Astor dejó Nueva York para instalarse en Londres, deseaba disfrutar de una casa que reflejara su posición social, su pedigrí y sus pasiones personales. Convenció a John Loughborough Pearson para que llevara a cabo este proyecto dándole "carta blanca para erigir un edificio perfecto sin tener en cuenta el coste". Pearson gastó 250 000 £ (el equivalente a 10 millones de libras esterlinas actuales). Fue un dinero bien invertido. La puerta de entrada está iluminada por dos lámparas de bronce, rodeadas de querubines que hablan por teléfono y sujetan unas bombillas en la mano, una alusión al moderno equipamiento del interior. La decoración, donde el estilo Tudor se mezcla con el neogótico y el neorrenacentista, es sorprendentemente armoniosa. Desde el suelo de madera con incrustaciones de mármol de colores y de piedras preciosas hasta las vidrieras de los tragaluces, el vestíbulo de la escalera es impresionante. Las estatuas de los héroes literarios de Astor, los Tres Mosqueteros, ocupan la balaustrada de caoba. En el rellano, diez columnas de ébano están decoradas con escenas esculpidas sacadas de Shakespeare y de clásicos norteamericanos como *La letra escarlata* y *El último de los mohicanos*.

La biblioteca cubierta de tablones de madera de roble tiene cajones secretos y una puerta escondida por la que Astor sorprendía a sus visitantes en la sala de reuniones. El término "decoración" es un eufemismo: techo medieval de doble viga, rinconeras gemelas decoradas con vidrieras que representan paisajes y un friso dorado en el que figuran cincuenta de los personajes favoritos, reales o legendarios, del dueño de la casa, desde Maquiavelo hasta Martín Lutero.

Al igual que el tío Gilito, Astor guardaba bolsas llenas de soberanos de oro en tres cámaras acorazadas distintas. Tras la muerte de su esposa, pasó sus noches en una cama con dosel cerca de la caja de seguridad. Aunque era muy reservado y quisquilloso, Astor estaba desesperado por formar parte de la aristocracia inglesa. Donó considerables sumas de dinero a organizaciones caritativas y al partido conservador. Su generosidad fue recompensada: dos años antes de morir, se convirtió en lord Astor.

Two Temple Place pertenece ahora a la Bulldog Trust, una incubadora de asociaciones caritativas. En invierno, se organizan excelentes exposiciones con obras procedentes de colecciones de galerías y de museos de la provincia inglesa.

LOS BAÑOS ROMANOS

Una antigua bañera con un pasado misterioso

5 Strand Lane, WC2
Metro Temple

Aunque se asegura que Strand Lane sigue el lecho de un arroyo que antiguamente transcurría desde Drury Lane hasta el Támesis, hoy en día es un callejón miserable. Ignore el cartel que dice "Private Property Keep Off" (Propiedad privada. Prohibido entrar). En medio de la calle, otro aviso confirma que en efecto se encuentra en Strand Lane.

Al final de la calle, a la derecha, están los supuestos baños "romanos", que en realidad deben de ser del siglo XVIII. Una placa del National Trust (Patrimonio Nacional) los describe como "uno de los misterios arqueológicos de Londres". Pulse el interruptor –señalado por una bombilla que sobresale ligeramente de la pared– y observe a través de la ventana. Lamentablemente no se ve gran cosa, sólo una piscina deteriorada en medio de una habitación abovedada; aunque el interior se puede visitar (véase más abajo). La historia de este sitio es misteriosa. En 1854, el escritor Charles Knight evocó los "viejos baños romanos" de agua saludable, que provenía, según él, de los pozos sagrados de San Clemente. A finales del siglo XIX, el propietario de entonces aseguró que "los baños romanos eran conocidos por tener el agua más pura y sana de Londres, garantizando además, a quienes quisieran beneficiarse de este lujo, toda la comodidad y cuantos privilegios exigiesen". En aquella época había una fuente que vertía diariamente 10 m³ de agua fresca a la piscina. Charles Dickens hizo que David Copperfield se sumergiera aquí en más de una ocasión.

QUÉ VER EN LOS ALREDEDORES

Aldwych, una estación de metro abandonada   ㉝

La fachada de ladrillos rojos de la estación Aldwych, ubicada en la esquina de Strand con Surrey Street y cerrada desde 1994, ha sido transformada en un fotomatón. Durante la II Guerra Mundial, esta estación fue utilizada como refugio antiaéreo. En sus túneles se escondieron los tesoros del Museo Británico. Hoy en día no es extraño verla en películas como Patriot Games (Juegos de Patriotas) o V for Vendetta. Al parecer, uno de los andenes sirve como galería de tiro para el club del King's College. El acceso al público está restringido, pero de vez en cuando el London Transport Museum (www.ltmuseum.co.uk) organiza visitas.

Camel benches   ㉞

A todo lo largo del Victoria Embankment, merece echar un vistazo a los bancos alineados frente al Támesis. Cada una de sus extremidades está decorada con un camello que lleva una borla colgada al cuello. Al parecer, son un homenaje a los "Imperial Camel Corps" (el cuerpo imperial a camello), fundado en 1916 para participar en la guerra en Oriente Medio.

TWININGS TEA MUSEUM

La tetera gigante está actualmente de gira por el país

216 Strand, WC2
Tel.: 0207 353 3511
www.twinings.com
Horario: de lunes a viernes de 9.00 a 17.00 h. Sábados de 10.00 a 16.00 h
Domingos de 10.30 a 16.30 h
Entrada gratuita
Metro Temple

Beber té tal vez sea la costumbre británica por excelencia, al igual que beber pintas de cerveza los viernes por la noche, pero la ceremonia tradicional del té nació en China en 2737 a.C. Esta herencia está presente en la exótica fachada del salón de té de Twinings, en el Strand, donde se ven las siluetas de dos chinos ataviados con una túnica en el frontón de la puerta de entrada.

Thomas Twining fue, en 1706, uno de los primeros importadores de té de Gran Bretaña. La casa tiene su propia tienda desde 1717, época en la que 100 gramos de té valían 160 £. *Tom's Coffee House*, el primer establecimiento de Twining, estaba justo detrás de la actual tienda. En la parte trasera de esta tienda se ha acondicionado un museo pequeño y encantador donde los turistas americanos se emocionan delante de los retratos de las distintas generaciones de la dinastía Twinings. Entre los objetos expuestos, destaca en particular una copia de la patente real otorgada por la reina Victoria en 1837; también hay cajas antiguas de té, una muestra de facturas originales y publicidades antiguas. "La tetera gigante está actualmente de gira por el país" se disculpa el vendedor con aire apenado. La pieza más hermosa de la colección es una sencilla caja de madera con las iniciales T.I.P., el acrónimo de To Insure Promptness (literalmente «Para Asegurar la Rapidez»). Los dueños de los cafés metían algunas monedas en estas cajas para animar a su personal a ser diligente: de ahí el origen de la palabra inglesa *"tip"* (propina).

Si desea saber más sobre el té, Twinings abrió en 2013 un Loose Tea Bar (bar de té a granel) en su tienda principal. Organizan varios talleres y degustaciones donde aprenderá la ceremonia del té en el Reino Unido. Llame a la tienda para reservar.

QUÉ VER EN LOS ALREDEDORES

La sucursal de la Lloyds Bank del Palacio de Justicia

En 1825, la familia Twining diversificó su actividad lanzándose al sector bancario y en 1892, la Twinings Bank se fusionó con la Lloyds Bank. Situada en el n° 215 de Strand, la sede de esta empresa (que desde entonces se denomina Lloyds Bank, Law Courts branch -"sucursal del Palacio de Justicia"-), es seguramente el banco más exuberante de Londres. La colmena de cerámica que remata el pórtico de hierro forjado anuncia de golpe que no se puede uno contentar con realizar un simple depósito. Las paredes del hall de entrada, recubiertas con una selección de azulejos de Doulton de colores verde, blanco y oro, están adornadas con columnas acanaladas, peces dorados y fuentes de un mármol resplandeciente. Esta sala, construida en 1883, era originalmente el restaurante del Palacio Real de Justicia.

Una atmósfera digna de una película de Frankenstein

Real Academia de Cirugía
35-43 Lincoln's Inn Fields, WC2
Tel.: 0207 405 3474
Horario: de martes a sábado de 10.00 a 17.00 h - Entrada gratuita
Metro Holborn o Temple

La Royal College of Surgeons (Real Academía de Cirugía) alberga actualmente dos museos: el Wellcome Museum (abierto solamente a los facultativos y a los estudiantes) y el Hunterian Museum, que contiene la colección de anatomía comparada y de especímenes patológicos del eminente cirujano del siglo XVIII, John Hunter.

Hunter comenzó su carrera como asistente en la escuela de anatomía de William, su hermano mayor. John, un alumno brillante y especialmente dotado para la disección de cadáveres, elaboró nuevos tratamientos para diversas afecciones, como las heridas de bala y las enfermedades venéreas. En 1783, este apasionado coleccionista se instaló en una inmensa casa de Leicester Square, que acondicionó como museo para su colección (su estatua aún se encuentra en medio de la plaza). A pesar de ser extremadamente huraño, Hunter se convirtió en el profesor de cirugía más importante de su época. Pero el éxito no suavizó su carácter: murió en 1793, víctima de una angina de pecho, tras una discusión. En 1799 el gobierno compró su colección y la incorporó al museo del Royal College of Surgeons en 1813, fecha en que abrió sus puertas. A finales del siglo XIX, el museo tenía cerca de 65 000 muestras, principalmente de anatomía y patología, aunque también había piezas de zoología, paleontología, arqueología y antropología. Hoy en día el museo cuenta no sólo con esqueletos, cráneos y dientes sino también con inquietantes modelos pedagógicos hechos con cera, instrumentos dentales y quirúrgicos antiguos, pinturas, dibujos y esculturas. Las hileras de "cosas" guardadas en jarros le dan una atmósfera digna de una película de Frankenstein.

El esqueleto de un hombre de 2,34 m

Una de las curiosidades más sorprendentes de la colección de Hunter es el esqueleto de Charles O'Brien, un gigante irlandés de 2,34 metros que causaba sensación en las fiestas y ferias de toda Irlanda. Cuando O'Brien cayó enfermo en 1782, Hunter no tardó en visitarle en su lecho de muerte.

Intuyendo que el anatomista intentaría apoderarse de su cadáver, O'Brien exigió que su cuerpo fuera sellado en un ataúd de plomo y que se pagara a algún pescador para que lo arrojara al mar.

Pero Hunter no desistió. Después de que O'Brien muriera, pagó 500 £ a los pescadores por su cuerpo, que procedió a hervir en un recipiente de cobre para conservar sólo los huesos. El esqueleto está expuesto en el museo.

LA CASA DE LOS MUERTOS DE SOMERSET HOUSE

El enigma de las lápidas

Strand WC2
Tel.: 0207 845 4600
www.somersethouse.org.uk
Horario: visitas guiadas al antiguo palacio los martes a las 12.45 h y a las
14.15 h. Visita de Sommerset House los jueves a las 13.15 h y a las 14.45 h y los
sábados a las 12.15 h, 13.15 h, 14.15 h y 15.15 h. Las entradas se compran el
mismo día en la oficina de información en la sala de espera de los marineros
Entrada gratuita
Metro Temple, Covent Garden o Embankment

Con su pista de patinaje en invierno y sus chorros de agua en verano, el suntuoso patio de Somerset House está lleno de visitantes todo el año. Cuesta creer que estuvo cerrado al público hasta el año 2000 y que sirvió de aparcamiento para los inspectores del fisco (que sigue alquilando aquí sus oficinas). Además del elegante museo de Courthauld Institute y del restaurante Spring, este antiguo palacio tiene una historia larga y rica que se revela al público dos veces al mes, durante las visitas guiadas a los espacios ocultos de Somerset House.

No queda gran cosa del edificio original. Fue construido en 1547 por Edward Seymour, duque de Somerset. Seymour se autoproclamó protector de su sobrino Eduardo VI, heredero de Enrique VIII, hasta que tuvo edad para acceder al trono. "Esta dura responsabilidad se le subió a la cabeza al tío Eddy, y sintió que debía de tener una residencia a la medida de sus pretensiones", cuenta nuestro guía. La ambición de Seymour, en efecto, tuvo duras consecuencias. Después de su ejecución en 1552, varias reinas organizaron en Somerset House suntuosas fiestas, hasta que Jorge III encargó a William Chambers que arrasara el terreno situado al borde del río para construir un edificio de estilo palladino, destinado a albergar oficinas del gobierno y sociedades científicas.

El Navy Board (Ministerio de la Marina), fue la primera institución que se instaló en Somerset House, permaneciendo allí durante 90 años. Da fe de ello una rica colección de objetos de arte náutico y de curiosidades arquitectónicas, como la escalera de Nelson, cuya estructura voladiza hace pensar en la proa de un buque. Antes de que Bazalgette construyera el muelle del Embankment, los oficiales de la marina podían acceder a su cuartel general por un pasaje abovedado que daba sobre el río, y amarrar su barco en el emplazamiento actual de la corte. Una de sus lanchas motoras, de color rojo y dorado, está anclada en el sótano.

El camino situado a lo largo del arroyo que rodea Somerset House permite entender por qué este lugar ha servido de decorado en las películas protagonizadas por Jack el destripador. La Casa de los Muertos (Dead House) es el edificio más escalofriante, un panteón húmedo y abandonado en el que hay cinco lápidas incrustadas en las paredes. Una de las losas recuerda a Father Hyacinth "who died 169½" (cifra que sin duda indica el año de su muerte y no su edad). Se ignora la razón por la cual estas personas fueron enterradas en este panteón. Algunos afirman que se trataba de católicos empleados por la reina Henriette-Marie de Francia, esposa de Carlos I de Inglaterra. En 1630, la reina pidió a Iñigo Jones que construyera una capilla católica en este lugar -la única en Inglaterra en aquella época-. La reina también mandó construir un pequeño cementerio católico. Estas cinco lápidas parecen ser todo lo que queda de él.

FAROLA DE ALUMBRADO ALIMENTADA POR COMBUSTIÓN DE GASES DE ALCANTARILLA

La epopeya de "Iron Lily"

Carting Lane, WC2
Metro Charing Cross

La elaborada farola que se encuentra frente a la entrada para artistas del Savoy Theatre, actualmente alimentada por el gas de la ciudad, fue diseñada originalmente para quemar los residuos de gas que provenían de las alcantarillas.

La patentada farola de alumbrado alimentada por combustión de gases de alcantarilla (Patent Sewer Ventilating Lamp) fue inventada por J. E. Webb, un pionero de la ecología originario de Birmingham, que descubrió que el gas combustible del nuevo sistema londinense de alcantarillado podía ser reciclado para proporcionar una económica fuente de energía. Estaba equipada con un conducto que hacía circular el gas residual de las canalizaciones, que pasaban bajo los muelles del Támesis, hasta la llama. Esta farola cumplía así dos funciones importantes: iluminar esta callejuela miserable y atenuar los desagradables olores que hubieran molestado a la prestigiosa clientela de hotel Savoy, ubicado justo al lado. ¿Se darían cuenta de que Carting Lane era iluminada con sus desagües?

Webb patentó su farola alimentada por por combustión de gases de alcantarilla en 1895. Vendió cerca de 2 500 en todo el mundo, pero su éxito menguó a causa del riesgo de fugas nauseabundas y de posibles explosiones, ya que el gas era altamente combustible. En 1950, un imprudente conductor de camión chocó con la farola al dar marcha atrás, destruyendo así uno de los últimos vestigios del ingenio victoriano. Iron Lily (Lirio de hierro) fue restaurada y actualmente funciona como cualquier otra farola.

Récords de Londres

La primera calle iluminada con gas: Pall Mall (1807)
La arteria más larga: Western Avenue (18 km)
La plaza más pequeña: Pickering Place (véase p. 57)
El puente más largo: Waterloo Bridge (381 m)
La calle más estrecha: Brydges Place (40 cm de ancho)

Savoy street: la única calle de Gran Bretaña en la que se circula por la derecha

Esta pequeña calle, que va de Strand a la entrada del hotel Savoy, es la única en Gran Bretaña en la que se circula por la derecha. Esta excentricidad se remonta a los tiempos en que los elegantes taxis dejaban a los clientes delante del hotel. La mayoría de las adineradas personalidades que se bajaban en el Savoy llegaban en limusinas o en taxis negros, demasiado grandes para maniobrar en un espacio tan reducido. Los conductores debían dar media vuelta para salir de la calle y permanecer en el costado derecho.

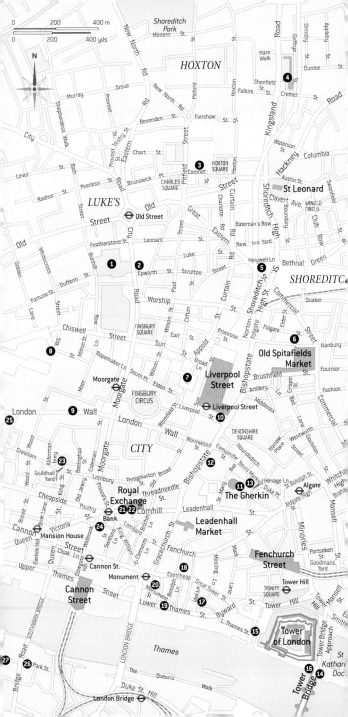

De Tower Bridge a Shoreditch

BUNHILL FIELDS

El "cementerio de los disidentes"

38 City Road, EC1
Tel.: 02084723584
Horario: de octubre a marzo: de lunes a viernes de 7.30 a 16.00 h. Sábados y
domingos, de 9.30 a 16.00 h. De abril a septiembre: de lunes a viernes
de 7.30 a 19.00 h. Sábados y domingos, de 9.30 a 16.00 h
Entrada gratuita
Metro Old Street

El parque de Bunhill Fields se encuentra en el terreno de un pequeño cementerio al norte de las antiguas murallas de Londres. El nombre de Bunhill, por lo visto, viene de Bone Hill (Colina de huesos). Hacia 1549, el osario de St Paul fue vaciado para dar espacio a nuevos entierros, y más de mil carretas vaciaron sobre este terreno, que en aquel tiempo era un pantano, los huesos que cargaban -suficientes huesos como para armar los cimientos de tres molinos de viento-.

En 1665, el concejo municipal de Londres decidió utilizar el lugar para enterrar a las personas que no podían ser sepultadas en los cementerios tradicionales, empezando por las víctimas de la peste. Se construyeron murallas, pero parece que el cementerio nunca fue consagrado, de modo que atrajo a muchos protestantes disconformes, reacios a seguir la línea ortodoxa de la Iglesia anglicana. Los londinenses judíos o católicos que podían costearse los gastos, también fueron enterrados aquí.

La lista de personalidades enterradas en este pequeño cementerio incluye los más célebres inconformistas de la vida intelectual londinense. Entre los más conocidos están el pintor y poeta visionario William Blake, Daniel Defoe, autor de Robinson Crusoe, el filántropo antiesclavista Thomas Fowell Buxton y el poeta y escritor de himnos, Isaac Watts. El escritor Robert Southey, de Bristol, bautizó Bunhill Fields como el "cementerio de los disidentes".

Antes de cerrar sus puertas en 1853, contenía 120 000 tumbas. Actualmente la mayoría de ellas están valladas, pero el conservador del lugar estará encantado de acompañarle hasta la tumba que desee ver.

Abney Park, el otro cementerio de los inconformistas

Desde 1840, los enterramientos de los disidentes se celebraban en Abney Park, otro cementerio situado en el distrito de Stoke Newington que merece la pena visitar.

La entrada de Abney Park fue diseñada en un estilo neoegipcio, una elección deliberada, ya que se trataba del primer cementerio de Europa explícitamente ecuménico.

Los residentes más célebres son Catherine y William Booth, los fundadores del Ejército de Salvación.

También están enterrados varios abolicionistas y misioneros del siglo XIX. Hoy en día, el parque está invadido por la vegetación y los árboles, e incluso hay una bomba de la II Guerra Mundial que no ha sido desactivada, de modo que absténgase de cavar hoyos.

LA CASA DE JOHN WESLEY

"El mundo es mi parroquia"

49 City Road, EC1.
Tel.: 0207 253 2262
www.wesleyschapel.org.uk
Horario: de lunes a sábado de 10.00 a 16.00 h. Domingos de 12.30 a 13.45 h
Entrada gratuita aunque las donaciones son bienvenidas
Metro o estación de tren Old Street

"*The world is my parish*" ("El mundo es mi parroquia"), reza la leyenda de la estatua de John Wesley, fundador del metodismo, en el patio de Wesley Chapel, un agradable lugar donde refugiarse del bullicio de City Road. Wesley murió a los 88 años y a lo largo de toda su vida se mantuvo fiel a su profesión de fe, recorriendo a caballo más de 400 000 kilómetros para predicar cerca de 40 000 sermones.

Desde 1779 hasta su muerte en 1791, Wesley pasó los inviernos en una confortable casa de la época georgiana, cercana a la capilla. En el interior hay una asombrosa silla, conocida en inglés como "cock fighting chair", que sirve para sentarse a horcajadas como si fuera una silla de masaje moderna, con una tablilla ajustable en su respaldo para leer y escribir. El escritorio del siglo XVIII tiene compartimentos secretos, donde Wesley escondía su correspondencia de la vista de su celosa esposa Mary Vazielle. Wesley adoraba la máquina de ejercicio (chamber horse en inglés), precursora de la bicicleta estática, que tenía en su habitación: una especie de silla alta de madera, equipada con un asiento con muelles, que simula los mismos movimientos que uno hace cuando está montando a caballo. Según Wesley, los "saltos vigorosos estimulan el hígado". Otro ejemplo de la fascinación que la "física primitiva" ejercía sobre Wesley es la máquina electrostática, un curioso aparato que administra descargas eléctricas con el fin de curar las depresiones, las migrañas y otra serie de enfermedades. Wesley poseía cuatro de estas máquinas, pero sólo se sirvió de ellas cuando experimentó durante más de tres años con sus feligreses. En la planta baja hay algunos efectos personales de Wesley, entre ellos un par de zapatos con hebillas intercambiables y su "portátil", un estuche de correspondencia equipado con un plumier, que enganchaba a la silla de su caballo para componer sus sermones mientras trotaba por el campo.

En aquella época no había agua corriente y Wesley tenía que recurrir a un orinal que escondía en una caja de madera. Pero en 1899, los ministros metodistas instalaron lujosos cuartos de baño que milagrosamente han permanecido intactos. Con sus urinarios de mármol moteado de rojo y su vestuario con paredes de vidrio opaco, estos baños públicos debieron de ser el *summum* de la higiene en la época victoriana. Los cubículos de caoba están equipados con inodoros originales de Thomas Crapper, cuyos bordes llevan la inscripción *The Venerable* en letras rojas. El tirador de la cadena es de porcelana e indica a los usuarios "Tirar y soltar".

El museo del Metodismo

En la cripta de la capilla, justo al lado de la casa de John Wesley, un pequeño museo metodista recuerda la historia de esta rama de la iglesia anglicana, dedicada sobre todo a los excluidos de la sociedad y compuesta principalmente por pastores itinerantes.

THE CIRCUS SPACE

*Una antigua central eléctrica convertida
en escenario de circo*

*Coronet Street, N1
Tel.: 0207 729 9522
www.nationalcircus.org.uk
Horario: solamente durante las clases y los espectáculos
Entrada: tarifas variables
Metro Old Street*

Muy cerca de Hoxton Square, en una antigua central eléctrica, se encuentra la sede de Circus Space, el único lugar de Gran Bretaña que expide un título universitario en artes circenses, y donde acuden los aspirantes a equilibristas o trapecistas de toda Europa para mejorar sus talentos. Los novatos audaces que deseen hacer de payaso o ejercitarse con los zancos, el trampolín o la cuerda floja, también pueden inscribirse en las clases que se imparten por las tardes y los fines de semana.

El edificio fue abandonado en los años 50, hasta que una compañía de teatro lo recuperó en 1994 para transformarlo en sala de ensayo. Gracias a los trabajos de remodelación, que costaron 1,2 millones de libras esterlinas, ahora los estudiantes se pueden entrenar en un ambiente post-industrial, bajo las altas bóvedas de las salas del generador y del motor de combustión. Infórmese para no perderse los espectáculos de alto nivel que presentan los jóvenes diplomados y el equipo del Circus Space en agosto o septiembre.

QUÉ VER EN LOS ALREDEDORES

El Geffrye Museum ④

136 Kingsland Road, E2 8EA; www.geffrye-museum.org.uk

El Geffrye Museum es un hospicio del siglo XVIII transformado en museo que rinde homenaje a los hogares británicos a través de los siglos. Tiene once habitaciones que van desde el siglo XVII hasta los años 1990,

desde los austeros paneles de madera de roble de la época Tudor a las ricas florituras del periodo victoriano. La música y los fragmentos grabados de cartas o de textos literarios de cada época dan vida a estos espacios.

El museo tiene un luminoso café, con el suelo de baldosas y los muros de ladrillo, cuyas ventanas panorámicas dan a un precioso jardín trasero. También hay un hospicio íntegramente restaurado que recrea la vida de los pobres y de las personas mayores en los siglos XVIII y XIX. Consulte la web para conocer los horarios de apertura de este hospicio.

VILLAGE UNDERGROUND

Una mina de oro de nuevos talentos

54 Holywell Lane, EC2
Tel.: 07886 751 205
www.villageunderground.co.uk
Horario: abierto ocasionalmente para eventos especiales
Entrada: tarifas variables
Metro Old Street

¿Evitar el metro a toda costa? Algunos artistas, arquitectos y cineastas disfrutan compartiendo cuatro vagones de la Jubilee Line, rescatados del desguace y transformados en locales económicos para jóvenes creadores. "Necesitaba un taller, pero no podía pagarlo, así que pensé en fabricarme uno", afirma Auro Foxcroft, un diseñador de muebles a quien le costó cuatro años cumplir con su propósito. Tras convencer a la compañía del metro londinense para que le vendiera cuatro vagones fuera de servicio por 500 £ cada uno, tardó dos años en buscar un sitio donde ponerlos. El concejo municipal terminó autorizando que los colocara sobre un antiguo viaducto ferroviario de Shoreditch, a condición de que reformara el almacén abandonado que estaba debajo. Fue así como esta especie de cueva con bóvedas de ladrillos y tragaluces se transformó en el Village Underground (sala para exposiciones y espectáculos subterránea): un excepcional escaparate para los nuevos talentos. Las exposiciones y los espectáculos que se organizan se subvencionan con rodajes cinematográficos y desfiles de moda. Se accede a los cuatro vagones por una vertiginosa escalera en espiral situada en el costado del edificio. Las oficinas son privadas, pero si lo pide amablemente puede que le permitan visitar algunas. Quizás le preparen un perrito caliente en el roof garden (jardín de la azotea), verdadero refugio de paz, cargado de energía creativa, sobre la congestionada Great Eastern Street. Foxcroft y el arquitecto Nicholas Laurent remodelaron los vagones utilizando materiales ecológicos, como pintura biodegradable, objetos reciclados y paneles solares. Tardaron meses en desmantelar la maraña de cables eléctricos ocultos bajo las sillas. El resto del equipamiento, original de 1983, está intacto, incluyendo la palanca del freno de emergencia y las señales de "No Smoking". Las puertas aún se abren pulsando un botón. Como en todas las líneas de metro, estos vagones también atraen a los grafiteros; uno de los vagones tiene casi 50 capas de pintura. Foxcroft planea abrir centros artísticos similares en Berlín y Toronto, con espacios a precios moderados. Es más difícil desarrollar una empresa así en Londres, donde los precios de las propiedades son muy elevados y se levantan torres de viviendas a un ritmo cada vez más acelerado. Village Underground abrió un segundo centro en Lisboa.

Walthamstow Pumphouse Museum

En el hospital infantil de Great Ormond Street han transformado un antiguo vagón de metro en una emisora de radio para los pacientes jóvenes. En el museo de la estación de bombeo de Walthamstow (www.e17pumphouse.org.uk) se puede cenar en un antiguo vagón de la línea Victoria, que el club Basement Gallery (www.basementgalley.com) convierte de vez en cuando en un restaurante "subterráneo". Las bombas industriales, los motores a vapor y el material victoriano contra incendios alegrarán a los más pequeños y a los frikis de la ingeniería.

LA CASA DE DENNIS SEVERS

Naturaleza muerta

18 Folgate Street, Spitafields
Tel.: 0207 247 4013
www.dennissevershouse.co.uk
Horario: el primer y tercer domingo de mes de 14.00 a 17.00 h
El lunes siguiente de 12.00 a 14.00 h
Visitas a la luz de las velas todos los lunes por la noche, previa reserva
Entrada: consultar la página web
Metro o estación de tren Liverpool Street

La casa del número 18, con su farol encendido y las siluetas que se recortan, como sombras chinescas, en sus ventanas de postigos rojos, se abstrae de la hormigueante actividad comercial de la cercana calle Bishopsgate. Cuando el artista canadiense Dennis Severs compró esta casa de diez habitaciones a finales de los 70, Spitafields era un barrio pobre. Severs empezó a llenar su desvencijada casa con retratos anónimos y antigüedades que rescataba en mercadillos con la intención de reproducir en su propia vivienda el auténtico ambiente del siglo XVIII. Provisto de una vela y una palangana, el artista dormía en todas las habitaciones, imaginándose las vidas de los habitantes que habían vivido ahí antes que él, e impregnándose de sus energías. Poco a poco, sus compañeros imaginarios fueron tomando forma y se convirtieron en los Jervis, una familia de tejedores de seda cuyas vidas imaginarias darían lugar a un minucioso montaje escénico, que hoy en día los visitantes pueden explorar.

Severs murió en 1999, pero todavía es posible sumergirse en su decadente y fantástico mundo. Cada habitación está concebida con el fin de recrear un momento de la vida que vivieron las sucesivas generaciones de Jervis entre 1724 y 1914. La atmósfera está sobrecargada de estímulos visuales unidos no sólo a olores como el de las galletas de jengibre o el del vino de especias sino también a ruidos como los de los cascos de unos caballos, los campanarios y los esporádicos susurros de una conversación. El efecto es deliberadamente teatral ya que la visita le lleva por una serie de indicios que sugieren la presencia fantasmal del clan de los Jervis: un huevo pasado por agua a medio comer, soldados de plomo, un gato negro durmiendo sobre una cama sin hacer, y un orinal aparentemente lleno de orina.

A medida que sube a las siniestras habitaciones de los sirvientes, intente olvidarse de los edificios de oficinas en construcción que se ven a través de las ventanas. Arriba se encontrará con ropa interior sucia tendida entre telarañas, una olla ennegrecida con col cubierta de moho al lado de la mugrienta chimenea y oirá disparos que anuncian el fin. Todo evoca una existencia extremadamente lúgubre. Es una lástima que esta convincente atmósfera esté señalizada con innecesarios carteles que ruegan a los visitantes que permanezcan en silencio y hagan uso de su imaginación. Uno de ellos dice: "Una visita exige el mismo tipo de concentración que una exposición de viejos maestros, y se suele cometer el ridículo error de pensar que puede ser de provecho o divertida para los niños".

Un joven vive en el ático. Alguien tiene que alimentar al gato y a los canarios.

LA PISTA DE PATINAJE DE BROADGATE

Patine con los agentes de bolsa de la City

12 Exchange Square, Broadgate Circus, EC2
Tel.: 0845 653 1424 - www.broadgate.co.uk/ice-rink-london
Horario: de noviembre a febrero de 10.00 a 22.00 h
Entrada: consultar la página web para más información
Metro o estación de tren Liverpool Street

Aunque se encuentra en el corazón del distrito bancario, la pista de patinaje al aire libre de Broadgate es la menos cara de Londres. También es la única que abre seis meses al año, de finales de octubre a abril.

La pista circular, rodeada de edificios de oficinas, no es muy grande -unos 22 metros cuadrados- y no tiene el encanto ni el esplendor de las otras pistas que se abren en Navidad en Somerset House o en Kew Gardens. Rodeada de escalones y bancos de piedra caliza, parece un decorado de película anacrónico en medio de la City. Durante la semana, la pista generalmente está vacía. Quizás se ve algún que otro adolescente que ha hecho novillos para deslizarse al ritmo de la música de los 80. Excepto los agentes de bolsa que desde sus torres de cristal observan con nostalgia a los patinadores, nadie parece haberse enterado de la existencia de esta pista.

El resto del año, la pista de Broadgate Circus se convierte en un espacio donde se organizan espectáculos y exposiciones al aire libre.

Los diablos de Cornhill (54-55 Cornhill, EC3)

Según una inscripción que hay en el cementerio, la iglesia de St Peter upon Cornhill, situada en la esquina de Cornhill Street con Gracechurch Street, es el lugar cristiano más antiguo de Gran Bretaña. Fue fundada en el año 187. La iglesia debe su fama a las tres gárgolas diabólicas encaramadas al edificio de oficinas de la época victoriana que se encuentra al lado. Durante la construcción de dicho edificio, el arquitecto intentó hacerse con unos 30 cm del terreno de la iglesia, pero su maniobra no pasó inadvertida. El pastor armó tal escándalo que el arquitecto tuvo que renunciar a sus planes. En un arranque de despecho, colocó en el tejado estos diablos que siguen lanzando su maleficio sobre los fieles que entran en la iglesia. Uno escupe, otro levanta los dedos, cual adolescente rebelde y el tercer diablo, el que está más cerca de la calle, tiene un sospechoso parecido con el reverendo. Se pueden ver las siluetas de estos diablos perfilándose en el cielo desde el lado norte del edificio.

EL JARDÍN DE INVIERNO Y EL ARBORETUM DEL BARBICAN

Un jardín tropical en el corazón de la City

Silk Street, Barbican, EC2
Horario: domingos y días festivos de 12.00 a 17.00 h (cerrado durante las recepciones privadas, información en el 02076384141)
Entrada gratuita
Metro Barbican

El arboretum de Barbican está curiosamente ubicado en dos plantas suspendidas sobre el Barbican Centre. A medida que se acerca a los enormes bloques de torres entrando por Silk Street, al levantar la cabeza verá un espectacular invernadero sobre los apartamentos de hormigón. La exuberancia de este jardín de invierno -que cuenta con más de 2 000 especies de árboles y plantas, y con pájaros tropicales y peces exóticos- contrasta con la brutalidad del entorno del Barbican Estate, donde el vidrio y el acero se mezclan con el cemento. Los horarios de apertura son el principal obstáculo para visitar este invernadero en altura. Cuando fue inaugurado, en 1982, todo el mundo podía entrar pero la masiva afluencia de público obligó al concejo municipal de la City a reducir las visitas a cuatro horas los domingos. Hoy en día, el jardín sirve sobre todo como decorado insólito para recepciones privadas, generalmente organizadas por las empresas patrocinadoras del teatro y del auditorio situados en el corazón del Barbican Centre. El invernadero está rodeado por la torre de escenario (desde donde se bajan los decorados al escenario) del teatro principal.

Desde que se abrió el jardín el descenso del número de visitantes es preocupante. Al encontrarse en el enclave hermético que forma el Barbican, suele ser difícil ver el jardín en medio de las paredes de hormigón y de los numerosos caminos que parecen no llevar a ningún lado. Las vías de acceso a las diferentes salas de espectáculos también están mal señaladas. Si se pierde, siga la señalización pintada en el suelo.

El Barbican Centre y el Barbican Estate se han vuelto a poner de moda desde hace algún tiempo. Creado originalmente para los empleados del ayuntamiento, el complejo se revalorizó durante los fastuosos años 80. Su estilo retro, su ubicación céntrica y adaptada a la red urbana, han seducido a los empleados de la City, que huelen a distancia las buenas inversiones. Hoy en día, los pisos de esta zona se cuentan entre los más cotizados de Londres. Si puede entrar en el jardín de invierno, apúntese a una de las increíbles visitas guiadas de arquitectura (www.barbican.org.uk).

LONDON WALL

Las ruinas romanas más importantes de la ciudad

Muralla de Londres, Tower Hill
Metro Moorgate

Al igual que la mayoría de las metrópolis europeas, Londres es un palimpsesto de viviendas de diferentes épocas. Hoy en día lo que se ve es una ciudad de imponentes edificios victorianos, levantados sobre delicados cimientos georgianos que conservan el patrón de calles medievales trazadas sobre el plano romano original.

Las ruinas más importantes son las del muro de defensa que los romanos construyeron después de que Boudicca saqueara la ciudad en el año 60 a.C. (la única vez que Londres fue completamente arrasada. La ciudad permaneció prácticamente intacta durante los siguientes mil años). Las piedras de la muralla de Londres fueron casi todas transportadas por río desde Maidstone, Kent. En sus orígenes, la muralla rodeaba una zona de casi 1,3 km² (en comparación a la superficie de 1 579 km² sobre la que, hoy en día, se expande el Gran Londres), y se extendía desde Blackfriars, al oeste, pasando por Ludgate, Moorgate y Aldgate, hasta llegar a la Torre de Londres, al este. En el período romano debió de ser una edificación extraordinaria. Se elevaba a unos cinco metros de altura frente a una fosa de dos metros de profundidad, y estaba bordeada por varios baluartes. De estos, el mejor conservado está en la zona de Barbican, en las proximidades de la iglesia de St Giles-without-Cripplegate: un fragmento del viejo Londres totalmente rodeado por un moderno paisaje.

Hoy en día no queda más que el núcleo de la muralla, ya que la mayoría de las piedras talladas que la recubrían se reutilizaron para construir viviendas durante los miles de años que siguieron a la marcha de los romanos de Gran Bretaña. La sección más larga que permanece intacta bordea la calle que -gran alarde de imaginación- recibió el nombre de London Wall. Otros trozos de la muralla se encuentran en Tower Hill y en el Museum of London, pero si recorre con atención las calles situadas en el emplazamiento de la muralla podrá ver varios trozos.

La ubicación más curiosa donde se puede ver un vestigio del Londres romano es el sótano de Nicholson and Griffins (www.nicholsonandgriffin.com), una peluquería situada en Leadenhall Market. Este vestigio fue la base de un arco de lo que fue la basílica o el foro. Con más de 150 metros de largo, medía lo mismo que la catedral de St Paul y era el edificio más grande al norte de los Alpes. Esto indica que Londres no era una simple aldea colonial del Imperio romano.

EL TEMPLO MASÓNICO DEL HOTEL ANDAZ

Una logia oculta en un hotel de lujo

40 Liverpool Street, EC2
Tel.: 0207 9611234
londonliverpoolstreet.andaz.hyatt.com
Horario: previa cita o durante los eventos especiales
Metro o estación de tren Liverpool Street

El Great Eastern Hotel, construido para la *Great Eastern Railway Company*, es obra de Charles y Edward Barry, cuyo padre, Charles Barry sénior, construyó el Palacio de Westminster. El hotel sufrió un acelerado proceso de deterioro, hasta que Terence Conran emprendió una extravagante remodelación a finales de la década de los 90.

Durante los trabajos de reforma, detrás de un falso muro los obreros descubrieron, no sin sorpresa, una antesala con paredes de madera que conducía a un templo masónico conservado en perfecto estado. Esta pequeña sala gótica, decorada con 12 tipos diferentes de mármol, un techo dorado y azul con los signos del zodiaco y tronos de caoba en cada extremo, fue construida en 1912 a un coste de 50 000 £, el equivalente hoy a 4 millones de libras esterlinas (5,7 millones de euros). Los francmasones, que participaron en la construcción del Great Eastern Hotel, se reunieron clandestinamente en esta sala durante décadas. En el sótano, se descubrió un segundo templo, decorado con motivos egipcios y un suelo de damero alrededor del cual se habían dispuesto unos asientos. Conran, algo intimidado por el ocultismo, no dudó en transformarlo en gimnasio. Rebautizado como Hotel Andaz, el templo forma parte del patrimonio nacional británico y permanece oculto tras unas puertas de madera guarnecida con clavos. En la actualidad, este templo "griego" se utiliza para celebrar recepciones privadas. Además de las conferencias de magos, se ha celebrado recientemente la fiesta de cumpleaños de Kate Moss.

Con el fin de no modificar las instalaciones originales, el hotel Andaz está equipado con un sistema de inodoros por vacío, similar al que se utiliza en los aviones. Cuando se tira de la cadena, los residuos son aspirados hasta el tejado del edificio, donde, como por arte de magia, se evaporan hacia el cielo.

QUÉ VER EN LOS ALREDEDORES
La tumba de una joven romana ⑪

Durante los trabajos de construcción de la Swiss Re Tower (más conocida como The Gherkin, el pepinillo) de Norman Foster, los obreros descubrieron la tumba de una adolescente que murió entre 350 y 400 a.C. Detrás del edificio, una pequeña placa fijada a una pared de pizarra indica el lugar donde se trasladó la tumba una vez terminadas las obras.

THE TENT

Un espacio de paz

Centro de St Ethelburga para la reconciliación y la paz
78 Bishopsgate, EC2
Tel.: 0207 496 1610 - www.stethelburgas.org
Horario: viernes de 11.00 a 15.00 h. Fuera de este horario hay que pedir cita
Entrada gratuita
Metro Liverpool Street o Bank

Es fácil pasar delante de St Ethelburga sin reparar en ella. Esta larga y estrecha iglesia se yergue tranquila en la bulliciosa calle de Bishopsgate, entre los grandes edificios de oficinas y los agitados banqueros. Cuando se erigió hacia el año 1400, St Ethelburga era el edificio más alto de Bishopsgate. Hoy en día es el más pequeño.

Detrás de la fachada medieval se descubre un interior asombroso, moderno y sobrio, con un simple altar de madera y algunas obras de arte. Tras escapar al Gran Incendio de Londres y a los bombardeos de la II Guerra Mundial, la iglesia se vino abajo en 1993 a causa de la explosión de una bomba que el IRA colocó en los alrededores. Algunos fragmentos de la decoración original fueron rescatados para crear este nuevo espacio. Aunque sigue siendo un lugar consagrado, St Ethelburga ya no es, técnicamente hablando, una iglesia, puesto que no tiene parroquia ni pastor. En la actualidad es un centro para la reconciliación y la paz, cuyo rol principal es la difusión de la fe en tiempos de guerra y la resolución de conflictos.

Detrás de la iglesia, había un terreno abandonado que fue transformado en un remanso de paz (al que también se puede acceder por una callejuela que da a Bishopsgate). En el centro se ha instalado una carpa inspirada en las tradicionales tiendas de campaña beduinas. Una vez que se haya quitado los zapatos, puede entrar en esta apacible carpa con bancos bajos y cubierta de tapices procedentes de países en guerra. En las siete vidrieras de colores se pueden leer mensajes de paz en chino, sánscrito, árabe, japonés, hebreo, inglés y esquimal.

La gente se reúne en The Tent para rezar, meditar, contar historias o dar recitales. En el edificio principal también se organizan encuentros sobre diversos temas que abordan desde la meditación sufí hasta debates sobre Martin Luther King. Pueden encontrarse con un mandala tibetano en la arena, un concierto afrocubano o una discusión sobre desobediencia civil. El mensaje central es siempre el mismo: antes de pacificar el mundo, es necesario estar en paz con uno mismo.

St Ethelburga cuenta con una larga tradición como iglesia progresista. William Bedwell, pastor de St Ethelburga entre 1601 y 1632, era un especialista en cultura árabe. En 1861, el pastor John Rodwell publicó la primera traducción seria al inglés del Corán (aún disponible en la librería) y en las décadas de 1930 y 1940 St Ethelburga fue una de las pocas iglesias de Londres donde los divorciados podían volver a casarse.

SINAGOGA BEVIS MARKS

La sinagoga más antigua de Inglaterra

2 Henage Lane, EC3
Tel.: 0207 626 1274 - www.sephardi.org.uk/bevis-marks
Horario: abierto lunes, miércoles y jueves de 10.30 a 14.00 h, martes de 10.30 a
13.00 h, domingos de 10.30 a 12.30 h. Visitas guiadas los domingos a las 10.45 h,
miércoles y viernes a las 11.15 h (salvo los días de festividades judías y días festivos)
Metro Aldgate o Liverpool Street

Inaugurada en 1701, la hermosa sinagoga Bevis Marks fue fundada por judíos sefarditas españoles y portugueses como consecuencia del aumento repentino de fieles en la pequeña sinagoga de Creechurch Lane. Oliver Cromwell acababa de autorizar de nuevo a los judíos a residir en territorio inglés, tras haber sido expulsados en 1290 por Eduardo I (más conocido como the Hammer of the Scots -"el martillo de los escoceses"-, un villano que recordarán los amantes de la película Braveheart).

Cromwell no revocó oficialmente la expulsión, pero se encargó de aclarar que la prohibición dejaba de estar en vigor. Por un lado, el gobierno necesitaba urgentemente el capital judío, y por otro, Cromwell, ese protestante obstinado, creía que la conversión de los judíos al cristianismo era indispensable para que Cristo volviera a reinar sobre la tierra. Sin embargo, hubo que esperar hasta 1858 para que la emancipación de los judíos ingleses fuese oficial.

La sinagoga está escondida en el patio al que se accede por un pasaje de piedra y no ha cambiado nada desde que se construyó hace tres siglos. Es la única sinagoga en Europa donde se celebran con regularidad, desde hace trescientos años, oficios religiosos. Sus puertas llevan la inscripción A. M. 5461, el año hebreo de su inauguración. El interior parece una iglesia de Christopher Wren, aunque su decoración, mobiliario y distribución tienen una clara influencia de la sinagoga portuguesa de 1675 que hay en Ámsterdam.

Esta pequeña y hermosa sinagoga no ha cambiado desde que se construyó hace trescientos años. La sinagoga alberga una magnífica colección de muebles que datan del período de Cromwell y de la reina Ana, muebles que se siguen usando. También hay un una pieza de madera empotrada en la estructura del edificio, procedente de una embarcación real, que la congregación ofreció a la reina Ana.

En el siglo XIX, Aldgate fue el centro de la comunidad judía de Londres. Han quedado algunos vestigios, como las pastelerías de bagels (panecillos en forma de rosquilla) a precios asequibles y que abren las 24 horas, en lo alto de Brick Lane. Pero las escuelas judías, los baños y los comedores públicos, han sido transformados en lujosos apartamentos para los empleados de la City.

No se pierda, frente al comedor de beneficencia de Brune Street, la pintoresca pintura mural en honor a los judíos del este londinense, ni los soportales de Wentworth Street, último vestigio de la Four Percent Industrial Dwellings Company, fundada en 1885 por Sir Nathaniel Rothschild con el fin de sustituir los cuchitriles del barrio por viviendas decorosas para los residentes judíos (con un 4% de beneficio para los inversores).

La sinagoga del nº 59 de Brick Lane es, en la actualidad, una de las mezquitas más grandes de Londres. Antiguamente, estaba tan concurrida que tuvieron que construir en el techo salas para dar clase (aún se ven si levanta la cabeza).

LA SALA BASCULANTE DE TOWER ⑭ BRIDGE

Tecnología submarina

Tower Bridge Road, SE1 2UP
Tel.: 0207 403 3761
www.towerbridge.org.uk
Horario: de abril a septiembre de 10.00 a 17.30 h, y de octubre a marzo de 9.30
a 17.00 h. Consulte la web para conocer los horarios de las visitas guiadas
Entrada: consulte la web para conocer las tarifas
Metro Tower HIll

El Tower Bridge es tal vez una construcción extravagante, una increíble hazaña tecnológica de la época victoriana, que intentan disfrazar de castillo gótico, pero que atrae indiscutiblemente las miradas. La visita tradicional de este puente es muy agradable, sobre todo desde que han colocado los temibles, o excitantes, suelos de vidrio en las pasarelas peatonales que unen las cimas de las torres. Si llega en el momento adecuado, podrá ver cómo se abre el puente justo debajo, las fauces del puente abriéndose debajo de sus pies como un enorme tiburón mecánico. Consulte la web para conocer los horarios de apertura del puente.

Pero si reserva una plaza para hacer la "visita guiada personalizada tras bastidores" (así es como la llaman: *Behind-the-Scenes Personal Guided Tour*), podrá entrar en las entrañas de este monstruo. Como es el caso de la mayoría de las construcciones de la época, recurrieron a medios desproporcionados para diseñar técnicamente el Tower Bridge con el fin de evitar el mínimo riesgo de hundimiento de este puente situado al extremo este de Londres.

El punto álgido de la visita –que en realidad sucede en la parte más baja de la construcción– es una de las salas basculantes bajo las torres gemelas del puente. Basculantes porque asistimos a un movimiento de balancín: cuando el puente está levantado, 422 toneladas de contrapesa pivotan en estos enormes espacios con forma de cuña. Se activan cientos de medidas de seguridad, pero aún así el peso cuelga amenazador sobre su cabeza cuando mira hacia arriba desde la sala. El ruido del tráfico resuena en el espacio que le rodea y se escuchan con claridad las vibraciones cada vez que un autobús o un camión cruzan el Támesis. La sala, a la que se accede por una escalera recta y estrecha, está muy por debajo de la superficie del río, al otro lado de muros de 6 metros de grosor. Es la razón por la cual es uno de los pocos lugares donde no hay ratas a lo largo del Támesis. Un punto positivo para quienes tienen miedo de las ratas.

La acústica de estas salas abovedadas y sepulcrales es increíble, y de hecho, aquí se organizan conciertos de música clásica o contemporánea durante el Thames Festival. Pero como es difícil que un grupo grande de personas quepa en estas salas, los eventos se limitan a grupos pequeños. Consulte la web del festival con mucho tiempo de antelación para hacer una pre-reserva.

En sus buenos tiempos, el Tower Bridge tenía un equipo de noventa y seis trabajadores; hoy solo hay 12, de los cuales seis "pilotos" de puente, que accionan las salas basculantes desde la cabina noreste. El puente abre unas mil veces al año. El tráfico fluvial es prioritario, e incluso la Reina tiene que esperar su turno para pasar.

TOWER SUBWAY

Un pasaje olvidado bajo el Támesis

Tower Hill, EC3
Metro Tower Hill

Tras visitar Londres en 1883, el escritor italiano Edmondo De Amicis describió un "…gigantesco tubo de metal que parece ondular como el gran intestino en el enorme vientre del río". Este monstruo fluvial no es otro que el Tower Subway, un túnel que se construyó bajo el Támesis en 1869 para transportar pasajeros de la orilla norte a la orilla sur. Todo lo que queda de esta proeza tecnológica es una pequeña torre de ladrillos circular, junto a la taquilla de la Torre de Londres, aunque no se trata exactamente de la entrada principal del pasaje subterráneo. La *London Hydraulic Power Company* hizo construir esta pequeña torre cuando compró el túnel, abandonado en 1897. La otra entrada, que se encuentra en Vine Street, al sur del Támesis, fue derruida.

A diferencia de su predecesor -el Thames Tunnel de Marc Isambard Brunel, que costó 60 000 £, la vida de dos personas y dieciséis años terminarlo-, el Tower Subway fue construido en diez meses, con un coste de sólo 16 000 £, por un joven llamado James Henry Greathead.

Recubierta por un tubo metálico, su innovadora estructura sirvió de modelo para el primer metro de Londres, el *City & South London Railway*, inaugurado en 1890. Un "ómnibus" que circulaba por una única vía y transportaba de un lado a otro del Támesis a una docena de pasajeros. Tras una serie de incidentes mecánicos y tres meses en funcionamiento, el servicio fue interrumpido y el túnel se transformó en un pasaje iluminado con gas. Charles Dickens hijo desaconsejaba a "…todo gentilhombre, se trate así del menor vasallo de Su Majestad, aventurarse por este pasaje con botas de tacón alto o con un sombrero que tenga valor alguno". Aunque era húmedo y poco aconsejable para los claustrofóbicos, 20 000 peatones utilizaban el túnel cada semana, a un módico coste de medio penique por trayecto. Desde 1894, cuando se pudo cruzar, sin pagar, el Támesis por el Tower Bridge, el Tower Subway dejó de ser útil. La *London Hydraulic Power Company* lo compró por tan sólo 3 000 £. Las canalizaciones de agua fueron reemplazadas más tarde por cables de televisión.

QUÉ VER EN LOS ALREDEDORES
Dead Man's Hole

Antes de que se construyera el Tower Subway, los londinenses sólo contaban con los wherrymen (barqueros) para cruzar el río (véase p. 225 Ferryman's Seat). Una de las conexiones más prácticas se encontraba en la orilla norte, entre Horselydown Steps, en Bermondsey, y Dead Man's Hole (el agujero del muerto). Tal como lo sugiere su nombre, los pasajeros que cruzaban el río no siempre estaban vivos. Los barqueros se lucraban trasportando los cadáveres y los vendían a los anatomistas del Barts Hospital, a quienes cobraban por cada cuerpo 6 peniques más que a los del Guy's Hospital, en la orilla sur.

EL JARDÍN DE ST DUNSTAN-IN-THE-EAST

Magnífico vestigio de un bombardeo

Idol Lane, EC3
Abierto todos los días del alba al crepúsculo
Entrada gratuita
Metro Monument

El jardín de St Dunstan-in-the-East, oculto dentro del recinto de una iglesia en ruinas y rodeado por todos lados de edificios, es muy apreciado por los empleados de las oficinas a la hora del almuerzo. En verano, las altas paredes deterioradas conservan el calor mientras que la relativa oscuridad del jardín lo convierte en un lugar perfecto para una siesta o una aventura amorosa clandestina. Si hace buen tiempo, es un lugar que invita a la pereza mientras que, si hace mal tiempo, despierta la melancolía. La mezcla de vegetación y ruinas evoca el refinamiento de las «locuras» góticas, que tanto gustaban en la época victoriana. Esta sensación queda acentuada por la aguja de la iglesia -uno de los ejemplos de arquitectura gótica que nos dejó Sir Christopher Wren- que fue añadida al edificio después de que este quedara seriamente dañado por el Gran Incendio de Londres de 1666. En vez de reconstruir la iglesia enteramente, hicieron algunos arreglos entre 1668 y 1671: la aguja debía rematar la iglesia medieval que había quedado más o menos intacta desde 1100 pero la iglesia fue bombardeada en 1941 y sólo se salvaron la torre y el campanario que, en la actualidad, albergan las oficinas de la Wren Clinic, un centro de medicina paralela. Wren colocó rejas de hierro alrededor de la torre e incluyó figuras de querubines o niños sobre el pórtico, una decoración insólita en Londres.

St Dunstan-in-the-West

En Fleet Street existe otra iglesia dedicada al sabio inglés Dunstan: St Dunstan-in-the-West. Lamentablemente sólo se tiene acceso a ella los martes de 11.00 a 15.00 h.

Es sobre todo conocida por su reloj exterior de 1671, en el que están representados los gigantes bíblicos Gog y Magog, guardianes tradicionales de la City. En el cementerio, descubriremos la única estatua, al aire libre, de la reina Isabel I que ha sido esculpida en vida -en 1586- y que ha sobrevivido en Londres.

También podemos ver las estatuas del rey Lud, el místico "reconstructor" de Londres, y sus hijos. Originalmente, todas estaban en el barrio de Ludgate, uno de los barrios más sagrados desde el punto de vista histórico: por lo que la iglesia debe tener su parte de brujería londinense.

El célebre cronista Samuel Pepys venía aquí para ligar, generalmente sin éxito, con jóvenes doncellas.

UN JARDÍN EN EL CIELO

Un fragmento aéreo de Kew Gardens

1 Sky Garden Walk, EC3M 8AF
https://skygarden.london
Horario: de lunes a viernes de 10.00 a 18.00 h. Sábados y domingos de 11.00
a 21.00 h - Entrada gratuita, pero es obligatorio reservar en la web. Lleve un
documento de identidad
Metro Monument o Bank

El *skyline* de Londres ha crecido considerablemente hacia arriba en los últimos diez años dado que los promotores inmobiliarios han buscado capitalizar la demanda incesante de viviendas. La ciudad de

Londres atacó primero Canary Wharf construyendo aún más rascacielos de arquitectos importantes. Y está lejos de acabar: en 2008, Boris Johnson, por entonces candidato a la alcaldía de Londres, prometió a su electorado que no iba a permitir que se construyese una especie de Dubái sobre el Támesis, sin embargo eso es lo que ha hecho, en un sentido. Tan solo en 2016, había más de 430 proyectos de grandes edificios en la capital. Algunos de ellos son bienvenidos, otros solo estrecharán aún más las orillas del río.

Entre los nuevos modelos de edificios más famosos de estos últimos años cabe destacar el 20 Fenchurch Street, al que han apodado el Walkie-Talkie por su forma. Terminado en 2014, ganó la Copa Carbuncle del nuevo edificio más feo del Reino Unido al año siguiente. El muro de vidrio cóncavo de la fachada refleja la luz del sol hacia el suelo: en 2013, la empresa de construcción tuvo que indemnizar al dueño de un coche aparcado en la calle, a los pies del edificio, porque la carrocería se había fundido. El mastodonte bulboso surge con aspecto amenazador por encima de Eastcheap, cual ogro que nos da la impresión, a nosotros los peatones, de ser unas simples hormigas.

Sin embargo, este "espécimen" esconde un precioso tesoro. Los promotores construyeron un enorme atrio luminoso y aéreo en la cima de la torre, con una terraza y unas vistas de 360º de Londres. A diferencia del Shard, que se alza justo enfrente del río, la entrada es gratuita, aunque es necesario reservar por internet con mucha antelación dado el número limitado de plazas. Hay dos bares, una cervecería y un restaurante situado entre dos terrazas alzadas donde flores, higueras, arbustos y helechos crecen durante todo el año. El conjunto está protegido por un muro de vidrio, con unas excelentes vistas despejadas (a diferencia del Shard). Parece como si hubiesen colocado un pequeño invernadero de los Kew Gardens en la cima de un rascacielos.

Una iglesia llena de zapatos

A los pies del 20 Fenchurch Street se encuentra St Margaret Pattens, una iglesia menor de Christophe Wren. Este nombre raro –"Patten" proviene del francés antiguo *pate*– no era el apodo de la santa en cuestión. Los *pates* eran unos cubre-zapatos con suelas de madera, a los que luego añadieron unos anillos metálicos, que permitían que los ricos caminasen por las calles de Londres sin mancharse los zapatos de barro. Al parecer hacían tanto ruido que daban la impresión de que unos caballos trotaban sin cesar sobre la calzada. La iglesia está ligada desde hace tiempo a la venerable congregación de fabricantes de *pates* (Worshipful Company of Pattenmakers) y algunos de los cubre-zapatos están expuestos en el vestíbulo.

LA MAQUETA DEL PUENTE DE LONDRES EN ST MAGNUS THE MARTYR

El primer puente de Londres

Lower Thames Street, EC3R 6DN
www.stmagnusmartyr.org.uk
Horario: de martes a viernes de 10.00 a 16.00 h
Entrada gratuita
Metro Monument

St Magnus the Martyr, aislada cerca del Monument y a la sombra del puente de Londres, es una iglesia de Christopher Wren que no se suele visitar. La calle que llevaba al puente original, derruido en 1831, cruzaba antiguamente el cementerio. Dentro de la iglesia hay una maqueta de ese puente tal y como era en la Edad Media, con las casas y las tiendas que flanqueaban la calle. Esta maqueta de cuatro metros de largo es maravillosamente precisa y está llena de figuritas minúsculas que dan una idea del tráfico que debía de tener el puente antaño. En sus días de gloria, el puente tenía unas doscientas tiendas y también una iglesia. Esta obra de cuatro metros de largo es el único camino que usaban el ganado, los caballos, las carretas y los peatones para cruzar el río, antes de que el Putney Bridge abriera en 1729. No es nada sorprendente que se tardara más de una hora en cruzarlo. Todas las figuritas llevan auténtica ropa medieval, con una excepción…

En la maqueta se pueden ver también las cabezas de los traidores, expuestas en picas en la puerta sur. Se las untaba de brea para protegerlas de la intemperie. La cabeza de Oliver Cromwell estuvo expuesta durante al menos veinte días después de haber sido desenterrado; le colgaron según la ceremonia habitual y luego le decapitaron.

Vestigios del primer puente de Londres

A finales del siglo XVIII, ante el crecimiento de la ciudad, el puente ya no cumplía bien con su función, no solo era demasiado estrecho sino que además era un obstáculo para el tráfico fluvial que iba en aumento. Primero, hubo que quitar todos los edificios del puente, que demolieron entre 1758 y 1762. Aunque quedan algunos vestigios: el escudo de armas en la fachada del *pub* King's Arms, en Newcomen Street, al sur del río, que estuvo colgado antiguamente encima de la entrada de la puerta sur del London Bridge. Este escudo lleva grabado el año 1760 sobre el león y el unicornio. El *pub* es de 1890.

El puente se siguió usando hasta que lo demolieron, pero ampliaron la calle y los laterales del puente con cúpulas de piedra para acoger a los peatones. Dos de estas cúpulas están hoy en Victoria Park, en Hackney; otra, más cerca, está en el patio del patio de la Counting House (Cámara de Cuentas), cuyo edificio, que originalmente albergaba el Guy's Hospital, pertenece hoy al King's College de Londres. Cruce el portal de la Old Guy's House en St Thomas Street, luego los arcos que están enfrente: la cúpula está a la izquierda. Dentro, descubrirá la estatua de bronce del poeta John Keats, que estudió cirugía y farmacia en este hospital entre 1815 y 1816.

EL ASCENSO AL MONUMENT

Suba la columna de piedra más alta del mundo

Monument Street, EC3
Tel.: 0207 626 2717
www.themonument.info
Horario: todos los días de octubre a marzo de 9.30 a 17.30 h y de abril a
septiembre de 9.30 a 16.00 h
Metro Monument o Bank

Al contemplar el Monument, pocos se imaginan que pueden visitarlo por dentro. La columna dórica del Monument, construida en piedra de Portland, esconde en su interior una escalera de 311 peldaños que conduce a un mirador. Cuando se edificó en 1677, esta plataforma debía de ofrecer una hermosa perspectiva, pero después de 300 años de desarrollo inmobiliario la vista es menos impresionante. Antes, se veía la columna a kilómetros de distancia; hoy la gente tropieza con ella y es como si descubrieran un velero en medio de un desierto. Diseñado por el arquitecto más famoso de Londres, Sir Christopher Wren, y construido por el Dr. Robert Hooke para conmemorar el Gran Incendio de 1666, el Monument es la columna de piedra más alta del mundo. Según parece, sus 80 metros de altura equivalen a la distancia que hay entre la columna y la panadería de Pudding Lane, donde, según los rumores, se inició el fuego. El Monument está coronado por una urna de cobre y una llama que simbolizan el Gran Incendio, aunque se parece más a una tarta ardiendo.

Originalmente, tenía que haber un fénix sobre la cima (que encarnara la consigna de Londres: Resurgem, "Yo he resucitado"), luego una gigantesca estatua del rey Carlos II, pero finalmente el comité de elección se inclinó por la llama. El ascenso de la columna es empinado, y sólo una pequeña barandilla protege del abismo. La mayoría de los visitantes acaban exhaustos tras la prueba, pero cada uno recibe, como recompensa por su esfuerzo, un documento que certifica su subida. Durante mucho tiempo la cima fue el lugar predilecto para los suicidios espectaculares, hasta que instalaron un reja de protección en el balcón. Durante mucho tiempo la cima fue el lugar favorito de los suicidios espectaculares, hasta que instalaron una jaula metálica en el balcón. Esta jaula es lo bastante sólida para soportar embestidas y otras acrobacias; una forma muy eficaz de aterrorizar a los amigos.

La base de la columna está decorada con un bajorrelieve que fue delicadamente cincelado por Caius Gabriel Cibber. Se trata de una alegoría de Londres derramando lágrimas ante los edificios devorados por las llamas. La Paz y la Prosperidad sobrevuelan, entre las nubes, la escena, prometiendo el renacimiento de la ciudad, mientras que el rey Carlos II se eleva, por la derecha, con sus vestidos de gala.

Cibber es sobre todo conocido por dos estatuas, *Melancolía y Locura furiosa*, que le encargaron hacer para la entrada del tristemente famoso hospital siquiátrico de Bedlam (Bethlem Royal Hospital). Pueden verse en el Museum of the Mind (véase p. 360). Colley Cibber, su hijo, actor y poeta bastante mediocre, es el principal objetivo de Alexander Pope en su poema satírico titulado *The Dunciad*.

LAS PINTURAS DEL GRAN VESTÍBULO DEL ROYAL EXCHANGE

Una historia ilustrada de Inglaterra

Royal Exchange, entre Cornhill Street y Threadneedle Street, EC3
Horario: de lunes a viernes de 10.00 a 23.00 h
Entrada gratuita
Metro Bank

Encajonado entre el Bank of England y Mansion House, el Royal Exchange es uno de los lugares que atesora la historia de la City. El edificio actual, con su gran vestíbulo de entrada y su galería de tiendas de lujo, data de 1844. El primer Royal Exchange -dos veces destruido por el fuego- fue fundado en 1566 por Sir Thomas Gresham (ver las clases magistrales de Gresham College, p. 107), quien imaginó una "Bolsa agradable donde los comerciantes pudieran reunirse". Gresham, que también fue comerciante, se ofreció a financiar la construcción de la Bolsa a cambio de un porcentaje vitalicio de las ganancias.

Los hombres de negocios, vestidos con sus finos trajes, que comen en los restaurantes situados en el entresuelo, no parecen muy interesados en los 24 gigantescos murales que decoran los rincones sombreados del gran vestíbulo. Las mesas miran hacia el patio, y dan la espalda a estas patrióticas representaciones de los grandes momentos de la historia de Inglaterra.

En los murales se ven lores y ladies, reyes y reinas, almirantes, cardenales y simples londinenses festejando o batallando, comerciando o firmando tratados. El propósito implícito es mostrar al espectador el poder financiero y político de la City.

Hasta 1950, estas imágenes ilustraban los libros de historia, pero hoy en día, curiosamente, han sido olvidadas. Numerosas obras maestras, encargadas a artistas como Edwin Austin Abbey, J. Seymour Lucas y Sir Frederic Leighton (véase Leihgton House, p. 198) están ocultas en las cocinas de los restaurantes, donde poco a poco se han ido cubriendo de grasa y olor a fritura. Aunque estas pinturas carecen de iluminación adecuada y sus títulos son casi ilegibles, siguen conservando su esplendor.

QUÉ VER EN LOS ALREDEDORES
El verdadero saltamontes de Gresham ㉒

La veleta del Royal Exchange tiene en su cima un saltamontes dorado, el emblema de Gresham, que se salvó no solamente del Gran Incendio de Londres sino de otro devastador fuego en 1838. Un saltamontes de oro también brilla en la antigua sede de Gresham, en Lombard Street. Según la leyenda, Roger de Gresham, ancestro de Sir Thomas, habría sido abandonado en un prado de pastos, hasta que una mujer le rescató atraída por el canto de un saltamontes. Según otra explicación más probable, el saltamontes (grasshopper) sería un escudo de armas relacionado con su nombre, ya que grass (pasto) se decía gres en inglés medieval (de ahí Gresham). Además de ser el símbolo tradicional del comercio, el saltamontes también es un antiguo amuleto.

EL ANFITEATRO ROMANO DEL PATIO DE GUILDHALL

Una antigua arena

Cerca de Gresham Street, EC2
Se puede visitar el anfiteatro pasando por la galería de arte situada al lado este
del patio de Guildhall
Horario: de lunes a sábado de 10.00 a 17.00 h. Domingos de 12.00 a 16.00 h
Entrada gratuita
Metro St Paul o Moorgate

En el patio de Guildhall (el antiguo ayuntamiento de la ciudad), una línea curva de piedras negras sugiere un gran bucle bajo los edificios circundantes. Este círculo marca el contorno del anfiteatro romano de la ciudad; dentro del círculo estaba la arena. Hacia el año 43 d.C., los romanos establecieron la ciudad de Londinum. Treinta años después construyeron el anfiteatro de madera, modernizándolo en el siglo II. La galería de arte de Guildhall alberga una reproducción de este anfiteatro que podía albergar 7 000 espectadores amantes de las luchas y de las ejecuciones.

En el período romano Londres fue una aldea poco importante, aun cuando Tácito habló de ella como si se tratara de un centro comercial importante. Cuando los romanos abandonaron la ciudad en el siglo IV, desmantelaron el anfiteatro, y al igual que gran parte de la ciudad, sus ruinas quedaron abandonadas durante cientos de años. Los nuevos habitantes, bárbaros germanos que buscaban colonizar el oeste de Europa, temían, al parecer, acercarse a estos monumentos antiguos. La mayoría de los vestigios de sus poblados están en la periferia de la ciudad romana.

No fue hasta mediados del siglo XI cuando la sobrepoblación de Londres obligó a los habitantes a ocupar de nuevo este sector. El primer ayuntamiento se construyó a comienzos del siglo XII, al norte de la arena. Pero el anfiteatro no fue redescubierto hasta 1998, cuando los arqueólogos del London Museum dieron con sus cimientos por casualidad, mientras sondeaban el terreno para autorizar la construcción de la galería de arte de Guildhall.

Actualmente el edificio de Guildhall descansa sobre la mayor cripta medieval de la ciudad. Se accede al anfiteatro -que no resulta de especial interés para los no especialistas- pasando por la galería de arte de Guildhall y sin necesidad de pagar un suplemento.

ST STEPHEN Y EL DESAPARECIDO  ㉔
RÍO WALBROOK

Un río oculto y Henry Moore

39 Walbrook, EC4N 8BN
Tel.: 0207 626 9000
ststephenwalbrook.net
Horario: lunes, martes, jueves y viernes de 10.00 a 16.00 h. Miércoles de 11.00
a 15.00 h
Metro Bank, estación de Cannon Street por la DLR (Docklands Light Railway)
y metro Mansion House

Christopher Wren construyó muchas iglesias en la City. St Stephen es una de las más difíciles de encontrar y, con el paso del tiempo, aún más. A medida que la City se esfuerza en competir con Canary Wharf, como centro comercial, construyendo aún más imponentes

edificios de oficinas, esta pequeña iglesia perfecta queda eclipsada por los edificios vecinos. Se alza a la orilla del Walbrook, uno de los numerosos ríos soterrados de Londres, que corre por una alcantarilla delante de la fachada de la iglesia.

Walbrook fue el primer río en torno al cual se construyó Londres y corría entre las colonias de Cornhill y de Ludgate. Era el centro de la vida celta y romana, y sin duda su nombre provenía del hecho de que atravesaba el Muro de Londres (*walbrook* = río del muro), la muralla defensiva que construyeron los romanos. En el siglo III d.C., los romanos construyeron el templo de Mitra en la orilla este del Walbrook, donde los soldados se bañaban en la sangre de toros sacrificados para ganar fortaleza antes de la batalla.

Se han recuperado cientos de estiletes en el lecho del Walbrook, lo que sugiere que los clérigos romanos tiraban sus instrumentos usados al río. Más inquietante aún son los numerosos cráneos encontrados en este mismo río a finales del siglo XIX, y aún hoy se recuperan muchos de estos horribles vestigios. Las víctimas podían ser prisioneros romanos decapitados ritualmente tras el saqueo de Londres de Julio Asclepiodoto o de Boudica. Pero nadie lo sabe realmente.

St Stephen era la iglesia a la que venía Wren, que vivía en el nº 15 de Walbrook. Por fuera es prácticamente anónima, pero una vez dentro uno se encuentra dentro de una obra maestra en miniatura. Wren creó de algún modo un cubo luminoso de dieciséis columnas corintias que sostienen una cúpula romana (el prototipo de la de la catedral de St Paul) en un espacio muy delimitado. De entrada, la sala emociona. La mayoría de los muebles están intactos ya que la iglesia escapó a los peores bombardeos durante la Segunda Guerra Mundial.

Lo único que amenaza la armonía interior es el altar, un enorme bloque de mármol circular diseñado por Henry Moore, que descansa en el centro de la iglesia. El altar monumental, tallado en el mismo tipo de mármol de travertino que usaba Miguel Ángel, parece incongruente la primera vez que uno lo ve. Pero su declaración audaz tiene sentido en una iglesia diseñada por Wren, que no temía la controversia ni la arquitectura experimental.

Intente visitar esta iglesia durante los frecuentes recitales que se celebran a la hora de la comida.

Los teléfonos originales de los Samaritanos

Chad Varah era el pastor de St Stephen cuando fundó los Samaritanos, el equivalente al Teléfono de la Esperanza, al que llamaba "nº 999 para los suicidas". El primer teléfono de los Samaritanos está expuesto en una vitrina dentro de la iglesia.

LA PIEDRA DE LONDRES

¿La roca de la que el rey Arturo extrajo la espada Excalibur?

111 Cannon Street, EC4
www.museumoflondon.org.uk
Metro Cannon Street
En 2016 la piedra de Londres fue trasladada al Museo de Londres temporalmente

La piedra de Londres sigue viajando. Este grueso trozo de piedra caliza oolítico está ahora en el Museum of London y volverá más tarde a su pequeña vitrina fuera del 111 Cannon Street, cuando terminen de reconstruirla en 2017. La piedra era más grande y se alzaba al sur de la calle, pero parece que sufrió daños a causa del Gran Incendio de 1666. En 1720, se guardó lo que quedaba de ella dentro de una estructura de cristal. En 1742, la trasladaron al otro lado de la calle y la encajaron en el

muro de St. Swithin, una nueva iglesia de Christopher Wren. Cuando un bombardeo en la Segunda Guerra Mundial destruyó la iglesia, llevaron la piedra de Londres a Guildhall y luego la devolvieron a Cannon Street en 1962. Pero, ¿de dónde viene esta piedra?

Encajada en la fachada de la Sociedad Bancaria China de Ultramar, detrás de una pequeña reja iluminada, a la altura de la rodilla, se encuentra una piedra con dos ranuras en la parte superior. Es todo lo que queda de la piedra de Londres. Se ha especulado mucho sobre este bloque informe de piedra caliza. Aunque podría tener más de 3 000 años, nadie sabe verdaderamente cuál es su origen. Suponen, simplemente, que se trata de un fragmento de la piedra original, cuyo tamaño debía sobrepasar el de un ser humano. Algunos aseguran que la piedra fue traída a Londres por Brutus, el hijo de Priam, quien supuestamente venció y aniquiló la raza de gigantes que obedecían las órdenes de Gog y Magog (sus imágenes aún se exhiben en el Lord Mayor's Parade), y erigió un templo en honor a Artemis usando esta piedra como altar. Según otros, podría tratarse de la roca de la que el rey Arturo extrajo la espada Excalibur. Aunque también podría ser el primer mojón de un sistema de señalización romano, destinado a facilitar el acceso a la nueva red de rutas de la última colonia imperial. Aunque ningún texto en latín menciona esta piedra, probablemente fue un punto de referencia importante tras la fundación de la ciudad por los romanos.

A lo largo de los siglos, la piedra de Londres fue reconocida como el corazón simbólico de la ciudad, y ante ella se cerraban los negocios, se prestaban juramentos, se promulgaban textos de leyes y ordenanzas oficiales. En 1450, después de que sus tropas entraran en Londres, el rebelde Jack Cade golpeó la piedra con su espada como señal de toma de posesión de la ciudad.La piedra de Londres ha atraído siempre a místicos fervorosos. Según la leyenda, formaba parte de una especie de altar druida. William Blake, el poeta visionario de Londres, se imaginó los quejidos de las víctimas que los druidas sacrificaban en su poema *Jerusalem The Emanation of the Giant Albion*. Algunos creen que descansa sobre una línea recta imaginaria que conecta sitios prehistóricos entre sí y que se supone corresponde a una línea ley entre la catedral de Saint Paul y la Torre de Londres, lo que haría de ella un polo magnético síquico. La verdad es sin duda mucho menos interesante (suele ser el caso), pero la piedra de Londres no lo cuenta.

El sendero sagrado de la piedra de Londres

El sendero con más energía de la capital -una alineación hipotética de antiguos lugares sagrados- pasa a lo largo de Cannon Street y comunica las iglesias de St Martin's Ludgate, St Thomas, St John's Walbrook con la piedra de Londres, la iglesia de St Leonard's Milk y All Hallows Barking, cerca de la Torre de Londres. Se cree que Ludgate Circus es el centro donde se cruzan estos senderos secretos y donde debió de erigirse un círculo de megalitos semejante al de Stonehenge.

EL PRIMER TEATRO DEL GLOBE

Las huellas del recinto de madera del teatro

Park Street, SE1 9AR
Abierto durante las horas de sol
Entrada gratuita
Metro London Bridge o Borough

La reconstrucción del Shakespeare's Globe Theatre es una de las atracciones turísticas más conocidas de Londres. Reconstruido con escrupulosa exactitud histórica e inaugurado en 1997, no podría

ser más coherente con la época isabelina. No obstante, su autenticidad no incluye su ubicación actual. Salga de la taquilla del Globe, gire a la derecha y baje por el New Globe Walk desde el río. Gire a la izquierda en Park Street, pase por debajo de los pilares de Southwark Bridge, y ahí, en el aparcamiento de un edificio, descubrirá la ubicación original del teatro del Globe. Está señalado por una línea de mármol negro en el suelo que sigue el contorno del muro exterior del antiguo teatro.

El emplazamiento del nuevo teatro del Globe está por consiguiente mucho más cerca del río, donde antes estaba el Beargarden, la arena donde se celebraban las peleas de osos y de otros animales. En los siglos XVI y XVII, este barrio era el equivalente al actual West End, debido a la concentración de teatros en esta parte de Southwark, y fue precisamente para atraer a los amantes del teatro que se construyó el Globe aquí. Los Lord Chamberlain's Men, la compañía de teatro para el que Shakespeare escribía y en el que actuaba, no lograron negociar un nuevo contrato de alquiler para el teatro donde actuaban al este de Londres, y decidieron mudarse al sur del río. Una noche a finales de diciembre de 1598, un grupo de actores y de obreros empezó a desmontar en secreto el teatro. Transportaron todas las vigas de la estructura de Shoreditch a Southwark, cruzando el congelado Támesis. Y reutilizaron esas vigas para construir un teatro más bonito y más grande, el Globe.

QUÉ VER EN LOS ALREDEDORES
Los vestigios del Rose Theatre (27)
www.rosetheatre.org.uk

En Park Street, también se pueden ver los vestigios del Rose Theatre, el primer teatro del barrio de Bankside. El Rose se inauguró en 1587, pero con la llegada del Swan en 1595, y luego del Globe en 1599, terminó cerrando sus puertas. No se descubrió este sitio arqueológico hasta 1989 durante la construcción de un edificio de oficinas cerca del Southwark Bridge. El emplazamiento del teatro original está marcado con cuerdas rojas luminosas, aunque las auténticas ruinas están enterradas en la actualidad bajo tres metros de barro. Se prevé terminar las obras de excavación y abrir este sitio al público permanentemente. En la actualidad, unos voluntarios lo abren todos los sábados de 10.00 a 17.00 h. De vez en cuando, el Rose Theatre se usa como escenario para espectáculos, aunque el espacio sea limitado.

LOS HALLS DE LAS CORPORACIONES DE LA CITY

Los sucesores de los gremios

www.liverycompanies.info

Londres tiene 108 *Livery Companies*, corporaciones de comerciantes cuyas sedes están en la City, que se formaron originalmente a partir de los *guilds* (los gremios de la Edad Media, de ahí el término "Guildhall") que

controlaban sus actividades, especialmente los salarios y las condiciones laborales, un poco como hacen los sindicatos hoy en día. La mayoría de estas corporaciones tienen el nombre de *Worshipful Company of…* (Honorable Compañía de…) y representan oficios obsoletos. Entre ellos están los *bowyers* (fabricantes de arcos) y los *girdlers* (fabricantes de estuches de espadas). Sin embargo, su número aumenta debido a que recientemente se han añadido nuevos oficios a antiguas corporaciones, como la "Honorable Compañía de Consultores Administrativos" y la "Honorable Compañía de Vigilantes de Seguridad". En la actualidad, estas corporaciones se han convertido casi todas en asociaciones benéficas, pero conservan la esplendorosa atmósfera medieval y en especial un estricto orden basado en la antigüedad (las doce primeras se conocen como las Great Twelve). Cerca de cuarenta de estas compañías cuentan con un hall de encuentro, que por lo general es accesible al público los días laborables o mediante cita previa. Entre otros, destaca el hall recubierto de mármol de la corporación de orfebres, que data de 1835 (www.thegoldsmiths.co.uk/company/goldsmiths-hall/venue-hire), y el de los pescaderos, al borde del río (www.fishhall.org.uk), donde se puede ver el puñal que Sir William Walworth –alcalde de Londres y pescadero– usó para poner fin a la Revuelta de los Campesinos en 1381, apuñalando al rebelde Wat Tyler ante los ojos del rey Ricardo II.

Construido en el siglo XVII, el hall de los boticarios (www.apothecaries.org) es el más antiguo de todos, pero sólo se organizan visitas guiadas para grupos de un mínimo de diez personas. Este es el inconveniente de estas visitas: cada hall tiene sus propias normas de acceso. Por eso, es mejor solicitar una cita con antelación en la oficina de la corporación. El espectacular hall de los pañeros (www.thedrapers.co.uk), por ejemplo, no se puede visitar entre finales de julio y mediados de septiembre. Sin embargo, no se de por vencido ya que su paciencia se verá recompensada.

Doggetts Coat and Badge

Las *City Livery Companies* se implican esencialmente en obras de caridad, en colegios y en inversiones, pero siguen llevando a cabo antiguas tradiciones históricas. Doggetts Coat and Badge es el evento deportivo más antiguo del mundo y lo organiza el gremio de pescadores. Es una carrera de remo de 6,5 kilómetros a contra corriente entre el London Bridge y el Chelsea Bridge. Se lleva celebrando regularmente desde 1714. El actor cómico irlandés Thomas Doggett subvencionó esta carrera entre "jóvenes remeros". La recompensa es un abrigo rojo (coat) con una insignia (badge) de plata en una manga. Hay un horrible pub con el mismo nombre al sur de Blackfriars Bridge. Mejor no ir.

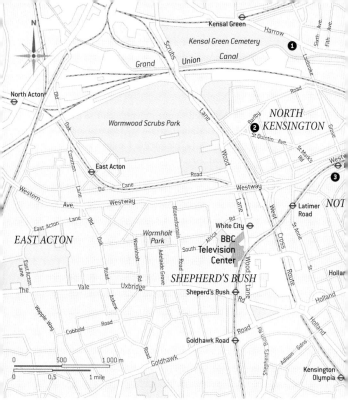

De Marylebone a Shepherd's Bush

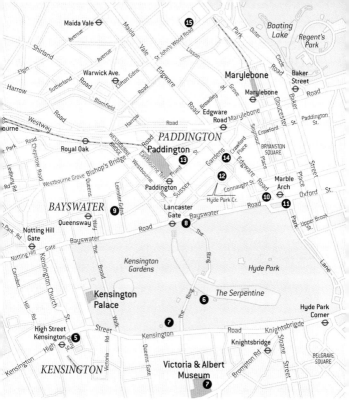

LAS CATACUMBAS DE KENSAL GREEN

Un vistazo al culto victoriano de la muerte

Cementerio de Kensal Green, Harrow Road, W10
Tel.: 0790 449 5012 - www.kensalgreen.co.uk
Horario: el primer y el tercer domingo de mes. Punto de encuentro en las
escaleras de la capilla anglicana en medio del cementerio a las 14.00 h
Metro Kensal Green

Kensal Green, el primero de los siete "magníficos" cementerios que se abrieron en la periferia de Londres a mediados del siglo XIX (véase: cementerio de Nunhead p. 321), es también el más grande y el más lujoso. Inspirándose en el cementerio de Père-Lachaise de París, los fundadores intentaron introducir los mismos monumentos sepulcrales que estaban de moda en Europa en aquella época, como los mausoleos. También construyeron unas catacumbas bajo la capilla anglicana, en el centro del cementerio. La asociación de amigos de Kensal Green, que recauda fondos para salvar el cementerio, organiza visitas guiadas semanales y, dos veces al mes, una visita a las catacumbas.

Las catacumbas son tal y como uno se las puede imaginar: húmedas, frías y sombrías. Los ataúdes se alinean sobre estantes superpuestos; a lo largo de las galerías de paredes de ladrillo la mayoría están a la vista, otros detrás de un cristal o de una reja. A los familiares de los difuntos, por lo visto, les gusta comunicarse con los muertos.

La mayoría de los ataúdes están en mal estado, el abundante moho se esparce por sus paredes que empiezan a descomponerse. Algunos son curiosamente grandes, como si dentro descansaran gigantes mientras que en los más pequeños están los niños. En las catacumbas también hay un catafalco móvil: un torno hidráulico que permite bajar los ataúdes de la capilla a un ritmo adecuado para un funeral. No deje de ver las dos cúpulas de cristal en las que se exponen unas siemprevivas: dos flores artificiales de cobre y porcelana de gran finura. Las catacumbas siguen abiertas y hay nichos en venta. Un letrero pegajoso con la palabra Available (disponible) indica los lugares que están disponibles.

Las celebridades del cementerio de Kensal Green

El cementerio de Kensal Green abrió sus puertas en 1833, y se puso de moda después de que el duque de Sussex fuese enterrado ahí en 1843. A los esnobs les gustó la idea de ser enterrados al lado de un miembro de la realeza. Entre los otros "famosos" del cementerio, destacan las tumbas de los arquitectos Brunel, del inventor Charles Babbage y de Charles Blondin, que atravesó las cataratas del Niágara caminando sobre un cable rígido. El quinto duque de Portland también descansa en Kensal Green. Apodado Burrowing Duke (el duque de las madrigueras), mandó construir 24 kilómetros de túneles iluminados por gas en su propiedad de Nottinghamshire, para evitar cualquier contacto con otros seres humanos.

WEST LONDON BOWLING CLUB ②

La petanca a la inglesa

112a Highlever Road, W10 6PL
www.westlondonbowlingclub.com
Entrada: precio de la cuota de adhesión al club
Metro Latimer Road

He vivido durante un año al lado de este terreno de bolo césped (*lawn bowling*, juego de bolas sobre hierba) sin darme cuenta. Escondido al final de un camino estrecho y encajado entre dos casas sencillas, el West London Bowling Club se fundó en 1903, pero ocupa este lugar desde 1920.

Este terreno flanqueado por casitas bajas fue uno de los cinco *backlands* (terreno de la periferia) que se crearon como áreas de juegos comunitarias para los residentes de la urbanización Saint Quintin, un espacio verde del West London que sirvió durante mucho tiempo de modelo para las viviendas sociales y económicas antes de que el primer ministro David Cameron y personalidades del mismo estilo viniesen a vivir aquí. Ninguno de los demás *backlands* ha conservado su uso original.

Durante la Segunda Guerra Mundial, mientras transformaban otros *backlands* en viviendas, los miembros del club no dejaron de jugar al bolo césped, aunque se arriesgaran a tropezar con una bomba o una mina. Los hombres seguían vistiendo de blanco. Sus esposas, que no eran bienvenidas en el césped, les preparaban el té y las pastas.

Así lo recuerda una de las primeras jugadoras de bolos: "El año en que el hombre pisó la luna también fue el año que permitieron por primera vez que las mujeres pisaran la hierba del bolo césped". Pero en lo relativo al largo de las faldas, la reglamentación fue estricta durante años.

La popularidad del bolo césped bajó después de sus años dorados a mediados del siglo XX. Las adhesiones de socios al club disminuyeron, el césped se descuidó y las rosaledas, antaño galardonadas, se cubrieron de vegetación. La pequeña sede del club se convirtió en un bar barato, para gran descontento de los vecinos. El club acabó perdiendo su licencia y cerrando en 2013, pero un grupo de voluntarios acaba de retomarlo. Gracias a sus esfuerzos, el club se ha ganado el título de "espacio verde público" en el que no se puede construir.

Con el cambio de dirección, el terreno de bolo césped ha vuelto a abrir. Han habilitado terrenos de croquet y de petanca y han ido quitando las malas hierbas en los jardines de alrededor.

La temporada de bolos va de mediados de abril a finales de septiembre, con partidas desde las doce del mediodía hasta una hora después de la puesta de sol. La mayoría de las tardes, algunos miembros vienen para jugar unas roll-ups, unas partidas relajantes que se juegan descalzo (barefoot bowls). A veces se organizan torneos contra otros clubes y los jugadores de bolos experimentados suelen estar disponibles para dar clases a los principiantes.

Durante la temporada, el bar abre los viernes y los domingos y se puede asistir a las proyecciones nocturnas de películas y a los eventos sociales durante todo el año. En las tardes soleadas de verano, con el olor del césped recién cortado y los golpes secos de los palos de croquet en segundo plano, uno tiene la sensación de estar en los años 1920.

MUSEO DE LAS MARCAS, LOS ENVASES Y LA PUBLICIDAD

Un catálogo del consumismo

Colville Mews, muy cerca de Lonsdale Road, W11
0207 243 9611 - www.museumofbrands.com
Horario: de martes a sábado de 10.00 a 18.00 h. Domingos de 11.00 a 17.00 h
Cerrado los lunes salvos los festivos (último acceso 45 minutos antes del cierre)
Entrada: consultar la página web
Metro Ladbroke Grove

El Museo de las marcas, los envases y la publicidad se esconde al final de una pintoresca callejuela de Notting Hill, donde la mitad de las casas han sido adquiridas por la estilista Alice Temperley. Cuando recorra el museo tendrá la sensación de estar visitando un libro ilustrado de la historia social de la Gran Bretaña de los últimos dos siglos.

Robert Opie, coleccionista empedernido, ha reunido un amplio surtido de objetos cotidianos, desde rarezas de la época victoriana (como el "líquido para arreos" para los enganches de caballos o las "píldoras etéreas" contra el mareo en alta mar) hasta la década de 1980 (desde un muelle espacial hasta el éxito comercial del año). Todo -los juguetes, los productos de belleza, los vestidos y los detergentes- está inteligentemente colocado por décadas, y en ocasiones, por temas. Estos documentos ilustran de forma singular la evolución de la moda y del fetichismo desenfrenado de la sociedad británica. En otros tiempos, productos tan banales como el betún y el jarabe para la tos se vendían en magníficos tarros y frascos delicadamente decorados. El veneno contra los bichos que compraban las amas de llaves rezaba: "¡Los ratones enloquecen y mueren en el acto!" Cuánto han cambiado las cosas desde la época en que el limpiador de cocinas de leña era "el mejor amigo de las criadas" hasta que se inventó la perdición de las mujeres del hogar: la aspiradora. Entre los tesoros de Robert Opie hay souvenirs de la exposición universal de 1851, y también radios inalámbricas, gramófonos de manivela, tarjetas postales picantes y una habitación entera dedicada a las revistas. El suntuoso art decó de los años 30 contrasta claramente con las cartillas de racionamiento y los logotipos de colores del Reino Unido durante la II Guerra Mundial, en la época en que se animaba a la gente a tomar "sales naturales" como sustituto de las frutas. Los años 50 están impregnados de un optimismo un tanto kitsch, que se ve reflejado en la abigarrada formica, los utensilios de cocina de plástico, las chicas de calendario en bikini y los coches descapotables para las vacaciones en la playa. La década de 1960 se distingue por la aparición de las radios portátiles, las televisiones y, por supuesto, los Beatles. En cuanto a los 70, la coronación de la reina Isabel, El planeta de los simios y los zapatos con plataformas son su seña de identidad.

Los diseñadores gráficos disfrutarán mucho visitando el Brand Hall que pasa revista a la evolución de los productos ingleses clásicos, como el chocolate Cadbury's, la mostaza Colman's y los cereales All-Bran Kellogg's (cuyo fabricante tuvo la sabia idea de cambiar su argumento original de venta de "laxante natural" por "rico en fibras"). En la tienda se pueden comprar álbumes de recortes de periódicos que resumen toda una década: una fuente de inspiración útil para los diseñadores y los ilustradores.

Aunque es bastante lúgubre, el café da a una de las particularidades más bonitas del museo: un jardín secreto del recuerdo que florece a lo largo del año. Rebosante de rosas trepadoras y de ardillas curiosas, este jardín es el último vestigio de The Lighthouse (el faro), una residencia y centro de día de personas con VIH y Sida, que ocupó este lugar hasta 2015. Muchas de las cenizas de antiguos pacientes han sido esparcidas en este precioso jardín conmemorativo.

EL VESTÍBULO ÁRABE DE LEIGHTON HOUSE

Maximalismo árabe

12 Holland Park Road, W14
Tel.: 0207 371 2467
www.rbkc.gov.uk/subsites/museums/leightonhousemuseum1.aspx
Horario: todos los días, excepto martes, de 11.00 a 17.30 h
Visitas guiadas gratuitas a las 14.30 h los miércoles y jueves
Metro High Street Kensington o Holland Park

Varias residencias urbanas de Holland Park fueron construidas por los artistas que frecuentaban este barrio a finales del siglo XIX. Lord Frederic Leighton (1830-1896), presidente de la Academia Real, también formaba parte del famoso "círculo de Holland Park". Aunque el exterior de su casa parece modesto, en el interior todo ha sido concebido para causar una fuerte impresión en los visitantes. Mary H. Krout, una americana que visitó Leighton House en 1899, comentó: "Es como un ala del palacio de Aladino que un amable genio habría abandonado en Londres y luego olvidado". El vestíbulo de entrada está cubierto con soberbias baldosas de color azul pavo real, y un pavo real de verdad, disecado, custodia la gran escalera. A la izquierda está la sala árabe, con un precioso embaldosado islámico, mosaicos e inscripciones en árabe, y, en el centro de la habitación, una fuente de mármol negro.

El resto de la vivienda no es menos suntuoso, decorado con tapices originales y chimeneas adornadas con un festón de arabescos. Una verdadera orgía de texturas y dibujos frente a los cuales los lienzos prerrafaelitas de Leighton y sus contemporáneos parecen más bien discretos. Por el contrario, el dormitorio de Leighton es sorprendentemente austero, tal vez porque necesitaba descansar de tanto exotismo.

Su inmensa colección incluye obras de Edward Burne-Jones, Albert Moore y George Frederic Watts, quien vivió en la esquina de la calle, en Melbury Road. El gran taller de Leighton está decorado con frisos que parecen arrancados del Partenón. Era aquí donde cada año el dueño de la casa daba sus recitales, tradición que aún sigue vigente. La Sociedad Musical de Kensington y de Chelsea organiza conciertos de música de cámara para la flor y nata de Londres.

QUÉ VER EN LOS ALREDEDORES
Kensington Roof Gardens ⑤

Estos jardines secretos de los años 30, ocupan la sexta planta de un edificio ubicado en lo alto de Kensington High Street y se extienden sobre una superficie de 6 000 metros cuadrados. Hay un jardín español, un jardín Tudor con arcos ensartados de glicinas, y un bosque inglés, en miniatura, con un oscuro estanque en el que nada un pececillo solitario y dos flamencos rosas presumiendo debajo de un sauce llorón. Richard Branson, su propietario, ha logrado estropear este romántico marco poniendo unos horribles carteles publicitarios de Virgin y una discoteca. La vista está, lamentablemente, oculta por unas grandes paredes y se puede percibir el bullicio de la circulación en medio del canturreo de los pájaros.

LA LANZADERA SOLAR DEL LAGO SERPENTINE

Une crucero ecológico

Serpentine Lake, Hyde Park, W2
02072621989
www.solarshuttle.co.uk
Entrada: consultar la página web
Salidas: aproximadamente cada media hora desde el mediodía hasta la puesta de sol durante los fines de semana, las vacaciones escolares y los festivos de marzo a septiembre. Todos los días en junio, julio y agosto

Con su deplorable clima, Londres no es el mejor lugar para innovar en materia de energía solar. Sin embargo, entre los 110 barcos de remos y bicicletas acuáticas que recorren el lago Serpentine de Hyde Park, el *Solarshuttle* (lanzadera solar) se desliza silenciosamente de un lado a otro del estanque central propulsado únicamente por un motor solar. Esta nave de vidrio, acero inoxidable y perfil aerodinámico mide 14,5 metros de largo y puede transportar hasta 40 pasajeros y dos miembros de la tripulación. El *Solarshuttle* no supera los 8 km/h. por lo que tarda casi media hora en recorrer los casi 800 metros que separan la orilla norte de la orilla sur del estanque. Es una aventura maravillosamente relajante.

La silueta de la nave es tan elegante que se parece más a un yate que a una versión en miniatura de un transbordador. La cubierta de madera cuenta con unos bancos de acero, desde donde se tiene una vista excepcional del parque. Todos los detalles del armazón resaltan la luz y la transparencia. Varios tableros de vidrio removibles protegen en invierno a los pasajeros de la intemperie. En la parte superior, 27 paneles solares sujetos a un simple marco de acero forman una especie de cubierta abombada que centellea con el sol. Estas células fotovoltaicas, no mucho más gruesas que una tarjeta de crédito, están encajadas en las tejas de plexiglás colocadas sobre una membrana transparente. La energía solar que producen recarga las baterías que alimentan los dos motores eléctricos. Cuando el barco está en el puerto, el excedente de energía generado por los paneles es transferido a la red eléctrica nacional. Hicieron falta siete meses y 237 000 £ para construir el *Solarshuttle*, una inversión rentable porque un barco a motor diésel de este tamaño emite 2,5 toneladas de dióxido de carbono al año.

Curiosamente, incluso durante los días cubiertos, tan deprimentemente comunes en Londres, parece haber suficiente luz para que el *Solarshuttle* funcione. Y si el tiempo es realmente malo, las baterías proporcionan suficiente energía para recorrer 30 km en la oscuridad más completa.

QUÉ VER EN LOS ALREDEDORES

Las placas conmemorativas de los perros del V&A ⑦

En el muro del precioso jardín de John Madjeski, dentro del Victoria & Albert Museum, hay dos placas insólitas incrustadas en memoria de dos "perros fieles" llamados Jim y Tycho. Jim era el amado yorkshire terrier de sir Henry Cole, el primer director del museo. Cole y Jim eran inseparables, y el perro era parte del mobiliario de la institución, por decirlo de alguna manera. El 11 de enero de 1874, Cole escribió en su diario: "En el museo con Jim, que ha ladrado como de costumbre". Tycho –cuyo nombre procede tal vez de la palabra griega que significa "afortunado"– pertenecía al hijo de Cole, Alan.

EL CEMENTERIO DE ANIMALES DE HYDE PARK

Un cementerio para animales

Victoria Gate, Hyde Park, W2
Horario: únicamente con cita previa durante el horario de oficina.
Llame una semana antes a la comisaría de Hyde Park,
al 03000612000 o enviar un correo electrónico a hyde@royalparks.gsi.gov.uk, para
reservar la visita
Entrada gratuita
Metro Lancaster Gate o autobuses 10, 70 ó 94

Los perros y los ingleses siempre han sido compañeros inseparables. Durante la época victoriana, la alta sociedad estaba tan unida a sus mascotas que los enterraba en cementerios especialmente reservados para ellas. Apenas visibles tras las rejas de Hyde Park, en la esquina de Bayswater Road con Victoria Gate, varias centenas de tumbas minúsculas recubiertas de moho atestiguan esta morbosa tradición.

La apertura de este cementerio de animales se remonta a 1880. Su fundador, Jorge, duque de Cambridge, se saltó las convenciones reales desposando a Louisa Fairbrother, una actriz. Cuando murió Prince, el perro preferido de la actriz, el duque, jefe de los guardas forestales de Hyde Park por aquel entonces, le pidió a Mr. Windbridge, uno de los guardas, que enterrara dignamente a la pobre criatura en el jardín que estaba detrás de su casa. En 1915 había tal cantidad de tumbas en el jardín de Mr. Windbridge que tuvieron que cerrar el cementerio. Se enterró a más de 300 animales: perros, gatos, aves y hasta un mono. Ahogados, envenenados o atropellados, Flo, Carlo y Yum Yum reposan bajo lápidas cuyos epitafios pueden llegar a ser conmovedores o cursis. Se puede leer desde citas de la Biblia hasta versos pareados de Shakespeare, pasando por dedicatorias más personales: "A la memoria de mi querida Emma, fiel y única compañera de una vida desarraigada y sombría". Algunos perros distinguidos han sido enterrados en ataúdes hechos a su medida. Se dice que una dama enterró a su perro de raza Pomerania en un ataúd con cerrojo, y que llevó las llaves colgadas al cuello hasta que también ella fue trasladada al cementerio. Esta necrópolis para animales recibió su último huésped canino -también llamado Prince- en 1967, año en el que se concedió un permiso excepcional a los Royal Marines para enterrar a su vieja mascota, de 11 años de edad, en la parcela sur del cementerio.

QUÉ VER EN LOS ALREDEDORES
Cita en el 23 y 24 de Leinster Gardens... ⑨

Cuando se prolongó la primera línea de metro de Londres hacia el oeste, algunas casas tuvieron que ser demolidas. Los propietarios de los números 23 y 24 de Leinster Gardens, en el distrito de Bayswater, tuvieron que vender sus residencias privadas de cinco plantas, pero los vecinos pidieron que se reconstruyeran las fachadas para guardar las apariencias. A primera vista, estas falsas fachadas se confunden perfectamente con las reales, pero al acercarse resulta evidente que sus 18 ventanas están tapadas con pintura gris. Aunque ninguna tiene buzón, la dirección debe ser muy conocida entre los estafadores. En los años 1930, algunos invitados desprevenidos se presentaron vestidos con ropa de gala en el 23 Leinster Gardens donde se suponía que se celebraba un baile de beneficencia. Nunca les devolverían el dinero.

EL CONVENTO DE TYBURN

Una existencia enclaustrada

8-12 Hyde Park Place, W1
Tel.: 0207 723 7262 - www.tyburnconvent.org.uk
Horario: todos los días. Visitas guiadas de 40 minutos a las 10.30 h, 15.30 h y 17.30 h
Entrada gratuita
Metro Marble Arch

L as majestuosas residencias privadas de Bayswater Road dan sobre Hyde Park, pero los habitantes de los números 8 a 12 sólo pueden

disfrutar de estas verdes vistas en la distancia. Se trata del convento de casi una docena de monjas de clausura benedictinas, que velan por turnos, las 24 horas del día, en la capilla de la planta baja. Estas benedictinas pasan la mayor parte del tiempo en silencio, pero cantan misa siete veces al día, un canto maravillosamente etéreo que resuena en la capilla hasta la cúpula. Los fieles las pueden oír, pero no ver, pues el altar está escondido tras una verja metálica.

El convento de Tyburn fue fundado en 1901 para conmemorar a los 105 católicos que fueron ahorcados en Tyburn Tree durante la Reforma (1535-1681). Se puede ver la tumba de estos mártires católicos en la cripta, así como horribles reliquias, osamentas, cabelleras y trajes ensangrentados. Se hace una visita guiada tres veces al día. Encima del altar hay una réplica de la horca, situada antaño no lejos de aquí, en el lado este, en el emplazamiento del actual terraplén que está en medio del cruce de Bayswater Road y de Edgware Road. Una pequeña placa circular incrustada en los adoquines indica el lugar exacto donde unas 50 000 personas fueron ejecutadas entre 1198 y 1783. Los ahorcamientos tenían tal éxito que los días de ejecución eran declarados como festivos. Sin embargo, los residentes de alto copete de Mayfair no apreciaban que se celebrara este espectáculo bárbaro ante sus puertas, y obligaron a las autoridades a trasladar la horca a la prisión de Newgate en 1783.

La casa más pequeña de Londres

Esta "casa", que hoy en día forma parte del convento de Tyburn, mide 106 centímetros de ancho. La planta baja está ocupada únicamente por un pasillo y la primera planta no tiene más que un estrecho cuarto de baño. El edificio data de 1805 y probablemente fue construido para bloquear el pasaje que conducía al cementerio de St George, donde los cirujanos anatomistas solían robar los cadáveres.

QUÉ VER EN LOS ALREDEDORES
Los cuartos de vigilancia de Marble Arch ⑪

Construida en 1828 por John Nash, Marble Arch fue en su origen una monumental puerta de entrada del Buckingham Palace. Hasta hoy, solo los miembros de la familia real y sus guardias pueden cruzar este arco central. En cualquier caso, desde que lo trasladaron en 1851, Marble Arch ha quedado aislado en el cruce de Oxford Street, Park Lane y Edgware Road, tanto así que solo los peatones temerarios lo franquean. Según la leyenda, hay tres pequeños cuartos de vigilancia escondidos, que los servicios de vigilancia de la policía utilizaron hasta la década de 1950.

EL DOMINGO DEL JINETE

Bendiciones ecuestres

St John's Hyde Park, Hyde Park Crescent, W2
Tel.: 0207 262 1732
www.stjohns-hydepark.com/whats-on/horsemans50?rq=horsemans
Horario: el penúltimo domingo de septiembre, a mediodía
Metro Marble Arch o Paddington

El penúltimo domingo de septiembre, a mediodía, el elegante Connaught Village celebra un curioso ritual que se remonta a 1968, cuando estuvieron a punto de cerrar los establos vecinos.

Los habitantes del barrio se reúnen delante de la iglesia gótica de St John, en la encantadora calle bordeada de plátanos Hyde Park Crescent, para atiborrarse de pollo tandoori gratuito, mientras los niños, con la

cara cubierta de pintura, hacen crujir las hojas muertas que cubren el suelo. Parece una fiesta de pueblo: hay una tómbola y tartas caseras, y como ruido de fondo se escucha siempre el ritmo sincopado de una orquesta de jazz.

Pero cuando la misa dominical llega a su fin, de repente surge el pastor a caballo, con una capa verde esmeralda y un bicornio, encabezando una organizada procesión de un centenar de caballos: rechonchos ponis de las islas Shetland montados por pequeños jinetes, lustrosos sementales y elegantes rubias con ridículas gafas de sol y pantalones de montar pegados a sus muslos. También se puede ver un carruaje con los colores de

Harrods, cuyos cocheros, rígidos como estacas, visten la librea verde que caracteriza a la famosa tienda. Un semental impaciente despide un torrente de orina, aterrorizando a los bebés y entusiasmando a los adolescentes.

El reverendo Stephen Mason expresa su gratitud a "todos los animales, sin los cuales nuestra vida y el mundo serían menos agradables". El coro, acompañado por algún espectador enardecido, entona himnos. Prepárese, pues habrá algo de proselitismo, pero a la inglesa, con mucho tacto. El pastor, además, cita a John Wayne: "El coraje es poder subirse a la silla cuando se está muerto de pánico".

¿De dónde viene el nombre de Rotten Row?

Después de trasladar su corte a Whitehall en Kensington Palace, el rey Guillermo III descubrió que el trayecto de regreso al palacio de St James cruzando Hyde Park estaba lleno de ladrones y atracadores. Así pues, en 1690, mandó que instalasen trescientas farolas de aceite –la primera calle de Gran Bretaña en tener iluminación artificial– a lo largo de la Route du Roi (ruta del rey), que los ingleses no tardaron en pronunciar Rotten Row, que significa "camino podrido". Por este camino desfilaban los reyes y cortesanos del siglo XIX vestidos con sus elegantes ropas. Hyde Park sigue teniendo ocho kilómetros de caminos de herradura. El centro hípico de Ross Nye Stables (8 Bathurst Mews; Tel.: 0207 262 3791; www.rossnyestables.co.uk) y el de Hyde Park Park (63 Bathurst Mews; Tel.: 0207 723 28 13; www.hydeparkstables.com) proponen rutas a caballo por estos caminos.

Los mews

Estos callejones adoquinados, hoy en día muy apreciados por sus pintorescas casitas, albergaban varias caballerizas londinenses, en los tiempos en que el coche de caballos era el medio de transporte más común, tanto para las damas como para los caballeros. En 1900 había 300 000 caballos de trabajo en Londres. Hoy en día, detrás de las pintorescas puertas de estos lujosos mews, duermen Jaguars y Bentleys. Las caballerizas más suntuosas, aún en actividad, pertenecen a la Reina.

Diseñadas por John Nash y ubicadas al fondo de los Royal Mews, detrás del Buckingham Palace, albergan la carroza de gala (*Gold State Coach*), recubierta de cuatro toneladas de metales preciosos. La reina Victoria se negaba a usarla, al parecer, porque sus movimientos eran bruscos y le resultaban muy desagradables.

ALEXANDER FLEMING LABORATORY MUSEUM

Microbios mohosos

St Mary's Hospital, Praed Street, W2
Tel.: 0207 886 6528
Horario: de lunes a jueves de 10.00 a 13.00 h, o con cita previa de lunes a
jueves de 14.00 a 17.00 h y los viernes de 10.00 a 17.00 h
Metro o estación Paddington

Sobre la fachada del hospital St Mary, una placa azul informa a los peatones de que Sir Alexander Fleming (1881-1955) descubrió la penicilina en un laboratorio ubicado dos plantas más arriba. Son pocos los visitantes que se aventuran por este pequeño museo, al que se accede por una pequeña entrada situada del lado de Norfolk Place.

En 1881, año en que nació Fleming, aún no existían los antibióticos. Las infecciones menores eran con frecuencia mortales, y una cuarta parte de los pacientes hospitalizados moría de gangrena después de ser intervenidos quirúrgicamente. En 1900, Fleming fue destinado al servicio de vacunaciones del hospital Saint Mary, y allí permaneció hasta su muerte en 1955.

El minúsculo laboratorio donde Fleming trabajó de 1919 a 1933 (fecha en la que transformaron el laboratorio en una habitación para estudiantes de obstetricia) ha sido minuciosamente reconstruido.

Un día de 1922 en el que Fleming, a pesar de sufrir un terrible resfriado, estaba como siempre inclinado sobre un cultivo rebosante de bacterias, una pequeña flema cayó en la solución. Fue así como descubrió las propiedades antisépticas de la mucosidad, la saliva y las lágrimas.

En septiembre de 1928, el azar le permitió hacer otro descubrimiento que cambiaría el curso de la historia. Al observar que uno de sus cultivos estaba cubierto de moho proveniente de un laboratorio de la planta baja, Fleming lo analizó y constató que tenía propiedades medicinales. Así fue como inventó la penicilina. "El moho sólo podía provenir de la atmósfera cerrada de ese laboratorio polvoriento, debido a que en un ambiente más higiénico no habría crecido", asegura Kevin Brown, el conservador del museo.

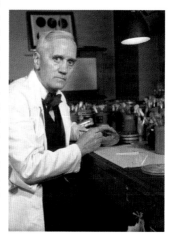

La tumba de Alexander Fleming, en la catedral de St Paul, está decorada con el cardo escocés y la flor de lis, símbolo de St Mery.

THE HANDLEBAR CLUB

"Reunir a los hombres con bigote por el placer de disfrutar y de celebrarlo"

*Los miembros se reúnen a las 20.00 h el primer viernes de mes en el pub
Windsor Castle, Crawford Place, W1
www.handlebarclub.co.uk
Metro Edgware Road*

Basta con investigar un poco para descubrir que Londres está repleto de estrafalarios clubs, desde el Club de los veteranos de la bicicleta hasta el Club de los viajeros en el tiempo, pasando por el recién renovado Club de los excéntricos. Sin embargo, el más curioso de todos es sin duda el Club de los bigotes estilo Dalí (*Handlebar Moustache Club of Great Britain*) fundado en 1947 por Jimmy Edwards, un conocido humorista de la posguerra.

El *Handlebar Club* empezó con diez miembros. Hoy cuenta con una centena procedentes de las cuatro esquinas del planeta. La finalidad del club ha sido siempre la de "reunir a los hombres con bigote por el placer de disfrutar y de celebrarlo". Sólo hay que cumplir con un requisito para unirse al club: los aspirantes tienen que tener "el labio superior cubierto por un apéndice peludo cuyas extremidades se deben poder sujetar con los dedos". Las barbas no están permitidas. Otro requisito fundamental: "ser capaz de beber gran cantidad de cerveza" en la cita mensual de Windsor Castle, un pub cercano a Edgware Road. Michael Tierney, el dueño, tiene un impresionante bigote y evidentemente es miembro del club.

A estas reuniones suelen asistir una docena de miembros, a los cuales es imposible no reconocer. La mayoría lleva el "escudo de armas del club": una corbata de seda marrón, decorada con bigotes blancos a modo de emblema. Frondosos, enredados, engominados o rizados, sus bigotes son claramente "sujetables". Estos fanáticos declarados de las vellosidades faciales se tronchan de la risa y compiten por sus mostachos, lo cual suele ir acompañado de frecuentes brindis a la salud del último pelo del bigote (*"To the last whisker!"*). De vez en cuando se embarcan en aventuras caritativas, como contar cuántos bigotudos caben en un Mini Austin. Tenga cuidado: según las normas del club, el que permita que sus patillas se junten con su bigote será condenado a pagar una multa.

MARYLEBONE CRICKET CLUB MUSEUM

El museo deportivo más antiguo del mundo

Lord's, St John's Wood Road, NW8
Tel.: 0207 616 8595
www.lords.org
Horario: visitas guiadas a las 10.00 h, 12.00 h y 14.00 h todos los días, excepto si hay partido
Metro St John's Wood

Aunque el críquet ha adquirido de alguna manera la fama de ser un "deporte de caballeros", al menos para quienes no lo practican en absoluto, los primeros aficionados eran todos unos apostadores compulsivos. En el siglo XIX, antes del encuentro, se preparaba el terreno de juego metiendo ovejas para que comieran la hierba. Hay una lista de espera de dieciocho años para ser miembro del Marylebone Cricket Club (MCC). Estos son algunos de los hechos sorprendentes que descubrirá si visita el terreno de críquet de Lords, sin duda el más famoso del mundo. En cualquier caso, el más antiguo; un vinatero llamado Thomas Lord lo fundó en 1814 sobre un antiguo estanque de patos. La visita guiada comienza por la MCC Memorial Gallery, el museo deportivo más antiguo del mundo. Entre los bates firmados, las olorosas botas y las amarillentas fotos que recorren 400 años de la historia del críquet, hay algunas curiosidades, como un gorrión disecado que fue "bowled out" (abatido de un pelotazo) por Jehangir Khan en 1936. El objeto más preciado del museo es probablemente un pequeño bote de perfume del período victoriano, donde se guardan las famosas "Ashes". Estas "cenizas" hacen referencia a la primera derrota en casa que sufrió Inglaterra contra Australia, el 29 de agosto de 1882. Al día siguiente, el Sporting Times publicó una noticia necrológica dedicada a la muerte del críquet inglés, que concluía con estas palabras: "El cuerpo será incinerado y las cenizas esparcidas en Australia". Cuando el equipo de Inglaterra volvió a Australia unas semanas más tarde, el capitán Ivo Bligh juró regresar a Inglaterra con las "Ashes". El equipo de Bligh derrotó a los australianos, y Florence Morphy, la futura esposa del capitán, le regaló esta pequeña urna para que recordara su victoria. Cuando falleció, en 1927, Bligh donó sus cenizas al MCC, donde siguen expuestas hasta el día de hoy.

Los visitantes también pueden echar un vistazo rápido a las salas del siglo XIX, reservadas a los 22 000 miembros del MCC. Cuando se juega un partido, al menos 200 personalidades se reúnen en el elegante Long Room, cuyas paredes están repletas de escaparates con fotos y pinturas de los más famosos "cricketers" (jugadores de críquet).

El asiento reservado a la reina está en el Committee Room, una sala donde se siguen debatiendo las reglas internacionales del críquet, aunque los mejores sitios son sin duda los del Media Centre, una elegante cabina blanca que sobresale por encima de la pista a 15 metros de altura.

El público "más educado de la temporada"

El tradicional encuentro anual entre los estudiantes de Eton y de Harrown se remonta a 1805. El público es el "más educado de la temporada", según el guía del MCC.

REFUGIOS PARA TAXISTAS

Refugios protegidos donde se puede comprar comida para llevar

13 ubicaciones en total: Chelsea Embankment (cerca de Albert Bridge) SW3; Embankment Place, Charing Cross WC2; Grosvenor Gardens, Victoria SW1; Hanover Square, Mayfair W1; Kensington Park Road, Notting Hill W11; Kensington Road (lado norte), South Kensington W8; Pont Street, Belgravia SW1; Russell Square (esquina oeste), Bloomsbury WC1; St George's Square, Pimlico; Temple Place, Victoria Embankment WC2; Thurloe Place, South Kensington SW7; Clifton Gardens, Maida Vale W9; Wellington Place, St John's Wood NW8

En junio de 1654 Oliver Cromwell fundó, mediante un acta, la Sociedad de Coches de Caballos de Londres (London Hackney Carriage Industry). Los famosos taxis negros, sus orgullosos descendientes, son uno de los pocos medios de transporte agradables de Londres: tienen casi el suficiente sitio para que uno se tumbe a lo largo, con las manos cruzadas detrás de la nuca mientras ve pasar la ciudad a través de la ventana. Los taxistas londinenses no son menos sorprendentes si tenemos en cuenta de que están obligados a pasar, desde 1865, un examen de conocimiento (The Knowledge) para obtener la licencia. Este examen les obliga a saberse todas las calles en un radio de nueve kilómetros alrededor de la estación de Charing Cross (el centro oficial de Londres). A veces necesitan tres años para aprobarlo. Si se fija, verá futuros taxistas estudiando el Knowledge en cada esquina: cualquier persona que recorra la ciudad en moto con una tablilla con sujetapapeles y un mapa sobre el manillar suele ser un potencial taxista que revisa sus itinerarios antes del examen, el cual implica que sea capaz de indicar sin errores el camino a tomar entre dos puntos que el tribunal de examen elige al azar. A sabiendas de que originariamente los taxistas tenían prohibido bajarse de su vehículo una vez éste aparcado, el conde de Shaftesbury decidió fundar una institución benéfica especialmente encargada de construir y mantener refugios (cab shelters) que proporcionaran a los taxistas "comidas sanas y consistentes a precios razonables". Desde entonces, sembraron la capital de refugios de madera verdes, pero como estaban situados en la vía pública, no podían sobrepasar las medidas de un coche de caballos.

Los filántropos que tuvieron la idea de crear estos cab shelters eran benefactores típicos de la época victoriana: como estaba estrictamente prohibido jugar con dinero, beber y decir palabrotas, estos refugios tenían sobre todo como objetivo evitar que los taxistas pudieran verse tentados de frecuentar los pubs.

Originalmente, existían 61 refugios pero en la actualidad sólo quedan 13. Ahora los taxistas ya pueden salir de su vehículo. Estos últimos refugios, la mayoría de ellos ubicados en los barrios más elegantes de Londres, son edificios protegidos en la actualidad. Menos mal que son aún numerosos los taxistas que se reúnen en estos refugios para almorzar. Los asientos están reservados únicamente para ellos pero se puede comprar comida para llevar – sándwiches de beicon, salsas inglesas, té, café, etc. – en la ventanilla de la cocina.

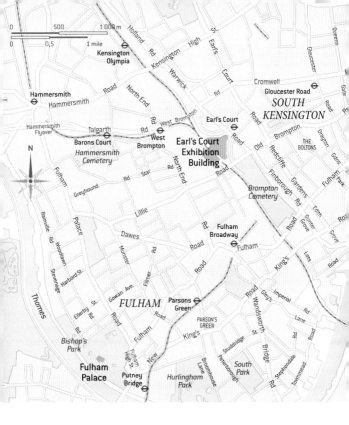

De Westminster a Hammersmith

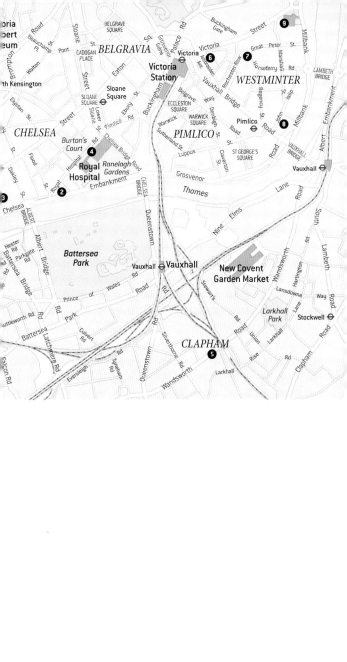

CEMENTERIO MORAVO DE FETTER LANE

Los humildes restos de una comunidad religiosa

381 King's Road, Chelsea
Tel.: 0208 8831833
www.moravian.org.uk
Horario: Abierto en distintos horarios. Llame a la iglesia para informarse mejor
Entrada gratuita
Metro Sloan Square y después el autobús 11, 19, 22, 319

El cementerio de la iglesia evangélica morava se oculta detrás de las lujosas tiendas de King's Road, al otro lado de una alta pared de ladrillos. Esta capilla solitaria, que en realidad parece una casa de campo "trasplantada" en el corazón de Chelsea, fue fundada en 1742. El jardín alberga varias tumbas del siglo XVIII, señaladas por sencillas losas blancas. Según la tradición morava, los hombres y las mujeres debían de ser enterrados por separado, a cada lado del cementerio, en sepulturas muy discretas. Originarios de Bohemia y de Moravia (la actual República Checa), los moravos empezaron a establecerse en Gran Bretaña en 1730. En 1750, el conde Zinzendorf, un aristócrata inmensamente rico que dirigía la comunidad morava, compró Lindsey House, una importante propiedad de Chelsea construida por Thomas More, para acoger a los misioneros y a los moravos que huían de las persecuciones. Tras una suntuosa remodelación, Lindsey House fue la sede internacional de la iglesia morava durante dos años. Pero la comunidad no se integró completamente en Londres. Tras la muerte del conde Zinzendorf en 1760, los moravos vendieron gran parte de sus tierras. Lindsey House pertenece hoy en día a un particular y no se puede visitar más que los fines de semana de puertas abiertas.

Algunos de sus murales permanecen aún intactos. La capilla de Fetter Lane estaba originalmente al lado de la catedral de St Paul, pero quedó destruida por los bombardeos en la II Guerra Mundial y la congregación permaneció sin sede hasta la década de 1960. Finalmente se reubicó en King's Road, en el lado norte del cementerio, en una parte de las tierras que pertenecían a Thomas More.

No queda gran cosa de la extensa propiedad de Thomas More a la orilla del río, salvo los muros de ladrillo de estilo Tudor que rodean el cementerio moravo. Desde entonces, Roman Ambramovich y Mick Jagger vivieron en Lindsey House (hoy en el nº 100 de Cheyne Walk). Dicen que esta casa georgiana está decorada con murales religiosos realizados por los moravos. Los jardines (rediseñados por Edwin Lutyens) pertenecen ahora al National Trust y se pueden visitar los fines de semana de Puertas Abiertas.

Un león en el cementerio

Durante la década de 1960, el cementerio moravo fue el patio de recreo de Christian, un león domesticado que pertenecía a John Rendall, un anticuario australiano que lo compró, siendo aún cachorro, de manera ilícita en Harrods. (de hecho, la tienda de muebles de Rendall, en King's Road, tenía un nombre muy apropiado: Sophistocat). Finalmente, devolvieron al león a África para reintegrarlo en la sabana.

CHELSEA PHYSIC GARDEN

Un microclima insospechado

66 Royal Hospital Road, SW3
Tel.: 0207 352 5646
www.chelseaphysicgarden.co.uk
Horario: el jardín, el café y la tienda abren los martes, viernes y domingos de
11.00 a 18.00 h. El jardín solo abre el lunes de 10.00 a 17.00 h
Entrada: consultar la página web
Metro Sloane Square o Victoria y después el autobús 239

El encantador Chelsea Physic Garden alberga cerca de 5 000 especies de plantas provenientes de todas partes del mundo. La colección fue creada en 1673 por la Sociedad de Boticarios, con el propósito de estudiar las propiedades medicinales de las plantas. En 1712, el Dr. Hans Sloane, un médico adinerado, adquirió el dominio señorial de Chelsea. Diez años más tarde, arrendó a perpetuidad cerca de dos hectáreas de terreno a los boticarios por 5 £ al año: un negocio muy ventajoso, incluso para aquella época. En un escaparate se puede leer la finalidad del jardín: permitir que "los aprendices, o semejantes, aprendan a distinguir, de la mejor manera posible, las plantas medicinales y útiles de aquellas que se les parecen pero que son venenosas". Situado en el muelle del Támesis, el jardín se beneficia de un microclima especial que permite a las plantas exóticas sobrevivir al riguroso invierno británico. También hay un cálido invernadero que facilita el crecimiento de las plantas tropicales. Con el paso del tiempo, los experimentos botánicos de los boticarios permitieron desarrollar la industria del algodón en América y el comercio del té en la India. Dado el interés del siglo XXI por la medicina natural, los sectores médicos y farmacéuticos del Garden of the World (Jardín del Mundo) se anticiparon a su época. No deje de visitar el extraño jardín con el estanque de piedra, una parte del cual fue construida con lava de Islandia y fragmentos de la Torre de Londres. El café es famoso por sus pasteles caseros.

Sloane, el inventor del chocolate con leche

El Dr. Hans Sloane, que ha dado su nombre a la plaza Sloane Square, fue el inventor del chocolate con leche. Después de ver que los indígenas de Jamaica bebían el cacao mezclado con agua, tuvo la idea de mejorar la receta sustituyendo el agua por leche. De regreso a Inglaterra, vendió su fórmula como medicamento, hasta que los hermanos Cadbury la desarrollaron por su cuenta y comenzaron a vender cajas de chocolate en polvo.

QUÉ VER EN LOS ALREDEDORES
La casa de Thomas Carlyle ③

Cheyne Walk es una de las calles más exclusivas de Londres y supuestamente la que tiene el mayor número de placas azules (señal de que una persona importante ha vivido en una de estas casas). Recientemente, esta distinguida calle se ha convertido en un refugio para las estrellas del rock como Mick Jagger, Keith Richards, Kylie Minogue y Bob Geldof. La única casa abierta al público en esta calle es la del escritor victoriano Thomas Carlyle, en el n°24. Dickens, Tennyson y Browning frecuentaban asiduamente este santuario literario, que se conserva en su estado original y con todo su mobiliario, desde 1895.

ROYAL HOSPITAL

*Una residencia de jubilados diseñada
por Christopher Wren*

*Royal Hospital Road, Chelsea, SW3
Tel.: 0207 881 5200 - www.chelsea-pensioners.co.uk
Horario: el museo abre de lunes a viernes de 10.00 a 16.00 h salvo los días festivos.
Visitas guiadas: lunes, miércoles y viernes a las 10.00 h. Jueves a las 13.30 h
(mínimo 10 personas). Hay que reservar las visitas con 4 semanas de antelación*

Aunque el alquiler de un pequeño apartamento en Chelsea's Royal Hospital Road cuesta como mínimo 500 £ a la semana, los 300 veteranos del Ejército que tienen la oportunidad de vivir en el Royal Hospital Chelsea no pagan más que el montante de su magra pensión. También tienen derecho a una litera de 3 m^2 diseñada por Christopher Wren, a tres comidas diarias, a acceder a un club, a una biblioteca, a una sala de billar, a campos de césped donde pueden jugar a la petanca o al croquet y a 33 hectáreas de jardines al borde del Támesis. Lo único que se les pide a cambio es que vistan sus extravagantes uniformes: chaquetas rojas y tricornios para las ocasiones especiales, y elegantes chaquetas de la marina para el día a día...

Este hospicio barroco de ladrillos rojos fue construido en 1682 por orden del rey Carlos II para acoger a los veteranos inválidos. Si nos remontamos al siglo XVII, época en la que los reclutas se incorporaban a los 11 ó 12 años de edad, sólo uno de diez pensionistas sabía leer y escribir. Hoy en día, estos encantadores ancianos de espíritu juvenil muestran encantados a los visitantes su pequeño museo, que cuenta e ilustra el pasado glorioso de Inglaterra a través de las pinturas, los objetos históricos y más de 2 000 medallas. Hay incluso una maqueta de un camarote de madera, igual de cómodo que el de un barco. Estos compartimentos, de apenas un metro cuadrado de superficie y sin ventanas, no tenían luz alguna, y mucho menos enchufes para los aparatos modernos.

Desde 2015, las viviendas de los veteranos de Chelsea han mejorado y tienen incluso un despacho privado y un baño con ducha. Por primera vez desde hace trescientos años y tras instalar baños privados, las mujeres son bienvenidas.

Los edificios residenciales del Royal Hospital forman tres impecables cuadriláteros. Los domingos por la mañana, a las 10.30 h, los jubilados desfilan en uniforme de gala en Figure Court. Aunque sólo una docena de ellos lo sigue haciendo con entusiasmo y energía. Preste atención y quizás pueda oír al maestro de ceremonias farfullar: "Shuffle about, boys!" ("¡Romper filas, chicos!"). También hay una enfermería en la que los enfermos disponen de habitaciones con cuarto de baño. Sólo tienen un pequeño defecto: estas habitaciones tienen vistas al cementerio, su última morada. Las comidas se sirven en el Great Hall: una sala grandiosa, con paredes revestidas de paneles de madera y decorada con banderas antiguas, retratos de la realeza e inscripciones que detallan todas las proezas militares acometidas por Gran Bretaña desde que se fundó este establecimiento. Cerca de la puerta hay una gran mesa sobre la que se expusieron los restos

mortales del duque de Wellington en 1852. Actualmente tiene dos "black jacks" de cinco galones (unos 22 litros) cada uno, dos enormes botellas de cuero que antiguamente estaban llenas de cerveza. Hoy en día los residentes se tienen que conformar con el té.

Los veteranos de Chelsea tienen que ser mayores de 65 años, tener un "good military character" (un buen carácter militar) y no tener a nadie a cargo. El hospicio está reservado a los hombres, aunque se prevé que se admitan mujeres, una vez acondicionados todos los edificios.

575 WANDSWORTH ROAD

Bricolaje de ensueño

575 Wandsworth Road, SW8 3JD Tel.: 0207 720 9459
www.nationaltrust.org.uk/575-wandsworth-road
Visitas guiadas para máximo seis personas de marzo a noviembre, los miércoles,
viernes, sábados y domingos
Para reservar, llamar al 0844 249 1895 o enviar un e-mail a
575wandsworthroad@nationaltrust.org.uk
Entrada de pago a la que se añaden los gastos de reserva. La entrada es gratuita
para los miembros del National Trust, pero también tienen que reservar una
plaza en la visita
London Overground o estación de tren de Wandsworth Road

L o primero es lo primero. Si desea visitar esta curiosa casa, se recomienda reservar, meses antes si es posible. El número de visitantes semanales está estrictamente limitado a 54, y para las visitas

guiadas, el grupo no puede superar las seis personas. Desde que abrió sus puertas en 2013, la casa de Khadambi Asalache, que ha heredado la National Trust, atrae a más visitantes de los que puede acoger.

Desde fuera, este edificio sin pretensiones no parece gran cosa. Cuando Khadambi Asalache, un poeta keniata exiliado, que también fue novelista y filósofo de las matemáticas, la compró en 1981, esta pequeña casa adosada estaba en mal estado. Asalache era arquitecto de formación, pero trabajaba en el Ministerio de Hacienda. Empezó tapando las manchas de humedad de las paredes y del suelo con paneles de madera. Y terminó adornando casi todas las paredes, los techos y las puertas de su casa con elegantes piezas de madera calada que talló a mano, con la ayuda de una cuchilla para yeso, en las puertas y tablas del suelo recuperadas de la basura. Este enfoque pragmático de su arte es característico de todo el proyecto, y el National Trust se ha preocupado de mantenerlo conservando el yeso usado en los techos así como las ventanas rotas y pegadas con cinta adhesiva del salón.

Asalache se dedicó el resto de sus días a construir este santuario privado. Empleó a un carpintero una sola vez, al que de hecho despidió por no estar satisfecho con su trabajo. Delicadas bailarinas, ángeles, jirafas y aves bailan sobre todas las superficies. Estas sorprendentes obras de madera calada se inspiran a la vez del arte morisco andaluz, de las puertas esculpidas de Lamu, en Kenia, de donde Asalache era oriundo, de los paneles interiores de Damas y de las celosías de las mansiones a orillas del Bósforo, en Estambul. Durante las obras de mantenimiento, se catalogaron más de 2 000 piezas de madera. Estas piezas se yuxtaponen a las decoraciones pintadas de las paredes, puertas y suelos, a los muebles esculpidos a mano y a colecciones cuidadosamente colocadas, como los tinteros de vidrio prensado, las postales y las cerámicas inglesas rosa y cobre del siglo XIX que pertenecían al poeta.

La cantidad de cosas que se amontonan en esta casa podría parecer abrumadora, pero en realidad el efecto es calmante. Como lo declaró el director del Sir John Soane's Museum, se trata de "una empresa extremadamente seria y cuidadosamente organizada para vencer

el *horror vacui* (el miedo al vacío)". Y funciona. De hecho, el interior del n° 575 de Wandsworth Road comparte su naturaleza compulsiva con el del Soane Museum. Hay muchísimas cosas que ver en un espacio tan pequeño. ¿La pieza maestra? Sin duda alguna la habitación principal, cuyos postigos están decorados con las iniciales de Khadambi y de su pareja, Susie Thomson, y la caseta esculpida del spaniel tibetano de Susie cerca de la cama.

EL CAMPANARIO DE LA CATEDRAL ⑥ DE WESTMINSTER

Sobre los tejados de Londres

Ambrosden Avenue, Victoria, SW1
Tel.: 0207 798 9055
www.westminstercathedral.org.uk
Horario: de abril a noviembre: todos los días de 9.30 a 12.30 h y de 13.00 a 17.00 h. De diciembre a marzo: de jueves a domingo de 9.00 a 17.00 h. Vísperas cantadas de lunes a viernes a las 17.00 h. Sábados a las 10.30 h y domingos a las 10.30 h y 15.30 h
Metro Victoria

Curiosamente, con sus cúpulas de cobre de estilo neobizantino y su campanario de ladrillo estriado de piedra de Portland, la catedral de Westminster destaca menos que la abadía de Westminster, a menos de un kilómetro de ahí, en Victoria Street. Antaño había en su lugar un mercado, una feria, un laberinto de callejuelas, una arena para peleas de gallos y de toros, y una cárcel para niños, antes de que la Iglesia católica comprase el terreno en 1884. La catedral, construida entre 1895 y 1903, no fue terminada por dentro. Sus ricos mármoles y mosaicos brillan en la penumbra. En la esquina noroeste, oculto tras la tienda de souvenirs, un ascensor le llevará en pocos segundos y mediante pago a la séptima planta de un campanario de 83 metros de alto. Antiguamente, los visitantes tenían que subir, uno a uno, los 375 escalones que llevaban a lo alto de la torre. Desde los cuatro lados del mirador, mire donde mire, es sorprendente comprobar cómo la cantidad de edificios modernos y oficinas han eclipsado a los grandes monumentos del antiguo Imperio. Si mira con atención, podrá ver la Union Jack (la bandera de Gran Bretaña) ondeando sobre el tejado de Buckingham Palace, la cúpula de St Paul y la alta y desguarnecida estructura del Crystal Palace. Las proporciones industriales de la BT Tower, de Canary Wharf y de la central eléctrica de Battersea no dejan indiferentes. No se asuste si Big Edward, una campana de 2,5 toneladas, bautizada así en honor a Eduardo el Confesor, empieza repentinamente a sonar. En 1929, cuando se instaló el ascensor, fue necesario trasladarla encima de la atalaya, lo cual explica que el sonido que produce resulte hoy un poco ahogado. Casi todas las tardes, un grupo de jóvenes pertenecientes al coro de la catedral de Westminster y cuya escuela se encuentra a pocos pasos de ahí, canta misa. Calcule la duración de su visita para que coincida con uno de estos conciertos gratuitos que se celebran en uno de los decorados más descuidados de Londres.

El vía crucis de Eric Gill

Eric Gill, escultor, grabador y creador de caracteres tipográficos, participó en la creación del tipo de letra del metro de Londres. Este prolífico artista también esculpió el colosal y controvertido viacrucis de la catedral de Westminster, cuya nave es la más ancha de Inglaterra. En muchos aspectos, este viacrucis desentona con las decoraciones bizantinas del edificio. La obra de Gill se caracteriza por las líneas muy sencillas, un estilo de figuración frío, casi despersonalizado, y sus obras en relieve son casi medievales dada su falta de contenido. La elección de este artista no es menos curiosa para este lugar sagrado. A pesar de haber sido un entusiasta convertido al catolicismo y de haber escrito mucho sobre los vínculos entre el arte y la religión, Gil abusó sexualmente de sus propios hijos, tuvo una relación incestuosa con su hermana y experiencias sexuales con su perro.

THE LONDON SCOTTISH REGIMENTAL MUSEUM

De las faldas escocesas al camuflaje

95 Horseferry Road, SW1
Tel.: 0207 630 1639
londonscottishregt.org
Horario: martes de 11.00 a 16.00 h. Miércoles y jueves mediante cita previa
(con el conservador del museo)
Entrada gratuita, aunque las donaciones son bienvenidas
Metro Pimlico

Detrás de la monótona fachada de la sede del Ejército de Reservistas (*Territorial Army*), una gran sala de armas ilustra la singular historia del regimiento escocés de Londres, un batallón de voluntarios constituido en 1859, que contó entre sus miembros con Sir Alexander Fleming, el escritor de viajes Eric Newby y el actor de cine Basil Rathbone.

La visita, que se reserva con cita previa, se realiza bajo la supervisión de un entusiasta archivero que no dudará en amonestarle si demuestra tener lagunas en historia militar. Aunque algunos acrónimos del Ejército pueden resultar enigmáticos para los inexpertos, hay que ser de piedra para no conmoverse con los homenajes a los cientos de soldados sin formación que murieron durante la Guerra de África del Sur (1900-1902) y las dos guerras mundiales.

Cerca de los balcones de la planta superior se expone toda una variedad de medallas, ametralladoras, gaitas, uniformes y fotografías de "soldados viejos" que iban a la guerra vestidos con faldas escocesas y calzando polainas cortas. Se conserva incluso la capota gris del teniente coronel Lord Elcho, que al parecer fue la primera forma de camuflaje. Cansado de oír cómo se peleaban los soldados de distintos clanes por el color de sus faldas, Elcho decretó que el regimiento llevarían una paño basto típico de Escocia, el *Hodden Grey*.

Las tardes de los martes, entre las 19.00 h y las 21.00 h, esta magnífica sala se convierte en un campo de entrenamiento, espectáculo al que valdría la pena asistir si las visitas estuvieran permitidas.

QUÉ VER EN LOS ALREDEDORES
El contrafuerte y el túnel de Millbank ⑧

Enfrente de la Tate Britain hay un pequeño bolardo, en apariencia anodino, con una placa que recuerda la existencia de la prisión de Millbank. Aquí, los presos se escapaban de la prisión por los pasajes subterráneos. Se ha conservado una sección del túnel en los sótanos de Morpeth Arms, un pub vecino originalmente destinado para los guardias de la prisión, en el que se dice ronda el fantasma de un antiguo preso. Millbank, la primera penitenciaría de Gran Bretaña, fue una prisión panóptica -construida de tal manera que se puede ver todo el interior del edificio desde un mismo punto- en forma de pentágono, un dispositivo revolucionario que el novelista Henry James juzgó como "un acto de violencia mucho peor que todos aquellos a los que esta construcción estaba destinada a castigar". Fue en este emplazamiento donde se construyó la Tate Gallery en 1897.

EFIGIES FUNERARIAS DE LA ABADÍA DE WESTMINSTER

Cejas de perros y loros disecados

Westminster Abbey, SW1
Tel.: 02072225152
www.westminster-abbey.org
Horario: de lunes a sábado según los servicios religiosos. Domingos y
festividades religiosas, la abadía abre para el culto y la entrada es gratuita
Entrada: consultar la página web
Metro Westminster o Saint Jame's Park

L as tumbas y los monumentos de la abadía de Westminster conferen a este santuario el ambiente de una casa de culto reservada al Establishment. Pero lo peor es que en él fguren personalidades que dieron un nuevo esplendor a Inglaterra. Al poeta Percy Bysshe Shelley, quien fue abiertamente antisistema y está enterrado en Roma, se le honra en el "rincón de los poetas", justo enfrente del vizconde Castlereagh, del otro

lado del transepto (vizconde sobre quien Shelley escribió: "He conocido el Asesinato en el camino – Su rostro se parecía al de Castlereagh"). Hay un pequeño grupo incongruente de estatuas políticas cerca de la entrada norte; el hecho de haberlo incluido aquí constituye el summum de la ambición para los "grandes" que trabajan al otro lado de la calle, en el Parlamento. La abadía es un Royal Peculiar, es decir, una iglesia que depende directamente del monarca británico, en vez de depender de la diócesis de un obispo. Por lo tanto es sorprendente que la Corona no haga un esfuerzo para abaratar el exorbitante precio que se paga para visitar la abadía. O tal vez no sea tan sorprendente.

Si es capaz de digerir los elevados precios de la entrada y armarse de valor para abrirse camino entre los grupos guiados, entonces el Museo de la Cripta merece realmente una visita ya que alberga una de las colecciones más curiosas de Londres: una colección de efigies funerarias de la realeza. Tradicionalmente, hasta la Edad Media, se embalsamaban a los monarcas británicos y se les mostraba de cuerpo presente durante un tiempo. Después se reemplazaba el cadáver del difunto por una réplica de madera, que se vestía de pies a cabeza con el vestuario real y se colocaba en la parte de arriba de la carroza fúnebre para efectuar su último viaje. Dado que las vestimentas tenían que encajar perfectamente con las efigies, lo más probable es que el parecido fuera bastante fiel. Todos son sorprendentemente chiquititos, incluso el grueso Enrique VIII parece diminuto. Eduardo III tiene una extraña mirada maliciosa que recuerda la apoplejía que sufrió al final de su vida. Aparentemente, sus cejas están hechas con pelo de perro. La colección también incluye las efigies de Eduardo III, Enrique VII, Isabel I, Carlos II, Guillermo III, María II de Inglaterra y Ana Estuardo. A estas efigies de cera se añadieron la de Nelson, la de William Pitt y las de otros muchos soldados que desde hace un tiempo se conocen como el Regimiento de los Andrajosos (Ragged Regiment), debido a su decrepitud.

Observe de cerca a Frances, duquesa de Richmond y Lennox: sujeta en su mano lo que podría ser el pájaro disecado más antiguo del mundo, un loro gris de África que murió en 1702. Samuel Pepys escribió en su diario que Frances era la mujer más hermosa que había visto jamás. Lamentablemente, quedó desfigurada a causa de la viruela en 1668.

El triforio de la abadía de Westminster

En 2018, y tras 700 años cerrado, el triforio de la abadía de Westminster abrirá por primera vez sus puertas al público. Con unas vertiginosas vistas de la iglesia, veintiún metros más abajo, esta galería expondrá reliquias que permanecieron ocultas durante siglos en el desordenado ático de la abadía.

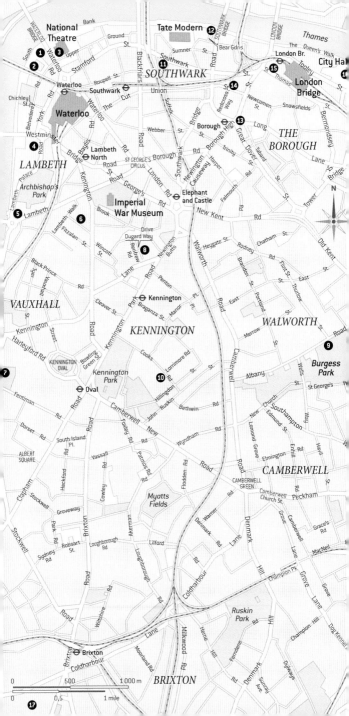

De South Bank a Brixton

LA MEDIATECA DEL BRITISH FILM ① INSTITUTE

Una gramola cinematográfica en la orilla sur

South Bank
Tel.: 02079283232
whatson.bfi.org.uk/Online
Horario: de martes a sábado de 12.00 a 20.00 h. Domingo de 12.30 a 20.00 h
Entrada gratuita
Metro Waterloo o Embankment

Oculta detrás del café y de los cines del antiguo National Film Theatre, la Mediateca del BFI (British Film Institute) pasa desapercibida para la mayoría de los visitantes.

Fue el arquitecto David Adjaye quien diseñó esta elegante sala de proyección en acero, en la que, sin coste alguno, 14 pantallas planas están a disposición de todos los que deseen consultar los archivos digitales del BFI: más de 230 000 películas, centenas de horas de grabación y 675 000 emisiones televisivas. Hasta hace poco, esta prodigiosa documentación no podía verse más que con una solicitud previa, o durante las proyecciones especiales. A medida que los archivos se van digitalizando, se añaden nuevos documentos que enriquecen la mediateca cada mes.

La colección, que incluye desde las películas propagandísticas de la I Guerra Mundial hasta los inicios de la pornografía (Strip! Strip! Hooray!!!, 1932), ofrece una ecléctica visión de conjunto de la historia de Gran Bretaña, a través de filmaciones que cubren más de un siglo. La categoría "Essentially British" aborda el sesenta aniversario de la reina Victoria, en 1897; la manifestación de los sufragistas en Trafalgar Square, en 1913; el Tea Making Tips, de 1941, e incluso los incidentes de Carnaby Street en los años 60. London Calling le permitirá descubrir los encantos ocultos de la capital y el esplendor de una época pasada. En The London Nobody Knows, que data de 1967, James Mason acompaña a los espectadores por los lugares más esotéricos de la ciudad, la mayoría de los cuales ya no existen. Uno de los documentos más importantes para muchos espectadores británicos sigue siendo la final de la copa del mundo de fútbol de 1966.

Para acceder a la mediateca basta con reservar un espacio por dos horas. Podrá quedarse más tiempo si no hay gente esperando, aunque es raro encontrar muchedumbres impacientándose frente a las pantallas.

QUÉ VER EN LOS ALREDEDORES

Poetry Library ②

Nivel 5, Royal Festival Hall
Tel.: 0207 921 0943
www.poetrylibrary.org.uk
Horario: de martes a domingo de 11.00 a 20.00 h. Entrada gratuita

Esta magnífica biblioteca, aunque subestimada, posee el catálogo más completo de poesía moderna de Gran Bretaña, con más de 95 000 volúmenes, revistas, carteles y postales. Vale la pena consultar las grabaciones de los poetas recitando sus propios versos.

VISITAS GUIADAS A LOS BASTIDORES DEL NATIONAL THEATRE

Preestreno

Upper Ground, South Bank, SE1 9PX
www.nationaltheatre.org.uk
Tel.: 0207 452 3400
Visitas guiadas de 75 minutos varias veces al día, de lunes a sábado.
Reserva en internet o por e-mail a tours@nationaltheatre.org.uk
Entrada: consultar la web para conocer las tarifas
Metro Waterloo o Embankment

El Teatro Nacional de Gran Bretaña, situado en la orilla sur del Támesis, es un mastodonte modernista, cuadrado y de poca altura que abrió sus puertas en 1976 (la Compañía de Teatro Nacional estaba antes cerca del Old Vic, no muy lejos de aquí). Diseñada por el arquitecto Denys Lasdun (que nunca había construido un teatro antes), esta sala de espectáculos es tan querida como odiada por los londinenses. Lasdun se las ingenió para integrar el diseño horizontal del teatro en el Waterloo Bridge, encastrando una de las terrazas en el propio puente, creando así la impresión de que los teatros del West End y este monumento están unidos, más allá del río, por un cordón umbilical.

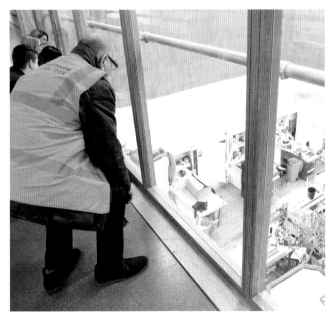

El National Theatre produce cada año hasta veinticinco espectáculos nuevos en sus tres escenarios, que siempre atraen a multitud de espectadores. Pero pocos son los que disfrutan de las visitas que se organizan varias veces al día a los bastidores. Los guías meten a los visitantes a toda prisa detrás de los escenarios y sus explicaciones a veces se ven ahogadas por las pruebas de sonido que realizan los ingenieros de sonido para las representaciones de la tarde. En el laberinto de pasillos y estudios situados tras bastidores, se puede ver cómo trabajan los carpinteros o los retratistas, cómo terminan de pintar el decorado histórico que se va a usar en un próximo espectáculo, o bien ver los hojaldres de goma creados por los atrecistas, o ver incluso la orquesta afinando los instrumentos.

Algunos accesorios del escenario que estaban a la vanguardia de la tecnología en 1976, son hoy obsoletos. En el Lyttleton Theatre, son 75 técnicos, y no un ordenador, los que siguen manejando el tradicional torreón de tramoya, que se usa para mover los decorados, las luces y los micrófonos. Pero el accesorio escénico más extraordinario sigue profundamente enterrado en los sótanos del Olivier Theatre. Con sus cinco niveles y sus 150 toneladas de peso, este enorme "tambor giratorio" permite que los suntuosos decorados surjan de las entrañas del teatro en los momentos dramáticos.

Sherling High-Level Walkway

No hace falta apuntarse a una visita guiada o comprar una entrada para echar un vistazo a los bastidores. Encima del Dorfman Theatre, el Sherling High-Level Walkway, una pasarela en altura, pasa por encima de los talleres donde se fabrican el atrezo y los decorados. Una exposición permanente, creada por la decoradora teatral Vicki Mortimer, enseña el proceso de creación de una escenografía, desde la maqueta hasta el izado del telón. (Abierto de lunes a sábado de 9.30 a 19.30 h).

Alquiler de trajes del National Theatre

Chichester House, Kennington Park Business Estate, 1-3 Brixton Road, SW9 6DE

Este enorme tesoro de trajes y accesorios de antiguas producciones está oculto en un almacén de Brixton. En el National Theatre Costume Hire, se pueden probar los corsés o las cotas de malla en todas las tallas y alquilar un vestido de gala o una sotana de obispo para bodas y fiestas de gala.

FLORENCE NIGHTINGALE MUSEUM ④

A la que nació para cuidar de los enfermos

St Thomas' Hospital
2 Lambeth Palace Road, SE1 7EW
Tel.: 0207 188 4400 - www.florence-nightingale.co.uk
Horario: todos los días de 10.00 a 17.00 h (último acceso a las 16.30 h)
Entrada: consultar la página web
Metro Westminster o Lambeth North, metro y tren en la estación de Waterloo

El aparcamiento de un hospital no es el sitio donde uno espera encontrar un museo, aunque se trate de un museo dedicado a la medicina. Y sin embargo es ahí donde está este museo dedicado a Florence

Nightingale, la rebelde distinguida que inventó la profesión de enfermera.

"No hay nada más tiránico que una buena familia inglesa", declaró un día con tono sarcástico. La suya era acomodada pero progresista: su abuelo hizo campaña para abolir la esclavitud y su padre enseñó a sus dos hijas matemáticas, filosofía y ciencias naturales, temas estrictamente reservados a los chicos en aquel entonces. A los Nightingale les gustaba mucho viajar; su luna de miel duró tanto que tuvieron dos hijas (en Nápoles y en Florencia) antes de regresar a Inglaterra.

Todo lo que se esperaba de la piadosa y erudita Florence era ante todo que se casara y tuviera hijos. No estaba contemplado que trabajara, pero su ambición era ser enfermera. Sus padres estaban consternados. En la época victoriana, las enfermeras eran consideradas personas malditas, depravadas y alcohólicas. Los hospitales eran lugares inmundos y peligrosos, reservados a los pobres; los ricos eran atendidos en sus domicilios, en privado. Florence no se dejó disuadir y se alistó en la guerra de Crimea a los 34 años de edad, sin haber recibido ninguna formación y con muy poca experiencia. Pasó dos años cuidando de los enfermos en el hospital militar de Scutari, en Turquía, donde tuvo que lidiar con ratas, piojos, cucarachas y la ausencia de alcantarillado. En Gran Bretaña, los periódicos popularizaron la imagen de la "dama de la lámpara" que hacía la ronda por las salas de hospital.

Aunque Florence detestaba el espejismo de la celebridad, su famosa linterna es la joya del Florence Nightingale Museum. Mal iluminado y con una curiosa disposición, con vitrinas circulares cubiertas de hierba falsa o envueltas en vendas, este pequeño museo está lleno de objetos apasionantes, como los registros personales de Florence, escritos de su puño y letra, antiguos instrumentos médicos y folletos con títulos del tipo: *Cómo vivir en la India y no morir.*

El objeto más curioso es la lechuza disecada de Florence, Athena, a la que rescató cuando visitaba el Partenón. Athena siempre estaba posada en el hombro de Florence, cuando no se metía en su bolsillo, equipado con una bolsa a medida para recoger el guano. Cuando esta lechuza de mal carácter murió, Florence escribió: "Pobre animalito, es curioso que te haya querido tanto".

Tras haber contraído la "fiebre de Crimea", Florence tuvo problemas de salud hasta que murió a los 90 años. Incapacitada para ejercer como enfermera, se dedicó a la reforma sanitaria y fundó la primera escuela profesional de enfermeras en Saint Thomas's Hospital, haciendo campaña para mejorar la ventilación en los hospitales, las instalaciones médicas y la dietética, y luchando por los derechos de las comadronas. Nunca se casó, e incluso rechazó varios pretendientes, entre los cuales un tal Richard Monckton Milnes, el primer biógrafo de Keats, un admirador del marqués de Sade, que tenía una amplia biblioteca de literatura erótica.

GARDEN MUSEUM

Admire el curioso enderezador de pepinos...

Lambeth Palace Road, SE1
Tel.: 0207 401 8865 - www.gardenmuseum.org.uk
Entrada: consultar la página web
Metro Westminster o Lambeth North

El Garden Musem (Museo del Jardín), sin duda uno de los museos mejor situados de Londres, acaba de ser totalmente reestructurado. Se encuentra en el interior de la antigua iglesia de St Mary-at-Lambeth.

La iglesia, por su parte, está en el corazón de Lambeth Palace, residencia del archiduque de Canterbury desde 1200. Enfrente de Whitehall y de Westminster, sobre la otra orilla del Támesis, Lambeth Palace conforma el triángulo de las sedes donde tradicionalmente se establece el poder británico. La jardinería es uno de los vicios más característicos de los británicos, de modo que es lógico que el primer museo del mundo sobre este tema esté en Londres. Y también que buena parte de los visitantes puedan ser fácilmente confundidos con espantapájaros…

El museo fue creado por John y Rosemary Nicholson, después de que se descubriera en el cementerio la tumba de los jardineros reales del siglo XVII, John Tradescant (padre e hijo). La reforma, que incluye la ampliación de un entresuelo dentro de la iglesia, permite exponer una parte aún mayor de esta amplia colección, y sobre todo algunas maravillas como un "enderezador de pepinos" y una selección de enanos de jardín. El café, uno de los mejores de todos los museos de Londres, también ha sido reformado. Gran parte de esta vasta colección permanece aún en los depósitos. El resto está organizada en tres grandes categorías: herramientas, documentación y biblioteca. La parte dedicada a la documentación es la más interesante: hay estampas, fotografías, facturas y catálogos. La colección de herramientas dispone, igualmente, de piezas curiosas, como un "enderezador de pepinos" y una colección de enanos de jardín.

A pesar de sus pequeñas dimensiones, el magnífico parque del museo incluye un jardín con decoraciones entrelazadas estilo siglo XVII. Estas composiciones geométricas, cuidadas al extremo, estaban generalmente delimitadas por pequeños setos. También se pueden ver algunas tumbas importantes en el cementerio, como la de "Breadfruit" Bligh, el tiránico capitán que promovió el motín a bordo del Bounty.

A la izquierda del portal de la iglesia, una placa recuerda a Brian Turbeville, un caballero que legó 100 £ a St Mary-at-Lambeth para que cada año dos niños sin recursos pudieran ser educados, con la condición de que la iglesia mantuviera el edificio en buen estado. El museo organiza de vez en cuando conciertos y conferencias. La educación está llamada a adquirir un papel cada vez más importante en el seno de esta institución. Infórmese sobre las charlas y los coloquios nocturnos.

Lambeth Palace Garden

Aunque en 1901 fue dividido en dos para crear el vecino parque del archiduque, el jardín de Lambeth Palace sigue siendo el segundo jardín más grande de Londres, después del jardín de Buckingham Palace. Lambeth Palace está abierto al público durante la fiesta anual de la parroquia y durante los días de puertas abiertas. Para más información consulte la web del arzobispo de Canterbury (www.archbishopofcanterbury.org).

ROOTS & SHOOTS

Un jardín comunitario

Walnut Tree Walk, SE11 6DN
Tel.: 0207 587 1131 - www.rootsandshoots.org.uk
Horario: de lunes a viernes de 10.00 a 16.00 h y con motivo de algunas
jornadas de puertas abiertas. Para más información consulte la web
Entrada gratuita
Metro Kennington, Lamberth North o Elephant & Castle

A pesar de que las torres de viviendas están proliferando, algunos enclaves de Londres han logrado conservar su ambiente de pueblo. Es el caso del barrio de Kennington. Diputados y espías merodean por sus bellos jardines cuadrados mientras que los proletarios, apiñados los unos encima de los otros, conviven en complejos de viviendas sociales.

Debido a su proximidad a Westminster, Kennington fue ocupado durante la Segunda Guerra Mundial. Algunas parcelas vacías fueron requisadas por la protección civil, incluido este lugar, donde unos ingenieros construyeron partes de aviones de combate y de vehículos militares. A partir de los años 1980, el lugar se convirtió progresivamente en un basurero, donde solo había un lilo blanco y tres edificios abandonados. *Roots and Shoots* (raíces y brotes), un organismo ecológico de beneficencia, se interpuso y empezaron a cavar. Este terreno abandonado se ha ido transformando en un refugio para jóvenes que batallan con la educación tradicional. Allí pasan un año aprendiendo horticultura, arte floral, apicultura y otros conocimientos básicos para prepararse para el mercado laboral.

Con su microclima comparable al de Cornualles, este jardín escondido de media hectárea es un auténtico santuario para zorros, ranas y tritones, veinticinco especies de abejas y numerosas aves migratorias. Un lugar mágico, abierto al público en horas de oficina, e ideal para perder a sus hijos, o perderse usted, durante unas horas.

QUÉ VER EN LOS ALREDEDORES
El pueblo miniatura de Vauxhall Park ⑦
Vauxhall Park, Off Fentiman Road, SW8 1PU

Como la mayoría de la zona aledaña actual, Vauxhall Park formó parte de la especulación inmobiliaria en 1886. Gracias a los esfuerzos de activistas locales, el terreno se ha conservado como un jardín público. En un rincón de este oasis victoriano, seis casas minúsculas y bajas en un falso estilo Tudor se alzan entre los parterres de flores. De menos de un metro de altura, parecen moradas de elfos o una aldea de pitufos. De hecho, Edgar Wilson, un ingeniero jubilado originario de West Norwood, construyó estas pequeñas viviendas en 1949. Situadas originalmente en Brockwell Park, donde todavía está el resto del pueblo en miniatura, fueron trasladas a Vauxhall Park en los años 1950. Nobby Clark, un vecino, restauró en 2001 estas casitas hechas de plomo y cemento pintado a mano. Cerca de allí, un reloj solar a escala humana se oculta en un jardín de lavanda. Sitúese sobre la inscripción de la piedra plana que indica el mes en curso y su sombra le dirá qué hora es, siempre y cuando haya sol. El huerto comunitario posee uno de los pocos manzanos de Vauxhall.

EL MUSEO DEL CINE Y
LOS ARCHIVOS DE RONALD GRANT

Al reino de las estrellas...

The Master's House, 2 Dugard Way, SE11
Tel.: 0207 840 2200
www.cinemamuseum.org.uk
Horario: con cita previa
Entrada gratuita
Metro Kennington

El Cinema Museum es una de las colecciones más importantes de imágenes y objetos relacionados con el mundo del séptimo arte. Está ubicado en el sitio más apropiado, al fondo de un callejón de Kennington, en el antiguo correccional de Lambeth donde un niño de 9 años llamado Charlie Chaplin y su hermano Sidney fueron "reeducados" en 1896.

Hoy en día el lugar está lleno de proyectores manuales, carteles de cine art déco, programas de la época, montones de revistas que se remontan hasta 1911, y cerca de cinco kilómetros de cintas cinematográficas.

Es a Ronald Grant, un septuagenario con espíritu joven aunque reservado y con un gran conocimiento enciclopédico de la historia del cine, a quien debemos esta fabulosa colección, fruto de una pasión que se remonta a su juventud, cuando trabajaba como asistente en un cine del distrito de Aberdeen. Desde entonces, Grant ha reunido más de un millón de imágenes, carteles y fotografías, los más antiguos datan de 1895, el año en que los hermanos Lumière proyectaron las primeras "noticias" en París. Es ésta colosal antología de clichés y retratos de estrellas lo que permite que el museo se mantenga a flote, ya que la mayoría de las imágenes están alquiladas a los medios. Todos los archivos están clasificados por temas.

La mayor parte de la colección son objetos que recuerdan los inicios del cine: especialmente partituras de la música de las películas mudas, con las palabras de las canciones que se proyectaban sobre la pantalla para que el público pudiera cantar mientras el pianista tocaba en el descanso. También hay una máquina de billetes de 1917, que distribuía fichas de metal cuyo tamaño dependía de la tarifa para que los acomodadores pudieran notar la diferencia en la oscuridad. Estos mismos acomodadores utilizaban vaporizadores de esencias florales "con el fin de camuflar el olor a cigarrillo y el de miles de impermeables húmedos el sábado noche".

Aunque algunas salas de cine estaban lujosamente decoradas, no por ello el público era menos escandaloso. Un viejo letrero advertía a los espectadores: *"No shouting or whistling allowed – applaud with hands only. In the interests of public safety please do not spit.* * *"*.

El Cinema Museum ha pasado por una situación económica complicada, y le sigue costando mantener su local de Dugard Way. Para conseguir fondos organizan con regularidad festivales nocturnos y charlas en una sala de proyección con butacas de época y señales luminosas. Todo lo recaudado sirve para financiar y conservar este glorioso anacronismo. Una velada diferente por una buena causa.

---

* *"Está prohibido gritar o silbar. Aplauda sólo con las manos. En beneficio de la seguridad pública, por favor no escupa".*

CHUMLEIGH GARDENS

Sin patrañas

Burgess Park, al lado de Albany Road, Camberwell, SE5
Tel.: 0207 525 1054 (parque) y 0207 525 1070 (café)
www.bridgetonowhere.friendsofburgesspark.org.uk
Horario: todos los días de 9.30 a 17.00 h
Entrada gratuita
Metro Elephant & Castle y después el autobús P3, 12, 42, 63, 68, 171 ó 343

Burgess Park es una larga extensión de céspedes esplendorosos, ubicada no muy lejos de los solares de Camberwell's Walworth Road.

En el corazón del parque hay un complejo de hospicios, el primer asilo construido por la Female Friendly Society en 1821 (hay una copia de su consagración en el edificio central). Gestionada "exclusivamente por amor, por bondad y sin patrañas", esta organización facilitaba alojamientos sociales a las mujeres solteras que estaban "desprovistas de los recursos, de los consejos y del apoyo de un marido", a condición de que fuesen "de buen carácter y devotas".

Oculto detrás de un complejo, en forma de L, de hospicios cubiertos de hiedra, hay un encantador "jardín multicultural" que rinde homenaje a las minorías étnicas del distrito. Este pequeño jardín cerrado, rodeado de setos, proporciona un microclima favorable para el desarrollo de una gran variedad de hierbas aromáticas, plantas de flor y árboles frutales provenientes de Oriente, África, el Caribe, Australia y los países mediterráneos.

En el centro, cual perla en un joyero, se ha diseñado un jardín islámico alrededor de un estanque de baldosas azules, en medio del cual una palmera despliega sus hojas plácidamente.

Los Chumleigh Gardens también albergan los talleres del proyecto "Art in the park", por lo que se puede encontrar casualmente con escultores trabajando in situ. Es un lugar tranquilo y sin pretensiones, donde reina un auténtico sentimiento de comunidad: un lugar ideal para sentarse mientras sus hijos corren directamente hacia las plantas venenosas. La Policía Metropolitana ha financiado las verjas del Heart Garden, del que se ocupan los jubilados convalecientes o en tratamiento médico. Cuando termine la visita, tómese un té en Parklife Café, nada más salir de los jardines.

Hoy, el antiguo hospicio es la sede provisional del Cuming Museum, una colección excéntrica de objetos comunes y de reliquias antiguas, que quedó parcialmente destruida a causa de un incendio en su antigua sede en el ayuntamiento de Walworth en 2013. Debería abrir de nuevo sus puertas en 2019.

QUÉ VER EN LOS ALREDEDORES
Figura n°3 Alargada en Dos Partes
(escultura de Henry Moore)

Brandon's Estate, Cooks Road, SE11

Sólo los incondicionales admiradores de Henry Moore se aventuran por los terrenos de Brandon, en Kennington, un lugar con altos índices de criminalidad. Con sus dieciocho plantas, este siniestro complejo residencial, que data de finales de 1950, es visible a muchos kilómetros de distancia. En la cima de una pequeña colina se levanta una escultura de Henry Moore, que los habitantes de Brandon Estate recibieron como homenaje en 1961. Los contornos de la escultura se han vuelto verdosos y hay un tímido graffiti en la base. Pero esta escultura, abandonada en un marco tan desconcertante e incluso un tanto siniestro, tiene un encanto especial, sobre todo al atardecer, cuando las luces comienzan a iluminar los edificios de los alrededores.

EL MUSEO DE LA MÁQUINA DE ENSAYOS MECÁNICOS DE KIRKALDY

Un rompebolas gigante

99 Southwark Street, SE1 0JF
www.testingmuseum.org.uk (no hay teléfono)
Abierto el primer domingo de mes, visitas guiadas el tercer domingo de mes
Entrada: consulte la web para conocer las tarifas
Metro Waterloo, Southwark, London Bridge o Borough; estaciones de tren de
Waterloo, London Bridge o Blackfriars

Esta pequeña joya, o no tan pequeña, de la ingeniería victoriana está ubicada entre los monolitos de vidrio modernos que hay alrededor de la Tate Modern. Inaugurada en 1874, la fábrica de ensayos y experimentos de Kirkaldy se construyó para albergar la monstruosa máquina de ensayos mecánicos de David Kirkaldy: un ariete hidráulico vertical de 116 toneladas, de más de 14 metros de altura y capaz de distender, aplastar,

doblar, torcer y curvar vigas metálicas hasta su punto de rotura, para calcular cuánta presión pueden soportar antes de romperse.

Una máquina que sirve para romper cosas no es nada del otro mundo para el visitante del siglo XXI, pero esta máquina era tecnología punta en la industria mecánica de la época victoriana. El siglo XIX conoció un auge en el uso del metal como material de construcción, pero los constructores no siempre estaban seguros de las capacidades de sus materiales. Uno de los ejemplos fue el derrumbamiento del puente ferroviario de Tay, en Escocia, solo diecinueve meses después de inaugurarse. Las vigas del puente fueron testadas a posteriori en la fábrica de Kirkaldy, tras ser retiradas del lecho del estuario de Tay. Por otra parte, se solían contratar demasiados ingenieros para construir edificios, puentes y barcos porque sus arquitectos temían un defecto de diseño.

Kirkaldy creó esta tecnología avanzada con la mayor exactitud posible. Su riguroso método ha quedado grabado en una inscripción situada encima del taller: "Hechos, no opiniones". Entre otros proyectos, se testó el acero del puente Eads del río Misisipi, una de las primeras construcciones de acero en el mundo, que se sigue usando hoy, y también se hicieron pruebas en los materiales de construcción de los puentes Blackfriars Bridge y Hammersmith Bridge en Londres. Al principio, la fábrica tenía un museo de trozos de acero rotos, centenares de muestras desmembradas. Hace tiempo que desaparecieron, pero el despacho de David Kiraldy sigue ahí, así como una colección de máquinas más pequeñas, como la bien llamada *Cement Dogbone Briquette Machine*, la "máquina de briquetas de cemento en forma de hueso para perros". En el sótano hay una máquina Denison para testar las cadenas, que se usaba para detectar los eslabones frágiles, y sin duda es mejor observarla a una distancia prudente.

Si hay suficientes visitantes, la visita guiada de las máquinas incluye una demostración de la gigantesca máquina de ensayos mecánicos. La tensión sube sorprendentemente rápido mientras la bestia se activa silbando. El demostrador desliza un lingote de acero en la boca del ariete hidráulico y sube poco a poco la potencia. A medida que la presión aumenta, el lingote se estira perceptiblemente. Justo antes de que se rompa produciendo un chasquido ensordecedor, pierde su capa de óxido y el verdadero metal aparece debajo. Este espectáculo merece por sí solo el precio de la entrada.

THE FERRYMAN'S SEAT

Una pequeña sede para una larga historia

Bear Gardens, Bankside, SE1
Metro London Bridge o Southwark

No muy lejos del célebre Globe Theatre de Shakespeare, en la pared de un restaurante griego, se ve un trozo de sílex encajado en la piedra. Según la placa que se acaba de colocar encima, se trataría del último asiento de los que utilizaban los barqueros de la orilla sur (South Bank).

Hasta 1750, el London Bridge era el único puente que atravesaba el Támesis desde el centro de Londres. Por eso los wherrymen (barqueros) transportaban a los pasajeros a la otra orilla en estrechas barcas llamadas wherries. En aquel entonces, South Bank estaba bordeado de piedras blancas donde los barqueros esperaban a que sus embarcaciones se llenaran con los escandalosos pasajeros que venían no sólo de los teatros Rose y Globe, sino también de las arenas donde habían asistido a combates de osos y de perros, e incluso de los burdeles (apodados maliciosamente stews -"estofados"- porque en ellos también había baños de vapor), orgullo de este sucio suburbio de Southwark. Los barqueros tenían que ser delgados porque el asiento era bastante estrecho. Además de carecer de cualquier comodidad, la zona no era muy agradable: los olores fétidos de las cañerías se mezclaban con la peste de las curtidurías cercanas.

Las peleas de osos: "un placer bestial y muy perverso"

La calle aún se llama Bear Gardens, como recuerdo del anfiteatro Davies, la última arena de Bankside destinada a las peleas de osos, prohibidas en 1642. Estos espectáculos sangrientos, muy apreciados en la época de los Tudor, gustaban tanto a los vagabundos como a los cortesanos.

Para Samuel Pepys, uno de los espectadores más asiduos de Bear Gardens, se trataba de "un placer bestial y muy perverso".

QUÉ VER EN LOS ALREDEDORES

The black-faced clock (el reloj de la cara negra)

Borough High Street, SE1. Enfrente del metro Borough
www.stgeorge-themartyr.co.uk

El último muro de la prisión de Marshalsea forma actualmente el límite norte del cementerio de St George the Martyr, donde Little Dorrit se casa al final de la novela epónima de Charles Dickens. En el interior de la iglesia, detrás del altar, en el lado este, hay una vidriera en la que Little Dorrit aparece rezando de rodillas. El campanario de St George tiene cuatro relojes, pero uno de ellos –enfrente de Bermondsey– es negro y de noche no se ilumina. Según la leyenda, se debe a que los feligreses victorianos de Bermondsey se negaron a contribuir financieramente en la instalación de este reloj.

EL OSARIO DE CROSSBONES

Un cementerio « para mujeres célibes »

Redcross Way, SE1
www.crossbones.org.uk - Entrada: el jardín abre todos los días de la semana de
12.00 a 15.00 h. Oficio de difuntos a las 19.00 h el 23 de cada mes. Consultar la
página web - Entrada grauita
Metro Borough

Este pequeño solar, que hoy en día sirve de cochera para los transportes públicos londinenses, oculta los cadáveres de más de 15 000 personas, aunque no hay nada que indique que están ahí ya que el lugar nunca

fue consagrado. Los archivos más antiguos hablan de un cementerio para "mujeres solteras" -en realidad prostitutas-, en el que después se empezó a enterrar a los pobres. Es verdad que las prostitutas trabajaban no muy lejos de aquí en los stews ("estofados"), los burdeles de un barrio apodado "the Liberty of the Clink" (literalmente: "la licencia del trullo"), en Southwark, al sur del London Bridge. Debido a que este suburbio estaba fuera de la jurisdicción del sheriff de Londres, los londinenses podían legalmente comportarse vilmente en el teatro, asistir a combates de osos y entregarse al libertinaje. En 1161, el obispo de Winchester autorizó la prostitución y los burdeles en el "Liberty". Durante 500 años su existencia fue permitida, hasta que Oliver Cromwell cerró el barrio. Las prostitutas del "Clink" eran apodadas las Winchester Geese ("las ocas de Winchester"), uno de los dudosos eufemismos que los londinenses utilizaban antes para referirse a ellas, además de trulls ("truchas"), buttered buns ("panecillos de mantequilla"), squirrels ("ardillas") y punchable nuns ("monjas sensibles"). Estas mujeres no tenían derecho a ser enterradas en Saint Saviour, la parroquia del barrio, pues sus pecados las condenaban a ser enterradas en suelo profano. Después de cerrar el "Liberty", Crossbones acogió los restos mortales de la gente sin recursos, pero en 1853 hubo que cerrar el cementerio por falta de espacio. Hoy en día el lugar es un poco lúgubre. Las verjas que están frente al pub Boot and Flogger, han sido transformadas en una especie de monumento conmemorativo: no sólo les han puesto cintas y otras bagatelas en memoria de los muertos. Cada día 23 de mes se celebra un oficio fúnebre para honrar a los excluidos, muertos o vivos. En 2014, los transportes públicos londinenses firmaron un contrato de alquiler temporal para que los Amigos del osario de Crossbones pudiesen crear un jardín en este lugar, y ahora el Crossbones Garden of Remembrance (jardín de la memoria), pequeño pero perfectamente diseñado, está abierto al público. Sin embargo, da la sensación que este lugar lucha por sobrevivir, sobre todo porque los promotores inmobiliarios no le sueltan ojo desde que el mercado inmobiliario londinense está en plena expansión.

> El Boot and Flogger es aparentemente el último bar de Inglaterra que no necesita licencia para vender alcohol, gracias a un permiso especial del rey Jaime I en 1611.

Ir al teatro en un pub

No queda gran cosa de "the Liberty of the Clink", sólo el nuevo Globe Theatre, que ha sido reconstruido siguiendo el diseño original. Éste no es, sin embargo, el único teatro a cielo abierto del distrito. También se montaban obras en el George Inn, un pub a pocos pasos de Borough High Street erigido sobre los tres costados de un patio, con largos balcones de doble gradería desde donde se podía ver perfectamente el espectáculo.

EL ANTIGUO ANFITEATRO DE DISECCIONES

Hasta 1847 se podía asistir a operaciones sin anestesia

9a St Thomas Street, SE1
Tel.: 0207 188 2679
Horario: de lunes a domingo de 10.30 a 17.00 h
Metro London Bridge

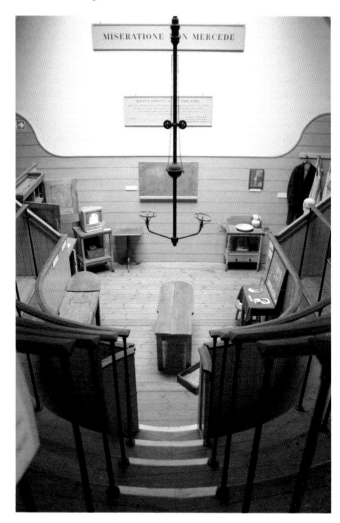

El antiguo anfiteatro de disección (Old Operating Theatre) fue descubierto por casualidad en 1957, sobre el emplazamiento original del St Thomas' Hospital, mientras se reparaban los aleros de la iglesia St Thomas, en Southwark. Éste es el anfiteatro de disecciones más antiguo que queda en Inglaterra. En el desván se guardaban las hierbas medicinales que usaba el boticario del hospital. En este lugar hay actualmente un museo, donde se puede ver una aterradora colección de instrumentos quirúrgicos rudimentarios, ventosas, bisturís o incluso trépanos, un utensilio que servía para practicar una abertura en el cráneo con el fin de "aliviar el dolor". Esta singular sala de operaciones fue construida en 1822, después de que en 1815 se promulgara una ley que obligaba a los aprendices de boticario a asistir a las operaciones en los hospitales públicos.

Antiguamente las operaciones se practicaban en la cama del paciente, en la misma sala del hospital. Un espectáculo -digno de un matadero- que debía de helar la sangre a más de uno, con toda esa sangre y todos esos gritos de dolor en un espacio tan estrecho. El anfiteatro de disecciones estaba anexado al servicio de intervenciones ginecológicas, de manera que los pacientes podían ser transportados directamente por un pasadizo (que hoy en día es una salida de emergencia). Los estudiantes se amontonaban en las tribunas para asistir a las operaciones. Hasta 1847, todas se practicaban sin anestesia. Los pacientes, que generalmente provenían de las clases más pobres de Londres, se sometían por voluntad propia a esta tortura debido a que era la única forma de obtener los cuidados que no podían costearse de otra forma. Los ricos, por su parte, se operaban en casa, en una relativa intimidad.

Operación a corazón abierto

El cirujano John Flint South describió el caos que reinaba durante las operaciones: "Los alumnos se colocaban detrás de un segundo tabique, apretados como sardinas en lata, pero incapaces de guardar silencio pues los del fondo no dejaban de empujar a los de delante, quienes a su vez peleaban sin cesar contra esta presión hasta el punto de quedar exhaustos. Y constantemente se oía gritar "Heads, Heads" ("Cabezas, Cabezas"), para que los alumnos que se encontraban más cerca de la mesa bajaran la cabeza y no taparan la vista".

Florence Nightingale fue la responsable directa del cierre del antiguo anfiteatro de disección. En 1859, creó su escuela de enfermería en St Thomas's Hospital, pero, siguiendo su consejo, en 1862 trasladaron la escuela a un nuevo lugar, enfrente del palacio de Westminster. Hay un pequeño museo dedicado a Florence Nightingale en St Thomas's Hospital (véase p. 238).

LONDON'S LIVING ROOM

Una soberbia esfera de cristal
para una administración transparente...

City Hall, The Queen's Walk, SE1
Tel.: 0207 983 4100 - www.londonslivingroom.co.uk
Horario: abierto un fin de semana al mes habitualmente.
Para mayor información consulte la página web
Acceso restringido a otras partes del ayuntamiento (City Hall) de lunes a
viernes de 8.00 a 20.00 h - Entrada gratuita
Metro Tower Bridge o London Bridge

Aunque se suele llamar cariñosamente el "testículo del alcalde", el Ayuntamiento de la ciudad, diseñado por Norman Foster e inaugurado en 2002, es realmente un edificio asombroso. ¿Y qué mejor símbolo de una administración transparente que esta esfera de cristal?

Con el fin de profundizar en la noción de política transparente, algunos fines de semana se permite el acceso a algunos de los sectores más secretos de esta importante institución londinense.

El vestíbulo de la recepción, detrás de la rampa de cristal, alberga un espacio de exposición. La especie de alfombra verde y gris que recubre el suelo es en realidad una vista aérea de todo Londres. Esta imagen de 16 x 10 m está compuesta por 200 000 fotografías tomadas desde cuatro aviones distintos a una altura de 1 800 m, que luego fueron impresas y unidas unas a otras sobre las baldosas. El conjunto representa más de 1 500 km^2 de superficie urbana. Es un mapa tan detallado que es posible identificar los principales monumentos e incluso algunas casas. Se necesitaron tres años para concluir este proyecto. Pero ahora se puede recorrer Londres de punta a punta en tan sólo unos pocos minutos.

El corazón del Ayuntamiento es una rampa en espiral de 500 metros de largo -una versión asimétrica de la rampa del museo Guggenheim de Nueva York- que permite subir a la novena planta y descubrir una vista panorámica de Londres.

En la segunda planta, la sala del concejo municipal, con su decoración gris y violeta y los 250 asientos reservados para el público que desee ver en directo cómo se administra la ciudad, da la extraña sensación de que uno flota sobre el Támesis.

La oficina del alcalde está en la octava planta y en la novena se encuentra el salón de Londres (London's living room), un marco espectacular para organizar ventas de caridad, inauguraciones y galas, con una vista panorámica de 360º sobre la capital. La vista es especialmente asombrosa cuando cae el sol y las luces de la ciudad empiezan a titilar.

El café que está en el sótano tiene vistas a The Scoop, un anfiteatro de piedra caliza gris situado más abajo donde en verano se proyectan películas y se celebran conciertos al aire libre.

El Ayuntamiento ha sido ingeniosamente diseñado para que consuma un 25% menos de energía que cualquier otro edifico de oficinas. Se recicla el calor producido por el sol y los ordenadores y un sistema hidráulico extrae directamente el agua necesaria de la capa freática de Londres para refrigerar el edificio.

BRIXTON WINDMILL

Unos vestigios del Londres campestre, cerca de una cárcel tristemente célebre

Una parcela de tierra en Blendheim Gardens, SW12
www.brixtonwindmill.org
Visita guiada de abril a octubre, normalmente el segundo fin de semana de mes y otras fechas. Consultar la página web
Metro Brixton y luego cualquier autobús que vaya a Brixton Hill

Antes de que la colina fuera urbanizada a mediados del siglo XIX, en 1816 se construyó un molino no muy lejos de una de las cárceles más espantosas de Londres, la cárcel de Brixton. Si bien el molino de viento, como tal, es puramente funcional, lo más sorprendente es que se alza en el corazón de una de las zonas más pobladas de la capital. Originariamente, era sólo un molino, entre otros muchos, en medio del campo. Se han detectado hasta doce emplazamientos en los alrededores y existen pruebas de que, en la Edad Media, ya se molía el grano. A medida que la ciudad iba creciendo a su alrededor, las construcciones de viviendas obstaculizaban el paso del viento lo que impedía que el molino pudiera funcionar. En la actualidad, cuesta imaginar Brixton como una superficie de tierras cultivadas, a pesar de que la literatura moderna cuenta con referencias agrícolas al sector: en la novela corta de Conan Doyle, El Carbunclo Azul, Sherlock Holmes sigue el rastro de un criminal hasta una granja de ocas situada en la colina de Brixton.

En 1862, los propietarios trasladaron el molino a Mitcham. Se utilizó como almacén hasta 1902, año en que lo equiparon con una máquina de vapor lo que permitió seguir moliendo el grano hasta 1934. En la actualidad se encuentra en el centro de un pequeño parque, no muy lejos de la calle principal de Brixton Hill. El visitante se va aventurando por las pequeñas calles residenciales y de repente, al girar en una esquina, aparece el molino. En la actualidad, Londres sigue extendiéndose hacia el sureste de Inglaterra -la aglomeración urbana tiene en la actualidad una superficie de 1 600 km^2- quedando así cada vez menos huellas del pasado agrícola de Londres.

La cárcel de Brixton se encuentra justo al otro lado del muro del recinto. Es la cárcel más antigua de Gran Bretaña (abrió sus blindadas puertas en 1820) y también una de las primeras donde, en 1821, se introdujo un régimen de disciplina. Originariamente fue una cárcel para mujeres, a continuación un penitenciario militar y finalmente un centro de detención provisional.

Si se encuentra cerca, aproveche para echar un vistazo al Windmill pub, no por su belleza (inexistente) sino por sus conciertos de rock alternativo. En efecto, desde hace tiempo, este pub es famoso por presentar grupos que están despuntando.

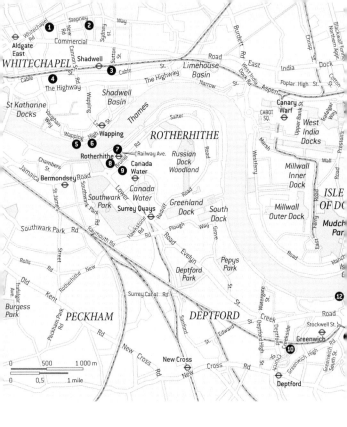

De Whitechapel a Woolwich

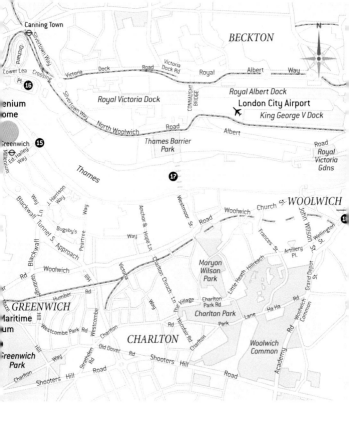

LA FUNDICIÓN DE CAMPANAS DE WHITECHAPEL

Los fabricantes más antiguos de Gran Bretaña

32-34 Whitechapel Road, E1
Tel.: 0207 247 2599 - www.whitechapelbellfoundry.co.uk
Tienda y museo abiertos de lunes a viernes de 9.00 a 16.15 h
Visitas guiadas algunos sábados a las 10.00 h y a las 13.15 h y 16.00 h (no
se admite a quienes lleguen tarde ni a los niños menores de 14 años). Es
aconsejable llegar un cuarto de hora antes del inicio de la visita. La reserva
anticipada es obligatoria. Hay lista de espera
Entrada: consultar la página web
Metro Whitechapel o Aldgate East

La fundición de campanas de Whitechapel (la fábrica más antigua de Gran Bretaña, en actividad ininterrumpida desde 1570) se encuentra, desde 1738, en el emplazamiento de un antiguo albergue, The Old Artichoke. Las habitaciones que dan a la calle evocan la atmósfera de un viejo pub, y las oficinas de la empresa ocupan la más hermosa de todas. Por razones de salud y seguridad (se trabaja con metal fundido), no se pueden visitar estos locales cuando la fábrica está en funcionamiento. Las visitas guiadas se realizan sólo algunos sábados, durante las cuales se puede ver la fundición tal y como la dejaron los obreros el viernes por la tarde. Por lo general, es el maestro fundidor quien acompaña a los visitantes, lo cual garantiza una detallada explicación de los secretos de la fabricación de campanas.

Una vez al mes, cuando la fragua funde campanas grandes (el resto del tiempo sólo se fabrican campanillas y carillones), el inquietante olor del metal ardiente se esparce por todo el edificio. En los días más calurosos de verano, los obreros abren de vez en cuando las contraventanas que dan a Plumbers Row, y se puede echar una ojeada al interior. En 1858 la fundición de Whitechapel fabricó la campana más grande y famosa, el Big Ben, que pesaba 13 toneladas y media antes de ser erguida.

QUÉ VER EN LOS ALREDEDORES

La exposición sobre el Hombre Elefante en el Royal Hospital Museum

Newark Street. Tel.: 0207 377 7608
bartshealth.nhs.uk/about-us/museums,-history-and-archives/the-royal-london-museum
Horario: de lunes a viernes de 10.00 a 16.30 h
Entrada gratuita

El Royal Hospital fue la última residencia de Joseph Merrick, "Hombre Elefante", que falleció aquí en 1890. En el hospital hay un pequeño museo con una exposición sobre Merrick, al igual que una sección dedicada a la medicina legal donde se pueden ver los documentos concernientes a Jack el Destripador, al Dr. Crippen y a los asesinatos de Agatha Christie.

LA PINTURA MURAL DE CABLE STREET

El arte de la resistencia

Cable Street E1, al norte del cementerio St George-in-the-East
Metro Shadwell o estación Shadwell de la DRL (Docklands Light Railway)

A primera vista, la hermosa composición mural de Cable Street recuerda la pintura social del gran artista mexicano Diego Rivera. El diseño conmemora la "Batalla de Cable Street" de 1936. Vestido con una chaqueta militar negra, pantalones de montar grises, botas, un sombrero negro con visera y un brazalete rojo, Oswald Mosley encabezó la marcha que la British Union of Fascists (BUF) (Unión Británica de Fascistas) se propuso realizar en el distrito de East End, donde se concentraba la comunidad judía de Londres. Habiéndose asegurado la protección de la policía, la BUF se sintió segura. Pero un numeroso grupo de antifascistas, judíos, irlandeses, socialistas y comunistas se reunió en el lugar como señal de protesta. Se montaron barricadas y se intercambiaron insultos, pero no hubo propiamente dicho una pelea callejera. La BUF tuvo que retirarse. Algunos argumentan que esta protesta fomentó el antisemitismo en el distrito. El llamado Pogromo de Mile End, en el que los judíos fueron agredidos y sus propiedades asaltadas, con más violencia aún, tuvo lugar una semana más tarde.

De aquello no queda más que este soberbio mural. La obra, que comenzó en 1976 y fue terminada, tras una larga batalla contra el vandalismo y las pintadas, en 1993, es el resultado de la colaboración de varios artistas locales. El dibujo es muy dinámico y trasmite con viveza el furor que puede surgir en medio de las grandes manifestaciones. La idea de torbellino que representa la hélice que gira, en la parte superior derecha del dibujo, se repite en otros remolinos y vórtices del mural: un hombre lanza panfletos al aire, hombres corpulentos se abalanzan sobre las barricadas y los caballos dan vueltas sobre sí en espacios reducidos. Un personaje en calzoncillos, que se parece a Hitler, es cómicamente arrastrado por los aires, alejándolo de la acción.

Otros murales en los alrededores de Londres

Entre todos los murales de la capital, Cable Street es sin duda el más político. Aunque el "Alba nuclear" de Coldharbour Lane, en Brixton, donde la imagen de la Muerte siembra bombas por el mundo, no se queda atrás. En Brixton abundan los trampantojos, por ejemplo los niños gigantes dibujados en la parte trasera de la Academia de Música (Stockwell Park Road), el mercado sobre uno de los muros de la estación, o los ríos -un tanto nostálgicos- que se ven en la esquina de Strathleven Road con Glenelg Road. Otra fantástica pintura mural se encuentra en el exterior de la estación de metro Stockwell. Es un retrato de la heroica Violette Szabo, miembro de la resistencia francesa, que se extiende a lo largo del ventilador de la boca del metro. En Soho descubrirá extraños árboles en el ángulo que forman Poland Street y Noel Street, y retratos de habitantes famosos del distrito en la esquina de Carnaby Street y Broadwick Street.

EL TEATRO DE VARIEDADES DE WILTON

El teatro de variedades más antiguo del mundo

1 Graces Alley, E1 8JB
Tel.: 0207 702 2789
https://wiltons.org.uk
Horarios: John Wilton Room, de lunes a viernes de 11.00 a 18.00 h
Mahogany Bar, de martes a sábado de 17.00 a 23.00 h
Cocktail Bar, de martes a sábado de 17.00 a 23.00 h
Auditorio: se accede solo comprando una entrada. Consulte la web para las visitas guiadas
Metro Tower Hill o estación de Shadwll para el DLR (Docklands Light Railway)

Poco queda de los teatros de variedades londinenses, y sin embargo ocuparon un lugar clave en la vida de muchas personas antes de la llegada de la televisión. En estas salas de espectáculos, muy populares desde

principios de la época victoriana hasta los años 1960, se ofrecían recitales de canciones populares, comedias y un completo repertorio de actuaciones y entretenimientos. La sala de John Wilton era una de las mejores.

Como muchos de los teatros de variedades del East End, el Wilton's Music Hall se concibió originalmente como una sala de conciertos. Estaba detrás de un *pub*, el Mahogany Bar. Wilton lo compró hacia 1850, amplió la sala de conciertos tres años después y la sustituyó por su Magnificent New Music Hall en 1859. Estaba decidido a llevar el prestigio, el bienestar y los espectáculos del West End a un público predominantemente obrero, así que invirtió una considerable suma de dinero para equipar la sala con una resplandeciente lámpara de araña dotada de 300 válvulas de gas y 27 000 cristales tallados que iluminaban una sala cubierta de espejos. También instaló los mejores aparatos de calefacción en aquella época, sistemas de iluminación y ventilación, e hizo todo lo posible para que la acústica de la sala fuese perfecta.

Algunas de las vedettes más importantes de la época actuaron aquí, como George Ware (autor de la famosa canción, The Boy I Love is Up in the Gallery), Arthur Lloyd y George Leybourne, más conocido como Champagne Charlie. Una parte del espectáculo de Leybourne consistía en vivir dentro y fuera del escenario la vida de una celebridad importante, lo que implicaba que bebiese champán a raudales que los vendedores de vino le daban gratuitamente para que de ese modo les hiciese publicidad. Leybourne murió de una enfermedad hepática a los 42 años de edad.

El teatro de variedades de Wilton solo duró treinta años. Un incendio lo destruyó en 1877. Tras reconstruirlo, se convirtió en una misión de la Iglesia metodista durante casi setenta años. Luego fue un almacén, y en los 1960 decidieron destruirlo dentro de un proyecto de supresión de barriadas. Se organizó una campaña para salvarlo, a la que se unieron celebridades como John Betjeman, Peter Sellers y Spike Milligan, y el edificio reabrió como sala de conciertos y de teatro en 1997. El lugar esta espléndidamente deteriorado y luce admirablemente sus cicatrices.

EXECUTION DOCK

Donde las horcas daban escalofríos

Wapping Old Stairs, cerca de Wapping High Street, E1W 2PN

Considerado como uno de los puertos más grandes del mundo, Londres era frecuentado por todo tipo de piratas. Si estos legendarios personajes no morían por muerte violenta o a causa de alguna enfermedad exótica (vómito negro, sarna, escorbuto o hepatitis), generalmente acababan en el Execution Dock.

Durante 400 años los piratas fueron ejecutados al borde del Támesis, en el distrito de Wapping, en un lugar suficientemente alejado de la orilla, más allá del nivel de la bajamar. Por lo general, los condenados eran ejecutados en público, tras ser trasladados de la prisión Marshalsea a la Torre de Londres, por el London Bridge. Estos ahorcamientos públicos tenían una particularidad: la cuerda era muy corta, para que las vértebras cervicales se quebraran con la caída y la víctima quedara "bailando" mientras se estrangulaba. Luego, se dejaba el cuerpo ahí hasta que tres mareas sucesivas lo cubrían. Los cadáveres de los piratas más famosos eran untados con alquitrán y colgados en jaulas a lo largo del estuario del Támesis. Así se intentaba persuadir a los otros marineros de mantener un comportamiento honrado. El capitán Kidd, que sirvió de inspiración para crear el personaje de Long John Silver en *La isla del tesoro*, terminó sus días así. George Davis y William Watts fueron los dos últimos piratas que murieron ahorcados en los muelles, el 16 de diciembre de 1830.

Ahora que la horca ya no existe, hay disputas sobre dónde se encontraba originalmente. Tres pubs de Wapping High Street reivindican el sitio para atraer clientes: el *Captain Kidd* y *The Prospect of Whitby* –el pub más viejo de Londres ubicado al borde del río y antiguamente llamado *Devil's Tavern*–, aunque parece más probable que las ejecuciones hayan tenido lugar detrás del pub *Town of Ramsgate*. Al tomar la callejuela al costado, baje por las escaleras de Wapping Old (Wapping Old Steps) y llegará al lecho del río (espere a que la marea esté baja).

Le encantará dar un paseo por la ribera del río; el río arrastra sin parar todo tipo de restos flotantes. Pero se necesita un permiso especial de las autoridades portuarias de Londres para excavar en el fango.

¿Es usted aficionado al "mudlarking"?

El *"mudlarking"* (viene de mudlark, el nombre de un pájaro, y literalmente significa "alondra del fango") es una actividad que consiste en recuperar objetos escondidos en la arena de las orillas del Támesis. La temporada de *mudlarking* se inicia con la apertura anual de la playa frente a la Torre de Londres, que además coincide con la semana nacional de la arqueología. Otra opción es ir a los muelles del Embankment o a las Pelican Stairs, en la orilla sur, donde el acceso es más fácil.

THAMES RIVER POLICE MUSEUM ⑥

Las primeras fuerzas policiales del mundo

El museo de la policía fluvial
Wapping Police Station, 98 Wapping High Street, E1W
Tel.: 0207 275 4421 - www.thamespolicemuseum.org.uk
Visita previa solicitud por escrito a la comisaría
Entrada gratuita
Estación Wapping por la DLR (Docklands Light Railway)

Fue en Londres donde se crearon las primeras fuerzas policiales del mundo. La policía del Támesis fue constituida en 1798 a petición del comité de comerciantes y de cultivadores de las Indias occidentales, con el fin de proteger sus cargamentos de los piratas.

En un principio, las fuerzas contaban con unos 50 miembros: barqueros que remaban los barcos, expertos que controlaban los cargamentos e inspectores que supervisaban el desembarco de los navíos. Armados con cuchillos, pistolas y porras, vigilaban a lo largo del Támesis a 33 000 obreros, de los cuales una tercera parte eran malhechores.

La policía fluvial fue incorporada a la policía metropolitana de Londres en 1839. Hoy en día se le conoce por el nombre de Marine Support Unit (Unidad de Apoyo Marino). Las embarcaciones de remos han sido sustituidas por lanchas motoras, y ahora los inspectores luchan más bien contra el terrorismo que contra la delincuencia. Un destacamento de 78 agentes continúa, sin embargo, operando desde la comisaría original, en Wapping High Street.

El hangar donde los barcos eran reparados fue habilitado como museo en 1974. Aquí los visitantes pueden disfrutar de los comentarios del conservador Robert Jeffries, un policía fluvial retirado y experto en la materia, que se ha convertido en el guía oficial de la City.

Las lanchas motoras empezaron a funcionar en 1878, después de la catástrofe del Princess Alice, en la que la colisión de dos barcos causó la muerte de 640 personas. El Támesis es en la actualidad uno de los ríos más limpios de Europa, pero en esa época la mayoría de los pasajeros murió por haber tragado aguas residuales. El pabellón del navío está expuesto en pedazos en el museo y fue un regalo del hijo del capitán, quien poco después se alistó en la policía fluvial.

Uno de los objetos más sorprendentes de la colección es un registro manuscrito del siglo XVIII, donde se describen los crímenes y las condenas de cada día. En la primera página de su cuaderno, del año 1894, el inspector relata el hallazgo de la cabeza de un bebé en el Támesis.

La mayoría de las faltas cometidas por los agentes de policía están ligadas al consumo de alcohol estando de servicio. Hay unos treinta *pubs* a orillas del río en Wapping, como el Turk's Head donde los condenados que iban a morir en la cercana orilla de las ejecuciones (Execution Dock, véase p. 266) podían disfrutar de su última cerveza.

¿De dónde viene el término "police station"?

El término *"police station"* se popularizó debido a que se anclaban ("on station") los barcos en diferentes lugares a lo largo del Támesis. La expresión *"on the beat"* ("a la patrulla") viene del golpeteo de los remos de los barcos de la policía.

THE BRUNEL MUSEUM

Visita nocturna en metro al túnel que pasa por debajo del Támesis

Railway Avenue, Rotherhithe, SE16
Tel.: 0207 231 3840 - www.brunel-museum.org.uk
Horario: todos los días de 10.00 a 17.00 h
www.brunel-museum.org.uk/visiting-us/exhibition
Metro Rotherhithe

I sambard Kingdom Brunel, a quien debemos el Saltash Bridge, el puente suspendido de Clifton, en Bristol, y el Great Western Railway, es una de

las leyendas más importantes de la ingeniería civil. El Brunel Museum, sin embargo, no está dedicado a él sino a su padre: Marc Isambard Brunel. Brunel padre nació en Normandía, y en un primer momento parecía estar destinado al sacerdocio, pero acabó ingresando en la escuela naval. En 1793 huyó de la Revolución Francesa y se embarcó hacia Estados Unidos, donde se convirtió en el ingeniero jefe de Nueva York. Después, en 1799, se instaló en Gran Bretaña con la esperanza de sacar provecho de las posibilidades que ofrecía la Revolución Industrial. Este museo fue diseñado en base a su más célebre creación: el túnel que pasa por debajo del Támesis.

La construcción de este túnel de 406 metros de largo empezó en 1825. 18 años más tarde, cuando finalmente concluyó la obra, fue proclamado como la octava maravilla del mundo. Su construcción fue, en efecto, prodigiosamente ingeniosa. Primero se construyó una torre de ladrillos, bajo la cual se excavó el suelo hasta hundirse sobre su propio peso, formando así un conducto. Isambard diseñó después un escudo de protección, que introdujo bajo la arcilla del río con el fin de reducir los riesgos de derrumbamiento. A pesar de la cena que se organizó para recolectar fondos, en la que la orquesta Coldstream Guards tocó bajo el Támesis aires patrióticos a un volumen tan alto que nadie podía hablar, el túnel solo ha sido usado por peatones. Aunque el túnel fue concebido originalmente para que circularan los coches de caballos, la compañía se quedó sin fondos y no pudo construir las rampas necesarias. Después de cosechar un gran éxito al principio, los londinenses perdieron interés por el túnel y se convirtió en uno de los lugares con peor reputación de Londres. Después fue habilitado para el uso del metro: la East London Line pasa por aquí todos los días para atravesar el Támesis.

El museo acoge una pequeña colección de artículos relacionados con el túnel y con Brunel. Con la entrada también se puede acceder al Grand Entrance Hall, que acaba de reabrir. El primer teatro subterráneo del mundo, donde acróbatas y equilibristas impresionaban antiguamente a los espectadores, también sirve hoy de sala de conciertos. El vestíbulo es sorprendente: tras pasar una puerta anodina desde fuera del museo, una gran sala se muestra al visitante. Si baja a la planta que está sobre la vía férrea podrá ver la huella de las escaleras originales. El museo también organiza visitas guiadas, incluidas excursiones en barco y en tren a los lugares donde hay obras de Brunel a lo largo del Támesis.

QUÉ VER EN LOS ALREDEDORES
El antiguo depósito de cadáveres

St Marychurch Street, SE16 4JE

Este antiguo depósito de cadáveres, que hoy alberga un centro comunitario, acogía antaño a los suicidas, los estibadores y los borrachos que se ahogaban en el río y cuyos cuerpos acababan varados en la orilla. Construido en 1895, conserva gran parte de sus elementos originales.

LA IGLESIA FINLANDESA

Rezar sudando

33 Albion Street, SE16 7HZ
Tel.: 0207 237 4668
lontoo.merimieskirkko.fi/the-finnish-church-in-london
Horario: de martes a viernes de 14.00 a 20.00 h. Sábados y domingos de 10.00
a 20.00 h
Entrada: consulte la web para conocer las tarifas de la sauna
Metro Canada Water o Bermondsey, estación de tren de Rotherhithe

Esta es sin duda la única iglesia de Londres que tiene una sauna. El edificio actual –la última encarnación de la Misión de Marineros Finlandeses, fundada en Londres en 1882– se inauguró en 1958. Todo el complejo es un lugar de reunión social y político extremadamente activo para los finlandeses que viven en Londres, con un café (al parecer los finlandeses beben un cantidad increíble de café) y un pequeño supermercado para quienes necesitan urgentemente una caja de *hernekeitto* (sopa de guisantes) o un paquete de *täysjyväohrajauhoja* (especie de blinis). También ofrece hospedaje a un precio muy razonable. La pequeña sauna (capacidad para un máximo de siete personas) está en el sótano.

La iglesia en sí es magnífica. Como cabe esperar de un país escandinavo, hay mucha madera clara, luz y espacios abiertos. La congregación es luterana y por lo tanto destaca la sencillez. Detrás del altar, todo el muro del fondo es de piedra en bruto, y la ausencia de adornos llama la atención sobre los pocos objetos que hay en la nave.

Hay muchas misiones marineras en Londres, a pesar del declive irreversible que sufrió el puerto en los años 1960. Hay incluso una misión noruega en la misma calle donde está la misión finlandesa. Sin duda, la misión más conocida es "Descanso de los marineros de la reina Victoria" (Queen Victoria Seamen's Rest), enorme y en pleno crecimiento, en East India Dock Road. Cuesta comprender hasta qué punto la marina mercante fue importante para Londres ahora que la mayor parte de los muelles de antaño se encuentran enterrados bajo las construcciones nuevas de viviendas, pero la ciudad está invadida por sus fantasmas. El monumento conmemorativo de Tower Hill, en Trinity Square, diseñado por Edwin Lutyens para conmemorar a los 24 000 marineros civiles fallecidos en las dos guerras mundiales, con "el mar como sepultura", es el lugar ideal para empezar el paseo.

Un túnel muy desagradable

Si le apetece dar un paseo muy lúgubre, esta iglesia descansa sobre la entrada del túnel de Rotherhithe, inaugurado en 1908 para el tráfico rodado entre Rotherhithe y Limehouse. Sus altas aceras indican que se puede atravesar andando (o en bici) mientras los coches pasan a su lado a toda velocidad. Es el único túnel de carretera de Londres por el que todavía se puede caminar. Se puede afirmar con seguridad que pocas son las personas que se han aventurado a hacerlo. Lo más sensato es empezar desde Limehouse, y luego ir a la sauna de la iglesia para quitarse la mugre.

CREEKSIDE CENTRE

Fango, bendito fango

14 Creekside, Deptford, SE8
Tel.: 0208 692 9922 - www.creeksidecentre.org.uk
Horario: visitas únicamente con cita previa
Estación de tren Deptford, línea Greenwich, estación de la DLR
(Docklands Light Railway)

Da la impresión de que el centro de instrucción de Creekside ha encallado en las orillas del Támesis, junto con los troncos y maderos arrastrados por la corriente. Este ejemplo de arquitectura fluvial sostenible, que se encuentra justo al lado de Ha'penny Hatch, al borde de Deptford Creek, fue creado para que la opinión pública tomara conciencia del hábitat excepcional que tiene este brazo muerto del río. Deptford Creek es el lugar donde llegan las mareas de Ravensbourne, uno de los afluentes del Támesis, y uno de los últimos que no ha sido acondicionado para dejarle sitio a la expansión urbana. No es el caso del río Fleet, que se canaliza por un colector que circula bajo Farringdon Road; ni del río Westbourne, que pasa por un acueducto bajo el muelle de la estación de metro de Sloane Square; ni del río Effra, que desemboca en el Támesis a través de un conducto de evacuación pluvial, cerca del cuartel general del servicio británico de vigilancia territorial.

Deptford Creek no está sepultado, y cada día sus aguas se renuevan con la brusca subida de la marea. Ha sido gracias a ésta, y a que el río se encuentra en el corazón de un paisaje industrial abandonado, que un verdadero hábitat natural ha podido crecer aquí. A los visitantes se les dan unas botas, ya que con la marea alta el lecho del río se convierte en un camino de lodo negro de más de un kilómetro de largo, en el que se hunden los armazones de las dársenas de los careneros. El personal del centro organiza las excursiones y durante el recorrido les cuentan la vida salvaje y la historia del afluente, empezando por la epopeya de los zares y acabando por el ciclo reproductor de las anguilas. Una agradable atmósfera de deterioro emana del río, pero no ha sido un obstáculo para que muchos artistas hayan invadido literalmente la zona instalando allí, según se ha calculado, un centenar de talleres. Al igual que la mayoría de los distritos de la orilla sur, Deptford atrae a los artistas más bohemios del mundo del arte debido a que los precios son económicos y que no hay curiosos merodeando. También hay una colonia de chalanas reformadas, que se parecen más a barcos piratas que la propia flota que fondea en Chelsea. Creekside está lleno de vestigios y aquí todo parece posible.

La tumba de Christopher Marlowe

El dramaturgo Christopher Marlowe, autor del *La trágica historia del doctor Fausto* y de *La masacre de París*, murió tras ser apuñalado en la cara en casa de un particular, cerca de Creekside, y está enterrado en una tumba sin inscripción en St Nicholas, cerca de ahí. De hecho, esta iglesia merece una visita por los dos cráneos terroríficos que hay en los postes de las puertas.

THE FAN MUSEUM

Arte en miniatura

12 Crooms Hill, Greenwich, SE10
Tel.: 0208 305 1441
www.fan-museum.org
Horario: de martes a sábado de 11.00 a 17.00 h y domingos de 12.00 a 17.00 h
Entrada: consultar la página web
Estación de tren Greenwich o DLR (Docklands Light Railway)

El Fan Museum (Museo del Abanico) de Greenwich es uno de los muchos museos especializados de Londres que reflejan la obsesión que tienen los ingleses por el coleccionismo. Aunque en París hay un museo similar, el de Londres se enorgullece de ser el único en el mundo dedicado enteramente a todo lo relacionado con el abanico, especialmente con su proceso de fabricación, cuya manera no permite demasiadas variaciones. Los abanicos se presentan como objetos de arte en miniatura, y aunque sólo sea por ver el edificio, vale la pena visitar el museo.

La colección cuenta con más de 3 500 abanicos del mundo entero y está ubicada en dos edificios declarados patrimonio histórico del período georgiano (1721) que han sido escrupulosamente restaurados según los parámetros originales. La mayoría de los abanicos son antiguos (del siglo XI a nuestros días), sobre todo los de los siglos XVIII y XIX, época en la que se fabricaron en grandes cantidades y su uso se extendió por todas las capas de la sociedad, hasta tal punto que los fabricantes de abanicos formaron una corporación. Esta corporación aún existe, aunque, debido a que la demanda de abanicos ha disminuido considerablemente, la mayoría de sus miembros proceden actualmente de la industria de la calefacción central y del aire acondicionado.

Además de su uso práctico, los abanicos permitían dar vía libre a las más elevadas y elegantes formas de expresión. Algunos tienen referencias alegóricas o narran eventos históricos, como las victorias de Nelson, uno de los temas más populares de los modelos fabricados en serie. Los abanicos también podían servir como primitivos carteles publicitarios. La demanda del mercado hizo que varios artistas famosos los decoraran, y el museo cuenta con uno pintado por Walter Sickert.

El primer sábado de mes, el Fan Museum organiza unos talleres de fabricación de abanicos. Detrás del edificio hay un invernadero de naranjos cubierto de preciosos murales que da a un jardín japonés, con un parterre en forma de abanico. Se puede tomar té los martes, viernes, sábados y domingos por la tarde.

El lenguaje de los abanicos

El uso del abanico no requiere un manual de instrucciones. Sin embargo, durante su apogeo -es decir, a principios del siglo XIX- su uso se regía por un código que ha quedado ilustrado en la pintura de la época. Por ejemplo, apoyar el abanico en los labios significaba: "No confío en ti". Colocarlo sobre el corazón: "Te amo a morir". Protegerse del sol: "Es usted feo". Abanicarse con la mano izquierda: "No coquetees con esa". Así que visite el museo, compre un abanico y restablezca esta bella práctica olvidada.

EL TÚNEL PEATONAL DE GREENWICH

Un túnel peatonal surrealista bajo el Támesis

Cutty Sark Gardens, Greenwich / Island Gardens, Isle of Dogs
Horario: abierto las 24 horas
Entrada gratuita
Estaciones Island Gardens o Cutty Sark de la DLR (Docklands Light Railway)

Este túnel, recubierto con 200 000 baldosas blancas que le confieren una acústica y una atmósfera de lavabo público, fue inaugurado en 1902. Diseñado por Sir Alexander Binnie, el objetivo era aliviar el servicio del ferry que utilizaban los habitantes de los suburbios que trabajaban en los muelles de la Isle of Dogs.

Esta isla pantanosa, poco habitada en el pasado, se desarrolló a la par que el Imperio colonial. A finales del siglo XIX contaba con 21 000 habitantes.

Los barcos procedentes del mundo entero atracaban en el nuevo muelle portuario que se extendía desde Tower Bridge hasta Parking, haciendo de Londres el puerto más grande del mundo.

Todo esto desapareció hace ya bastante. La Isle of Dogs mantiene la reputación de ser una de las zonas más problemáticas de la capital, pero los "Docklands" son actualmente sinónimo de residencias para ejecutivos que trabajan en la City, al oeste, y en Canary Wharf, al este.

Las entradas situadas a cada extremo del túnel están techadas con cúpulas de cristal. Los ascensores (cerrados durante la noche) y escaleras de caracol permiten acceder a esta galería subterránea de 370 metros de largo y un diámetro interno de casi 3 metros. Los muros alicatados producen un inquietante eco, sobre todo en mitad de la noche (al ser vía pública, debe permanecer abierta las 24 horas).

A esas horas de poco tráfico, uno tiene la sensación de que es el lugar más aislado e inhóspito de Londres, hasta que unos tacones que se acercan resuenan en el túnel como si fueran disparos.

Atraviese gratis el Támesis en ferry

Greenwich Tunnel es en realidad el tercer túnel que se construyó bajo el Támesis. Cuando el Thames Tunnel, diseñado por Brunel, se inauguró en 1843, fue proclamado como la octava maravilla del mundo. Actualmente, los ramales de la East London Line circulan por él, pero desde hace algún tiempo se ha convertido en el lugar predilecto de prostitutas y malhechores, que se esconden tras los arcos para echarse sobre quienes pasan por ahí.

A casi cinco kilómetros de distancia, el Greenwich Tunnel se divide, en la intersección de Woolwich, entre Silvertown y Woolwich.

CONTEMPLAR LAS ESTRELLAS DESDE EL OBSERVATORIO DE GREENWICH

Los secretos de las estrellas

Greenwich Royal Observatory, Blackheath Avenue, Greenwich Park, SE10
Tel.: 0208 312 6565 - www.rmg.co.uk/royal-observatory
Sesiones de observación especiales algunas noches a lo largo del año. Reserve con antelación y tenga en cuenta que las plazas suelen agotarse rápidamente
Entrada: consultar la página web
Estación Cutty Sark por la DLR (Docklands Light Railway) o estación de tren Greenwich

El Real Observatorio de Greenwich Park tal vez fue diseñado para contemplar las estrellas, pero las vistas de Londres desde la cima de la colina son igual de espectaculares. Las deslumbrantes torres de Canary Wharf y el lejano resplandor del London Eye son aún más impactantes de noche, pero el parque cierra al anochecer. Para disfrutar de estas vistas –y también ver las estrellas–, reserve una plaza en las "noches especiales con las estrellas" del Real Observatorio. Estas noches tienen lugar en otoño y en invierno. Consulte la web para conocer el programa y la disponibilidad a partir de septiembre. Después de haber explorado el cielo con un telescopio en este planetario ultra moderno, los visitantes están invitados a subir a lo alto de una torre en cuya cima hay una cúpula. Como escribió Walter Maunder en 1900: "Esta cúpula, que se ha comparado, siguiendo los cánones más estrictos de la tradición estética (...) con el Taj Mahal, con un globo aerostático o con un gigantesco ajo, alberga el telescopio más grande de Inglaterra, el "Sudeste ecuatorial", con una abertura de 71 cm."

Esta proeza astronómica de la época victoriana es actualmente el séptimo telescopio más grande del mundo. Diseñado por Sir Howard Grubb en 1893, tardó ocho años en terminarse y pesa 1,4 toneladas (sólo el objetivo pesa 102 kilos). El telescopio está inclinado paralelamente al eje de rotación de la Tierra, de manera que uno puede seguir una estrella de este a oeste con sólo girar el soporte. Pero este dispositivo es menos ingenioso de lo que parece, pues el soporte no cabe dentro de la cúpula. A pesar de haber añadido un sistema GPS, hay que hacer verdaderas maniobras para correr las contraventanas y unas cuantas acrobacias en el suelo para poder girar el telescopio. A menudo, los primeros astrónomos tenían que tumbarse en el suelo para ver por el objetivo. El espectáculo depende, evidentemente, de la época del año y del tiempo, pero la experiencia merece la pena incluso cuando el cielo está cubierto. Tony y Greg, dos entusiastas astrónomos, explican los misterios del sistema solar y astral con nombres que hacen soñar, desde Aspidiske a Zubenelgenubi.

El láser del Meridiano

En diciembre de 1999, encendieron un rayo láser verde en el Royal Observatory para marcar oficialmente el inicio del nuevo milenio. El rayo señala el primer meridiano en el cielo de Londres. Si la noche es clara, se ve a más de 15 km.

LA BAÑERA DE LA PRINCESA CAROLINA

Una bañera de la realeza con un escandaloso pasado

Greenwich Park, cerca de la rosaleda. Entrada por Charlton Way
Estación de tren Greenwich o Blackheath

En 1795, la princesa Carolina de Brunswick se casó con su primo "Prinny", el príncipe regente (que más tarde se convertiría en Jorge IV). No fue un matrimonio feliz. Prinny, que se había casado con Carolina por su inmensa fortuna, demostraba mucho más interés por María Fitzherbert, su amante.

La primera vez que vió a Carolina, Prinny se tambaleó hasta el otro extremo de la sala y dijo al conde de Malmesbury "Harris, no me encuentro muy bien. Por favor, tráigame un vaso de coñac". Los tres siguientes días, antes de la boda, los pasó bebiendo, y en su noche de bodas se desplomó delante de la chimenea del dormitorio.

El mujeriego príncipe empezó a calumniar a Carolina insinuando que sus costumbres dejaban que desear. Contaba que lo engañaba, que nunca se bañaba, que rara vez se cambiaba de ropa interior y que tenía mal aliento porque se pasaba el día comiendo ajo y cebolla.

En cuanto dio a luz a su hija, Carolina fue desterrada a la mansión Montague House, donde se consoló de sus penas organizando orgías y coleccionando amantes. En 1814, cansada de Gran Bretaña, Carolina partió al exilio de motu propio y Prinny, movido por el despecho, hizo demoler Montague House. Hoy en día, el emplazamiento del edificio forma parte de Greenwich Park. Entre la caseta del guardia forestal y la rosaleda, queda aún un pequeño vestigio del palacio de los placeres de Carolina: una bañera encastrada en el suelo con escaleras. La bañera de baldosas blancas sirvió de maceta de flores durante décadas, hasta que la descubrieron en 1909. Una pequeña placa recuerda a la princesa despreciada y demuestra que aunque fue infiel, al menos le importaba su higiene corporal.

Los enanos de jardín de Greenwich

Dentro de la Blackheath Gate hay unos baños públicos. Una familia de enanos de jardín se esconde detrás de las cisternas de los edificios de mantenimiento.

SLICE OF REALITY Y QUANTUM CLOUD

Esculturas desconcertantes a la orilla del río

Thames Path, cerca del Milennium Dome
Entrada gratuita
Metro North Greenwich

El famoso Milennium Dome no es la única iniciativa del gobierno para fomentar el arte urbano en el barrio. Dos de los mayores logros conseguidos en este campo se encuentran justo en la orilla del río, y se pueden contemplar fácilmente desde el Thames Path (es más fácil acceder a este sendero desde el mismo Greenwich, dando un pequeño rodeo a pie entre las decadentes construcciones industriales del sector).

Slice of Reality (Trozo de realidad) es obra de Richard Wilson, un escultor que ha cultivado el gusto por los materiales industriales. Su instalación artística más famosa se llama 20:50 y consiste en una habitación llena hasta la mitad de aceite para coche. En un primer momento puede parecer una chorrada, pero verla produce una experiencia desconcertante. Uno tiene la impresión de estar hundiéndose en un espejo oscuro y líquido. *Slice of Reality* es igualmente ambiciosa y transgresora; se trata de un corte transversal de un dragaminas de 600 toneladas y de veinte metros de altura, anclada en el lecho del río. Con la marea baja, parece como si la escultura fuera a venirse abajo, pues está instalada sobre un pequeño pedestal. De cerca, el efecto es aún más desconcertante, debido a que este "trozo" no representa más que el 15% del barco. Es un homenaje admirable al pasado marítimo de Londres.

La segunda escultura, *Quantum Cloud* (Nube cuántica), es obra de Anthony Gormley, el creador de arte urbano más cotizado de Gran Bretaña en este momento. Al principio, esta gigantesca obra de 30 metros de largo parece representar una nube formada por millares de piezas de acero cuadradas y huecas. Pero cuando uno fija la mirada en el centro de la nube, se ve cómo el contorno de una figura humana empieza a aparecer. El río, como telón de fondo, encaja a la perfección. Los graznidos de las gaviotas resuenan en la escultura, y sus ecos, que armonizan con las sombras del Támesis, animan de una manera prodigiosa la escultura.

Estos dos escultores ahora forman parte de The Line, el primer paseo de Londres dedicado al arte contemporáneo. El recorrido va desde Queen Elizabeth Olympic Park y el O2, siguiendo las vías navegables y la Meridian line (the-line.org). Entre las obras que están más cerca del Millenium Dome cabe destacar el alegre *A Bullet from a Shooting Star* (Una bala de una estrella fugaz) de Alex Chinneck, una torre eléctrica invertida. En el paseo se pueden ver otras atracciones como Sensation de Damien Hirst, en Cody Dock.

LONGPLAYER

Una instalación musical destinada a durar un milenio

Trinity Buoy Wharf, 64 Orchard Place, E14
www.longplayer.org / www.trinitybuoywharf.com
Horario: todos los fines de semana de 11.00 a 17.00 h (salvo de octubre a marzo de 11.00 a 16.00 h) - Entrada gratuita
Estación de East India Dock (por el DRL - Docklands Light Railway)y luego diez minutos andando o tomando el autobús 277

Longplayer es sin duda el lugar donde la celebración del milenio ha durado más que en cualquier otro sitio del mundo. Esta instalación musical, situada en el único faro de Londres, fue inaugurado el 1 de enero de 2000. Emite composiciones realizadas con esferas sonoras y gongs tibetanos, que han sido mezcladas digitalmente para que no se repita nunca la misma secuencia de sonidos en los próximos mil años.

El 31 de diciembre de 2999, Longplayer regresará a su punto de partida y todo empezará de nuevo. Así será, siempre y cuando la tecnología que hace que funcione sobreviva, o que un grupo de sacrificados músicos se ofrezca a interpretar la partitura a perpetuidad. Fue Jem Finer, uno de los miembros fundadores de The Pogues, quien tuvo la idea. Actualmente sueña con construir seis platinas con un diámetro de 2 a 4 metros, equipados con dos brazos de tocadiscos que suban y bajen automáticamente. Aunque fue Finer quien tuvo la idea, va a tener que construir un aparato capaz de cortar discos de 3,65 metros de diámetro. La solución más adecuada sería una frecuencia de radio global específica o bien un "pequeño dispositivo informático" parecido a los que se usan en las misiones espaciales interestelares. También se está estudiando la posibilidad de realizar actuaciones en directo interminables.

Escuchar esta extraña y envolvente música en un faro abandonado, desde donde se divisan los muelles y el Millennium Dome al otro lado del Támesis, es una experiencia que no se puede perder. El faro fue construido en 1864 para desarrollar el sistema de iluminación de Trinity House, una asociación fundada en 1514 para la defensa de la navegación y de los marineros. La sede de la asociación se encuentra actualmente en la City (www.trinityhouse.co.uk).

Container City

Antaño famosa por sus experimentos en tecnología marítima, Trinity Buoy Wharf es hoy en día un centro de creación experimental. Container City está formado por contenedores industriales reciclados que han sido ensamblados, cuyos colores brillantes, ventanas ojo de buey y paredes de chapa ondulada camufla las económicas viviendas de una comunidad de artistas y diseñadores. La mayoría de ellos enseña sus estudios durante los fines de semana de puertas abiertas. Algunos contenedores han sido insonorizados y se pueden alquilar como estudios de grabación.

EL EMBALSE DEL TÁMESIS

*Cuando el río empieza a sonar, busque refugio
en las colinas...*

1 Unity Way, Woolwich
Horario: la esclusa cierra todos los meses por mantenimiento. Una vez al año
también la testan durante la gran marea de equinoccio (septiembre u octubre).
Tel.: 02083054188.
O consultar la página web www.gov.uk/guidance/the-thames-barrier
Estación Charlton o Woolwich Dockyard o metro North Greenwich y luego
autobús 161 0 472

A una docena de kilómetros del Tower Bridge, río abajo, se encuentra
el embalse del Támesis, con diez puertas móviles cuyo fin es proteger
Londres de las crecidas del río. Estas puertas metálicas funcionan con

alerones o aletas que se mueven a contracorriente. Cuando hace buen tiempo, las vistas de la presa, desde el agua o la orilla, son agradables, a pesar de ser una zona de Londres un tanto deteriorada. El embalse tiene 520 metros de largo y cuenta con una serie de puertas semi cilíndricas, fijadas al lecho del río, que giran a contra corriente con el fin de impedir el tráfico fluvial. Cuando están cerradas, las cuatro puertas más grandes son casi tan altas como un edificio de cinco plantas. La mayoría de los londinenses no entiende la necesidad de tener esta barrera y prefiere no pensar en la importancia de su construcción. Sin embargo, ha sido puesta en funcionamiento en 90 ocasiones desde 1982, y está comprobado que en un futuro se usará con más frecuencia. El calentamiento del planeta y el crecimiento del nivel del mar son en parte responsables de que el nivel del Támesis aumente seis centímetros cada año. Además, el

desplazamiento de las placas tectónicas en medio del Atlántico hace que el sureste de Gran Bretaña se esté hundiendo cada siglo 30 cm en el mar, mientras que Escocia y el noroeste se elevan 30 cm. La amplia desembocadura del Támesis y su ubicación en la entrada del Mar del Norte hacen que el río sea vulnerable a la actividad de los mares. Con la construcción del dique, The Embankment, las crecidas del río se han controlado más, tal y como lo demuestra el nivel del Támesis, a la altura del puente de Blackfriars, cuando la marea es alta. Cuando las aguas empiecen a sonar, busque refugio en las colinas.

En la orilla sur, el Centro de Información Didáctica dispone de una maqueta animada de la presa, y de carteles que ilustran su construcción y el Támesis. El café tiene unas preciosas vistas de la presa. El Thames Barrier Park también merece un desvío, con sus catorce hectáreas de espacio verde construidos sobre lo que antaño fue uno de los sitios más contaminados del país, la antigua fábrica química PR (Professional Results).

El acceso al embalse no es fácil. La mejor vista se obtiene caminando a lo largo del Támesis, que se extiende unos 300 kilómetros desde su nacimiento en Gloucestershire. Tome el camino por Cutty Sark hasta Greenwich y camine a lo largo del río, en el sentido de la corriente, hasta el embalse, después del Millennium Dome. Continúe luego dirección Woolwich, y cruce el río en barco o por el túnel de peatones. Llegará a la estación de North Woolwich, desde donde podrá regresar al centro de Londres.

LA ESTACIÓN DE BOMBEO DE CROSSNESS

El sanador del Gran Hedor

The Crossness Engines Trust, Thames Water S.T.W., Belvedere Road, SE2 9AQ
Tel.: 0208 311 3711
www.crossness.org.uk
Horario: de martes a viernes de 9.30 a 16.00 h y el segundo domingo de mes de
10.30 a 14.00 h. Consulte la web para saber más sobre los días de apertura
Entrada: consulte la web para conocer las tarifas
Estación de Abbey Wood. Los días de apertura, un minibús cubre la ruta entre
Abbey Wood y la estación de bombeo cada media hora. También se puede llegar
andando en 30 minutos cruzando a buen paso un terreno industrial baldío

Uno no suele tener la ocasión de visitar una depuradora de aguas residuales pero la estación de bombeo de Crossness –inaugurada en 1856 por el príncipe de Gales, el futuro Eduardo VII– le ofrece esta posibilidad. Esta estación de bombeo obsoleta está en medio del complejo de la depuradora de aguas residuales de Crossness, que sigue en activo. Si pierde el minibús, ¡use su olfato para encontrar el camino!

La estación de bombeo de Crossness formaba parte de la nueva red de alcantarillado que el famoso ingeniero Joseph Bazalgette creó para Londres. Desde mediados del siglo XIX, la explosión demográfica de la capital transformó el Támesis en un vertedero al aire libre. El agua contaminada provocó una epidemia de cólera que causó más de 30 000 muertos entre los habitantes de Londres. Se pusieron en marcha varios proyectos tras el Gran Hedor de 1858, año en que un verano especialmente caluroso y la obstrucción de Támesis dejaron inutilizable la Cámara de los Comunes. Bazalgette construyó unos 1700 kilómetros de cloacas pequeñas, con las paredes cubiertas de ladrillo, que desviaban las aguas residuales no tratadas más allá de la desembocadura del río.

Crossness era la estación que regulaba la mitad sur del alcantarillado (hay un estación similar con la misma función en Beckton, al norte de Londres). Las aguas residuales llegaban a la estación y eran bombeadas a un depósito de cinco metros de profundidad, que podía contener 123 millones de litros de aguas residuales. Se abrían las compuertas del depósito dos veces al día, y se tiraba el contenido del depósito cuando la marea del Támesis era alta. Al final, solo los desechos líquidos se eliminaban de este modo. Los *sludge boats*, o "barcos de aguas residuales", como se los llamaba normalmente, vertieron, hasta 1998, los desechos sólidos no tratados más allá de la desembocadura del río.

La estación de bombeo de Corssness es un lugar fuera de lo común. La sala de máquinas, con cuatro motores a vapor, tiene unos de los elementos de forja más espectaculares de la capital. En el centro el edificio está el Octógono, una estructura exuberante, compuesta de columnas y de paneles de acero de colores vivos, que rodea el motor. Es representativo del gusto de los victorianos por las decoraciones góticas en los lugares más insospechados.

Habiendo quedado obsoleto, el edificio fue dejado al abandono en los años 1950. En 1987 se iniciaron las obras de reforma, en su mayoría realizadas por voluntarios no remunerados. Las dimensiones de la construcción mecánica son desconcertantes: sus cuatro motores (que llevan cada uno curiosamente el nombre de un miembro de la familia real) son los motores rotativos a vapor más grandes del mundo.

Dotados con volantes de inercia de 52 toneladas y palancas de 47

toneladas, podían bombear el equivalente a 20 cisternas de aguas residuales por minuto en el depósito. Solo uno de ellos, el "Príncipe consorte", ha sido restaurado, pero el Crossness Engines Trust prevé devolver el esplendor de antaño al motor "Victoria".

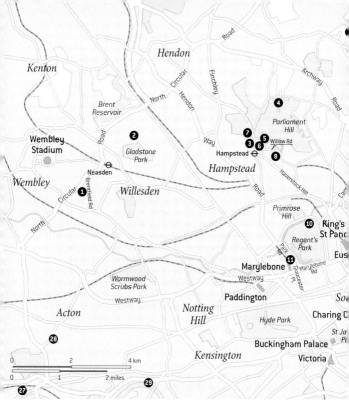

Greater London (Norte)

BAPS SHRI SWAMINARAYAN MANDIR

El mayor templo tradicional hindú fuera de la India

105-119 Brentfield Road, Neasden, NW10 8LD
Tel.: 0208 965 2651 - londonmandir.baps.org
Horario del templo: todos los días de 9.00 h a 18.00 h
Los principales santuarios están cerrados de 12.15 h a 16.00 h entre semana, y
de 12.30 h a 15.30 h los fines de semana
Entrada gratuita
Metro Neasden

Aunque a primera vista cueste creerlo, este espectacular edificio, ubicado a pocos metros de la triste y siniestra North Circular -la autovía periférica que atraviesa los suburbios del norte de Londres- es el templo hindú más grande que hay fuera de la India. En agosto de 1995, Su Divina Santidad Pramukh Swami Maharaj inauguró el templo, para cuya construcción hicieron falta 5 000 toneladas de piedra caliza búlgara y de mármol indio e italiano, es decir, 26 300 piedras cinceladas a mano en la India por 1 526 artesanos cualificados, que luego fueron transportadas por barco a Londres y ensambladas en menos de tres años. El templo tiene siete shikhars o pináculos, seis cúpulas, 193 columnas y 55 diseños diferentes en los techos. Las divinidades y los motivos que ilustran la fe hinduista revisten los muros, los techos y las ventanas. El centro del *mandir* o templo alberga los *murtis*, imágenes sagradas de divinidades que se veneran como si de dioses vivientes se tratara. Hay 11 santuarios en total y 17 murtis de Ganesha, Hánuman y Swaminarayan, dioses a los que el templo está consagrado. Las divinidades son honradas con ritos que realizan los *sadhus* (monjes) que vienen al templo. Antes del amanecer, los *sadhus* despiertan a los murtis y las puertas del santuario se abren con el primero de los cinco *artis* (oraciones) diarios. Durante todo el día hacen ofrendas de alimentos a los *murtis* y los bañan.

El mejor momento para visitar el templo es antes de las 11:45 h, hora en que se celebra diariamente la ceremonia *rajbhog arti*. Los fieles agitan unas velas encendidas delante de las encarnaciones de las divinidades, mientras se interpreta una oración musical con tambores, campanas, gongs y una caracola. Una experiencia edificante y cautivadora.

PADDOCK

El búnker de repuesto de Churchill

109 Brook Road, NW2 7DZ
Tel.: 0208 782 4239
www.networkhomes.org.uk/paddock/
Abierto dos fines de semana al año: consulte la web
Entrada gratuita
Metro Neasden o Dollis Hill

Paddok, o dicho de otro modo "corral", es un nombre curiosamente campestre para este horrible laberinto de cemento que está al lado de un depósito en lo alto de Dollis Hill. Diseñado como centro de mando alternativo para el gabinete de crisis de Whitehall (Cabinet

War Rooms), que no habría aguantado un bombardeo directo, esta red de búnkeres se creó para ofrecer un alojamiento protegido al jefe del gabinete y al Estado Mayor de las fuerzas aéreas, navales y terrestres, pero prácticamente no se usó.

Es cierto que a Churchill le importaba poco Paddock. Al parecer lo describió como un "lugar húmedo y oscuro, lejos de la luz… en algún lugar cerca de Hampstead". Tal vez se refería a Kentish Town. De hecho, consideraba que si el Gobierno abandonaba el centro de Londres, los habitantes no tendrían ninguna razón para quedarse. En todo caso, si odiaba este búnker en aquella época, hoy lo odiaría mucho más. Incluso en sus mejores tiempos, era un agujero mal aireado bajo varias capas de cemento. Los años no lo han tratado muy bien, hasta el punto de que los visitantes deben ponerse un casco de seguridad antes bajar a una serie de salas dignas de una película de terror. El agua chorrea por los muros formando charcos por todos lados. Hay manchas de humedad espectaculares, largas estalactitas de telarañas y máquinas oxidadas abandonadas. Montones de leña mojada y muebles rotos pegados a las paredes. Pero gracias a la profesionalidad de los guías de Subterranea Britannica –una empresa literalmente subterránea–, el lugar cobra vida.

Aunque el gabinete de crisis solo se usó un par de veces (y una de ellas solo era un ensayo general seguido de un "almuerzo animado", según las memorias de Churchill), el búnker estuvo operativo hasta 1944, por si las cosas se ponían feas en los Cabinet War Rooms. La sala de los mapas ultrasecretos es especialmente interesante: sus muros estaban cubiertos de mapas donde figuraban los escenarios bélicos y la sala estaba iluminada con tubos fluorescentes, una tecnología vanguardista cuando se construyó Paddock.

El búnker estaba originalmente en el recinto de Chartwell Court, una estación muy perfeccionada de investigación de las comunicaciones en tiempos de guerra, donde se construyó la colosal máquina Enigma, que servía para codificar y descodificar la información, y donde se inventó el reloj parlante. Lo que explica la señal enigmática que está en la entrada de Paddock: *Floor 28*, es decir "28ª planta"; este número formaba parte del sistema general del complejo, y no quiere decir que haya Daleks, hombres topo o túneles secretos que llevan a Whitehall bajo el búnker. Una pena.

FENTON HOUSE

Una casa de campo cómoda

Hampstead Grove, Hampstead, NW3 6SP
Tel.: 0207 435 3471 - www.nationaltrust.org.uk/fenton-house-and-garden
Horario: de marzo a octubre, de miércoles a domingo de 11.00 a 17.00 h
Entrada: consulte la web para conocer las tarifas y los eventos
Metro Hampstead

Parece que poca gente conoce, y por ende visita, esta gran propiedad bien acondicionada del National Trust, cerca de la estación de metro de Hampstead. El efecto es que uno tiene la sensación de ir de excursión al campo, aunque la casa esté cerca del centro de Londres.

Construida en 1686, fue adquirida por Philip Fenton, un comerciante, en 1793. La mansión permaneció prácticamente intacta durante el paso de los años. Tiene un amplio jardín a la francesa vallado, una rosaleda y un huerto de trescientos años de antigüedad. Con motivo del Apple Weekend (Fin de semana de la manzana), que se celebra cada año a finales de septiembre, los visitantes tienen la oportunidad de probar antiguas variedades de manzanas inglesas.

El jardín merece por sí solo el desplazamiento hasta allí. Sin embargo, la joya de esta casa es su interior. En 1936, Lady Katherine Binning la compró y la llenó con sus colecciones de porcelanas, de bordados del siglo XVII (que se llamaban *stump work*) y de muebles de la época georgiana. Vivía sola en esta casa, en la que creó un interior muy cómodo, antes de donarla, tras su muerte en 1952, al National Trust. Más tarde añadieron una impresionante colección de pinturas, empezando por una selección de lienzos del grupo de postimpresionistas ingleses de Camden Town, como las obras de Walter Sickert. También hay increíbles cuadros de sir William Nicholson.

En el desván hay un retrato de Mrs. Jordan, la actriz irlandesa, que dio diez hijos ilegítimos al duque de Clarence y que fue vergonzosamente abandonada cuando él aspiró al trono y fue coronado como Guillermo IV. Su retrato está colgado en el vestíbulo, cerca del de su espantoso hermano, Jorge IV. Una de las hijas de Guillermo vivió en esta casa durante un tiempo.

Si le gustan los clavicordios, la colección de antiguos instrumentos de teclado de Benton Fletcher también merece una visita. La casa es el escenario de eventos musicales en los que se exploran los distintos aspectos de estos instrumentos.

QUÉ VER EN LOS ALREDEDORES
El falso puente de Thousand Pound Pond ④

Después de visitar Fenton House, baje la cuesta hasta Hampstead Health, donde hay un montón de cosas extraordinarias, como un curioso puente paladino falso del siglo XVIII al fondo de Thousand Pound Pond, cerca de Kenwood House. Este puente formaba parte del paisaje artificial diseñado por Robert Adam. El diseño hace que, cuando uno ve el puente desde la casa, se tiene la impresión de que el estanque se extiende más allá.

HAMPSTEAD MUSEUM

A la gloria del norte de Londres

Burgh House, New End Square, NW3
Tel.: 0207 431 0144 - www.burghhouse.org.uk
Horario: miércoles, jueves, viernes y domingos de 12.00 a 17.00 h
Entrada gratuita
Metro Hampstead

Erigida en 1704, Burgh House es una de las casas más antiguas de Hampstead Town, uno de los barrios residenciales más agradables de Londres.

En el siglo XVII, el balneario de Hampstead Wells estaba en el apogeo de su gloria. Era famoso por sus aguas fétidas pero ricas en hierro, consideradas beneficiosas para curar algunas enfermedades mentales como la histeria y la neurosis, tan corrientes entonces como ahora. El Dr. William Gibbons, médico del balneario, vivía en Burgh House. Sus iniciales están grabadas en hierro forjado en la puerta aunque el balneario lleva el nombre del reverendo Allatson Burgh, un pastor bastante impopular que la compró en 1822.

Mientras fue propietario, Burgh no se ocupó de la casa, hasta el punto que terminó cayendo en ruinas. En los años 70 el Burgh House Trust la restauró y alquiló, creando un pequeño museo en la primera planta donde se puede profundizar en la historia de Hampstead. Aunque el museo suele estar abarrotado, no le falta encanto.

Cuenta con la primera película muda de Londres y alberga muebles Bauhaus provenientes de los apartamentos icónicos del Isokon. El museo también rinde homenaje a estrellas locales como John Constable, que describió las tierras de Hampstead antes de que sus casas empezaran a tapar las vistas, y John Keats, que se inspiró en los paisajes salvajes de los alrededores para escribir sus odas sentimentales.

El sótano de Burgh House alberga un salón de té, y en verano sacan mesas al jardín.

La fuente de Hampstead Wells

A dos pasos de ahí, en Wells Passage, hay un manantial del que sacaban la famosa agua ferruginosa de Hampstead Wells. Los nombres de los lugares han mantenido el recuerdo de aquella época: el agua maloliente embotellada en Flask Walk (el paseo de la botella) y el recorrido más cercano al bosque se llama the Vale of Health (el valle de la salud).

QUÉ VER EN LOS ALREDEDORES

New End Theatre

27 New End - Tel.: 0207 794 0022 ⑥

Ken Russell, Steven Berkoff y Emma Thompson han honrado el escenario de este oculto teatro que promueve los experimentos literarios. Construido en 1890, el edificio fue originalmente el depósito de cadáveres del hospital New End, que se encuentra enfrente. Un túnel subterráneo permitía trasladar con discreción a los cadáveres de un lado al otro de la calle.

EL OBSERVATORIO DE HAMPSTEAD ⑦

De la astronomía a la meteorología

Lower Terrace, Hampstead NW3 1DU
www.hampsteadscience.ac.uk/astro
Horario: viernes y sábados de 20.00 a 22.00 h. Domingos de 11.00 a 13.00 h
(para observar el sol), de mediados de septiembre a mediados de abril, con cielo
despejado - Entrada gratuita. Las donaciones son bienvenidas
Metro Hampstead

Uno puede vivir toda su vida en Hampstead sin fijarse en esta pequeña curiosidad. Rodeada de árboles, la cúpula miniatura del observatorio de Hampstead es casi invisible desde la calle, aunque esté en uno de los

lugares más altos de Londres. A diferencia de los portales de las preciosas casas aledañas, la entrada cubierta de moho del observatorio es tan discreta que casi pasa desapercibida… No haga caso del aviso de la Compañía de Aguas Metropolitana (Metropolitan Water Board) de la ciudad, que le advierte que está prohibido entrar bajo pena de sanciones penales, y suba a la cima del cerro herboso. Se encontrará de hecho sobre un enorme depósito que contiene millones de litros de agua que han bombeado para los residentes locales desde la época victoriana.

Este observatorio está abierto al público desde 1910. La Hampstead Scientific Society (Sociedad Científica de Hampstead), fundada en 1899, instaló al principio un telescopio cerca de los estanques de Hamspstead Health, desde donde se disfrutaba de una maravillosa vista del cielo, pero los astrónomos aficionados corrían el riesgo de caer al agua. Así pues sustituyeron el telescopio por un observatorio de madera que construyeron sobre el depósito de agua. Le añadieron una pequeña cabaña en 1933.

Montado sobre un pilar de cemento que se hunde hasta el fondo del depósito, el telescopio refractor de seis pulgadas de Cooke se usó sin parar hasta 1923. La cúpula giratoria se abre para que pueda seguir el movimiento de los astros en el cielo. Douglas Daniels, el presidente de la Hamspstead Scientific Society, muestra las estrellas a los visitantes desde 1965. "En la época, se distinguían cúmulos estelares y galaxias lejanas", afirma Daniels. "Ahora, a causa de la luz y de la contaminación ambiental de los aviones, nos tenemos que conformar con el sistema solar".

Siempre es emocionante para los principiantes, sobre todo los niños, observar los anillos de Saturno, los cinturones nubosos de Júpiter y los cráteres de la Luna. Se pueden juntar hasta 250 personas para ver un eclipse o el paso de un cometa. Un telescopio solar permite también ver el sol sin correr riesgos. Pero evite ir si no hace buen tiempo o si sopla el viento. Como bien dice la Sociedad: "Si el cielo no está despejado, no sirve de nada quedarse a contemplar una luz naranja sin brillo, mojarse y enfriarse. Las calefacciones y las estufas eléctricas emanan el mismo color básico y son una compañía más agradable en las noches de mal tiempo".

El observatorio estuvo cerrado debido a obras de control y revisión del depósito que la empresa Thames Water llevó a cabo. La reapertura está prevista para septiembre de 2017.

El meteorólogo más paciente de Londres

En 1910, se construyó una estación meteorológica cerca del observatorio. Eric Hawke, un joven entusiasta de diecisiete años se ofreció voluntario para recoger los datos meteorológicos todos los días. Se encargó de estas lecturas manuales de 1910 a 1965, faltando un solo día a causa de un ataque aéreo. Ahora, un ordenador que funciona con energía solar controla esta minúscula estación meteorológica.

2 WILLOW ROAD

*"Sólo los esquimales y los zulúes se limitan
a construir casas rectangulares"*

2 Willow Road, Hampstead NW3
Tel.: 0207435 6166
Página web: www.nationaltrust.org.uk
Horarios de apertura variables. Para más información, consulte la página web
Metro o estación de tren Hampstead

Erno Goldfinger, un emigrante transilvano conocido por ser el arquitecto de la Torre Trellick, una torre de viviendas sociales erigida en los años 60 al oeste de Londres y declarada monumento histórico, construyó su primer edificio en Hampstead. Goldfinger vivió con su familia en esta casa baja y discreta durante casi cincuenta años.

Todo sigue exactamente igual a como lo concibió Goldfinger en 1939, y tal como lo dejó a su muerte en 1987. Sobre su escritorio se pueden ver prototipos de picaportes de puertas, y en la cocina, las judías blancas con tomate de su mujer Ursula. La astuta y audaz disposición del lugar es fascinante, pues permite adentrarse en la vida y obra del arquitecto. Su colección de pinturas no es menos impresionante: en las paredes conviven obras de Bridget Riley, Max Ernst y Marcel Duchamp con las telas surrealistas de Ursula.

En los años 30, el suburbio rural de Hampstead sustituyó a Chelsea como el epicentro de la escena artística de una izquierda muy activa. Lee Miller, Roland Penrose y Henry Moore acudían a las suntuosas fiestas de Goldfinger.

Un grupo de entusiastas organiza varias visitas al día, que comienzan con la proyección de un vídeo en el garaje. Una elegante escalera de caracol conduce a una planta barnizada de rojo. Curiosamente, los colores cubistas de la casa -azul noche, tomate, mostaza, ocre- resultan tranquilizadores, y el mobiliario, diseñado también por Goldfinger y algunos de sus socios, como Ove Arup, sigue pareciendo moderno.

La construcción de la casa tuvo muchos detractores. Goldfinger replicó que "sólo los esquimales y los zulúes se limitan a construir casas rectangulares", pero aún así tuvo que revestir con ladrillo el armazón de hormigón para que la casa quedara camuflada entre las construcciones georgianas vecinas. Uno de sus principales opositores fue el Ministro del Interior, el conservador Henry Brooke. Lo irónico es que, más tarde, su hijo, Peter Brooke, Ministro de Medio Ambiente, tomó posesión del lugar en nombre de la National Trust (Patrimonio Nacional británico), ya que los hijos de Goldfinger no pudieron pagar los derechos de sucesión.

James Bond, Ian Fleming y Erno Goldfinger...

A pesar de su carisma y de su generosidad, el apuesto Goldfinger era manifiestamente insoportable. El antisemita Ian Fleming, padre de James Bond, le tomó tal manía que llamó a uno de sus personajes más odiosos, Goldfinger.

PARKLAND WALK

El campo en la ciudad

Se puede entrar por varias entradas entre Alexandra Palace y Finsbury Park
Abierto todo el año
Metro Flinsbury Park o Highgate tuve, estación de tren Alexandra Palace

Parkland Walk es sin duda la reserva natural más bonita dentro del congestionado entorno urbano londinense; otros espacios verdes

como el Wetland Centre, ya casi están en el campo. Dividido en varios sectores, este paseo (*Walk*) sigue el recorrido de una línea de tren que antaño circulaba entre Finsbury Park y Alexandra Palace, vía Crouch End, Highgate y Muswell Hill, pero hoy los paseantes deben rodear los túneles que están cerrados por razones de seguridad.

El lugar fue declarado reserva natural en 1990 y tiene una fauna sorprendentemente variada y abundante: zorros, sobre todo –pero ¿en qué lugar de Londres no hay zorros?–, y también luciones, erizos y hasta *muntiacus* (especie de ciervos enanos). Es un paraíso ornitológico: se han catalogado más de sesenta especies en este espacio particularmente propicio a la nidificación para muchas de ellas.

Si entra en la reserva del lado de la estación de Highgate y da un rodeo por la izquierda, descubrirá túneles ferroviarios cerrados donde vive una colonia de murciélagos. Cuando la línea de tren funcionaba, tallaban los árboles de alrededor, pero desde que quitaron las vías en 1972, estos han invadido progresivamente el paseo donde hoy se alzan cerezos, manzanos e higueras. En primavera y en verano, los árboles ocultan las calles vecinas como si fueran cortinas, pero en invierno, cuando las ramas están desnudas, los paseantes pueden ver los jardines traseros y las cocinas que bordean algunas partes de este recorrido.

La mayoría de los edificios ferroviarios han desaparecido, pero aún quedan vestigios de la línea: pasarelas, andenes y garita de señales.

No se pierda la escultura de *spriggan* (criatura del bosque con mal carácter) que Marilyn Collins hizo en uno de los huecos del muro, justo delante de la estación de Crouch End. La mitad norte de la reserva, más pequeña, empieza en Alexandra Palace. Este palacio se construyó al norte de Londres en 1875, como respuesta al Crystal Palace de la orilla sur. Es seguramente aquí donde hay que empezar el paseo; todo es cuesta abajo a partir de aquí. Entre Finsbury Park y Highgate, el sendero forma parte del anillo urbano (Capital Ring) y merece unas cuantas expediciones.

EL RELOJ DE LA PAJARERA DEL ZOO DE LONDRES

Un reloj de cuco cinético

Zoo de Londres, Regent's Park, NW1 4RY
Tel.: 0344 225 1826 - www.zsl.org
Horario: todos los días a partir de las 10.00 h, salvo el día de Navidad.
Horarios de cierre por temporada, para más información consulte la web
Entradas: consulte la web para conocer las tarifas
Metro Camden Town, Baker Street o Regent's Park

Bueno, va a hacer falta comprar una entrada para el zoo de Londres para ver esta maravilla, y las entradas no son baratas. Pero comparado con otros zoos, este es impresionante. Si tiene la oportunidad de visitarlo, no deje de ir a ver el Blackburn Pavilion.

Originalmente construido en 1883 como un pabellón para reptiles, este edificio de época victoriana fue restaurado y en 2008 volvió a abrir para alojar las aves tropicales del zoo. En consonancia con el enfoque ornitológico del siglo XIX, el zoo encargó un reloj a un genio excepcional, Tim Hunkin, que era a la vez ingeniero, artista y caricaturista.

Como la mayoría de las obras de Hunkin, el reloj de la pajarera del zoo de Londres está equipado con autómatas, con muchos: una pareja de tucanes golpea el péndulo con el pico para que siga oscilando; cuando el reloj da la hora, unos pajarillos desaparecen de la vitrina que está delante del reloj y reaparecen en otro sitio; una pareja de personajes victorianos –él lleva un plato con un tapa platos y ella una jaula de pájaros– están consternados porque su cena y luego su pequeño pájaro salen volando; y por último, los tucanes abandonan sus puestos y reaparecen piando en lo alto del reloj, y el péndulo y el reloj se paran. Y vuelta a empezar. Según algunas fuentes, Hunkin quería expresar cierta actitud victoriana hacia los animales, lo que este increíble reloj hace de manera ejemplar.

Hunkin también diseñó la entrada de la parte del zoo reservada a los niños, que se podría describir como un arco con dos cabras de aluminio encaramadas a dos pilares jugando al tiro de cuerda. Los niños giran una rueda situada en la base de cada pilar y hacen que las cabras tiren de la cuerda de la que cuelgan las letras del letrero. Cuando la cuerda se tensa, la cabra cede y relaja la tensión, dejando que las letras caigan. ¡Uf! Es más difícil de explicar que de ver.

En realidad, no hace falta ir al zoo de Londres para ver obras de Hunkin en Londres. La más conocida es sin duda la clepsidra de Neal's Yard en Short's Garden, hoy fuera de servicio, pero esperemos que vuelva pronto a regar a los peatones. Hunkin también construyó un reloj de vapor para el Chelsea Farmers Market (donde sigue estando aunque fuera de servicio), así como troncos automáticos en muchos lugares de la capital, como Saint Thomas's Hospital. El invento más interesante de Hunkin que acaba de añadir Londres es el Novelty Automation, el "mecano novedoso" (véase p. 92), una galería de máquinas tragaperras irónicas para adultos. En realidad, los mecanismos de Hunkin exigen un nivel de mantenimiento muy alto, pero hacen que la ciudad sea tan alegre que habría que poner más. Lo que este hombre necesita es un benefactor rico. A buen entendedor, pocas palabras bastan…

LA CASA DE RUDOLF STEINER ⑪

Euritmia en arquitectura

35 Park Road, NW1
Tel.: 0207 723 4400 - www.rsh.anth.org.uk
Horario: de lunes a viernes de 10.00 h a 18.00 h - El café abre los sábados de
9.00 a 17.00 h - Entrada gratuita a la biblioteca y al café. Tarifas variables
para las conferencias y las presentaciones
Metro Baker Street

La casa de Rudolf Steiner, con su fachada gris y su cercana ubicación al Regent's Park, parece a primera vista un edificio de oficinas de los años 20. Pero si mira con atención, alcanzará a ver una puerta y varias ventanas de formas redondas, que parecen más propias de una vivienda de *hobbits*.

En el interior, el elemento más espectacular es una escalera curvilínea recubierta con una pintura de tonos pastel. Sus curvas esculturales serpentean cual arteria hasta el corazón del edificio. Es el único ejemplo de arquitectura expresionista en Londres, una arquitectura inspirada en la naturaleza, cuyas líneas fluidas y deformadas intentan crear el efecto del movimiento y de la metamorfosis. El filósofo Rudolf Steiner fue uno de los primeros representantes del expresionismo y este edificio está dedicado a sus enseñanzas.

Concebida por Montague Wheeler, presidente de la British Anthroposophical Society entre 1935 y 1937, la casa alberga una pequeña biblioteca abierta al público. Las superficies están pintadas con Lazur, una técnica de barnizado a base de pigmentos botánicos traslúcidos. Además de los talleres y de las conferencias sobre crecimiento espiritual, también se organizan, en un teatro especialmente diseñado para este propósito, presentaciones de euritmia. La euritmia, palabra de origen griego que significa "ritmo armonioso", busca interpretar el lenguaje y la música mediante gestos y colores.

Durante la remodelación del edificio en 2008 se añadió un café biodinámico.

Steiner fue uno de los pioneros de la agricultura biodinámica, mucho antes de que el ecologismo estuviera de moda. Las vigas del café recuerdan el Goetheanum, la extraordinaria sede de la antroposofía, que construyó Steiner en Suiza en 1914. El Goetheanum, que originalmente fue diseñado en madera, se quemó en 1922, y fue luego reconstruido en hormigón vertido.

LOS POZOS DE HIELO
DEL CANAL MUSEUM

La historia de las vías navegables londinenses

12/13 New Wharf Road, N1
Tel.: 0207 7130836
www.canalmuseum.org.uk
Horario: de martes a sábado de 10.00 a 16.00 h
Entrada: consultar la página web
Metro o estación de tren King's Cross

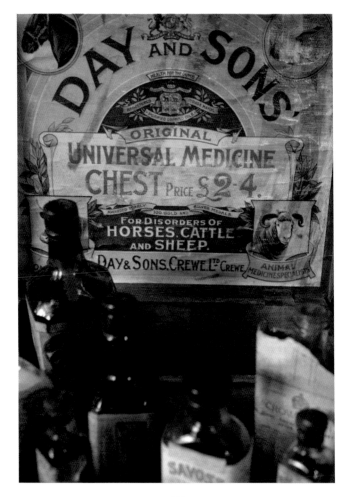

Hasta la gran helada de 1963, las chalanas transportaban toda suerte de cargamentos por los canales de Londres. Antes de la llegada de las vías ferroviarias, la navegación fluvial era el medio más económico para transportar mercancías en distancias largas. Construyeron Regent's Canal a comienzos del siglo XIX para unir el Grand Junction Canal de Paddington con los Docklands. En un principio las chalanas eran tiradas por caballos, pero más tarde, en 1826, fueron reemplazados por un remolcador de vapor. En la década de 1840 pensaron en transformar el canal en una vía ferroviaria pero afortunadamente el proyecto nunca se materializó.

Instalado en una antigua nevera -donde se almacenaba el hielo importado de Noruega antes de que se desarrollara la refrigeración-, el Canal Museum es un pequeño museo, original y a la vez anticuado, que intenta recuperar su olvidada historia. Excepto por algunas curiosidades horteras -un falso caballo, maniquíes con trajes-, vale la pena echar un vistazo a la chalana restaurada, decorada con motivos tradicionales *"roses & castles"* (rosas y castillos), y mirar dentro de los impresionantes pozos donde antes se almacenaban centenares de toneladas de hielo.

En la terraza que da sobre el canal, no se pierda las grúas y las pasarelas donde se descargaban los toneles de cerveza Guinness, al otro lado de la cuenca de Battlebridge, delante de la fábrica de embotellamiento transformada en un moderno edificio de oficinas.

QUÉ VER EN LOS ALREDEDORES
Visitas guiadas por el túnel de Islington a bordo de una chalana

El Canal Museum organiza de vez en cuando visitas guiadas al túnel de Islington, en Regent's Canal. Con casi un kilómetro de largo, este inquietante pasaje subterráneo sólo podía ser recorrido apoyando los pies contra las paredes fangosas, una técnica de navegación llamada legging. Los zapatos con tachuelas de los marineros resonaban a lo largo del túnel como si estuvieran aplaudiendo. Una linterna en la proa iluminaba la delicada maniobra.

La construcción del túnel de Islington costó cerca de 40 000 £ y fue necesario utilizar explosivos y caballos. Tras inspeccionar el túnel en 1818, el famoso ingeniero Thomas Telford declaró: "Excelente trabajo, excelentes materiales; esta galería subterránea está perfectamente recta". El túnel de Islington fue inaugurado en 1820, cuando finalizó la construcción del Regent's Canal.

LITTLE ANGEL THEATRE

Un teatro donde se tira de los hilos

14 Dagmar Passage, Islington N1
Tel.: 0207 226 1787
www.littleangeltheatre.com
Horario: a distintas horas, según los espectáculos y los talleres
Entrada: tarifas variables
Metro Angel o Highbury

Mucho antes de que los cafés excesivamente caros y las tiendas de diseñadores colonizasen Islington, sus callejuelas albergaban un lugar secreto. El decorado parece salir directamente de un cuento de hadas: en un paso de peatones invadido por enredaderas, el Little Angel Theatre representó espectáculos de marionetas hasta 1961. John y Lyndie Wright, dos inmigrantes sudafricanos (y padres del cineasta Joe Wright), fundaron el teatro reconvirtiendo una tienda de licores abandonada y dañada por los bombardeos de la Segunda Guerra Mundial en un encantador teatro de marionetas para público infantil. Todo lo relativo a este teatro, la puerta azul brillante, los bancos y las proporciones de una casa de muñecas, parecen estar diseñados para deleitar a los niños, que constituyen la parte más importante del público. El repertorio también incluye adaptaciones de obras de Shakespeare y operetas interpretadas por marionetas, lo que también puede fascinar a los adultos. Todas las marionetas, todos los accesorios y los decorados se fabrican en los talleres de Little Angel, a dos pasos de ahí, donde también se organizan seminarios para todas las edades sobre la fabricación y el manejo de marionetas. Lyndie Wright (que vive en la casita de campo aledaña) y su hija Sarah siguen creando la mayoría de las marionetas y de los espectáculos.

Teatro flotante

En Londres hay un lugar aún más insólito consagrado a las marionetas. No le será difícil encontrar, entre las pintorescas embarcaciones de Regents Canal, una chalana con un toldo de rayas rojas y amarillas.

Fundado en 1982, el Puppet Theatre Barge es en la actualidad la sede de la Moving Theatre Company, que, como su nombre indica, se desplaza durante el verano de un muelle a otro a lo largo del Támesis, llegando hasta Richmond y Kingston. De noviembre a junio, esta chalana-teatro permanece amarrada frente a los números 35 a 40 de Blomfield Road, en Little Venice, W9. Tel.: 0207 249 6876 www.puppetbarge.com

CANONBURY TOWER

Una residencia muy curiosa

Canonbury Place, N1
Tel.: 0207 226 6256
ciga.org.uk/our-walks/canonbury-tower-tours
Horario: durante las conferencias o con cita previa - visitas guiadas de la torre
dos veces al mes. Escribir a info@ciga.org.uk para reservar
Entrada: tarifa variable
Metro Highbury & Islington

Construida entre 1509 y 1532, la torre de Canonbury es el edificio más viejo de Islington. Su primer residente, William Bolton, el prior de Saint Bartholomew, tuvo que disfrutar de una vista inmejorable sobre Londres y los campos de los alrededores. Erigida, según se dice, sobre un camino medieval, esta torre de estilo Tudor aún se eleva sobre la ciudad, y desde ella se puede ver incluso la catedral de St Paul y el Alexandra Palace. Pero desde que el Centro de Investigación Masónica de Canonbury (CMRC) la eligió como sede en 1998, quienes disfrutan de la vista son sus miembros. Con un exterior intimidante y una prodigiosa historia, esta torre le viene que ni pintada a esta organización, consagrada al "estudio de las tradiciones místicas y esotéricas y especialmente de la francmasonería".

Sólo se puede visitar la torre de Canonbury asistiendo a una de las conferencias del CMRC sobre francmasonería o misticismo, pero Carole McGilvery, la alegre directora del centro, organiza apasionantes visitas al edificio si se le pide una cita. Carole es una fuente de información inagotable y lo sabe todo sobre los antiguos residentes, como Thomas Cromwell, a quien Enrique VIII regaló la casa solariega de Canonbury en 1539 por haber propuesto la disolución de los monasterios, antes de mandarle decapitar un año más tarde. Sir John Spencer, el riquísimo alcalde de Londres, ocupó Canonbury Tower de 1570 a 1610. Fue él quien encargó los trabajos de carpintería que revisten las salas Spencer y Compton de la segunda planta. Sir Francis Bacon, notorio francmasón, vivió durante nueve años en la torre, y al parecer plantó la morera del jardín trasero.

Entre los demás residentes famosos se pueden citar a Ephraim Chambers, quien redactó la primera enciclopedia en 1728, y al escritor y jugador Oliver Goldsmith, que esperaba poder escapar de sus acreedores yendo al suburbio de Islington.

En el número 6 de Canonbury Place y en el 4 de Alwyne Villas, que antes pertenecían al vasto dominio de Canonbury House, se puede ver aún el jeroglífico de Bolton (véase p. 105 St Bartholomew the Greater), que consiste en un relámpago en forma de flecha (bolt) que traspasa un tonel (tun).

Según una leyenda local, hay pasadizos subterráneos que unen la Canonbury Tower con el priorato de Smithfield.

Sin embargo, los arcos de ladrillo que han originado esta hipótesis eran probablemente canalizaciones que suministraban agua al priorato.

NEW RIVER WALK

Últimos vestigios del manantial de agua mineral de Londres

Canonbury, N1
Tel.: 0207 527 4953
Horario: todos los días de 8.00 h hasta el crepúsculo - Entrada gratuita
Estación de tren Essex Road, Metro Highbury & Islington

Sin duda debido a que no se desarrolló hasta principios del siglo XIX, el encantador barrio residencial de Canonbury parece haber conservado el encanto de un refugio campestre aunque señorial.

Camuflado entre arbustos tupidos y sauces llorones, un arroyo transcurre por las prodigiosas viviendas de Canonbury Grove. Este pequeño caudal de agua adormilado es una de las últimas secciones del Hugh Myddelton's New River, un acueducto construido en 1613 para transportar el agua de su manantial, en Hertfordshire, hasta un embalse en Myddelton Square, cerca de Sadler's Wells (véase p. 323).

Antes de 1600, el Támesis, los riachuelos, los pozos y los manantiales de la región proveían de agua a Londres. El agua, a menudo contaminada, era suministrada por vendedores que transportaban cubos de madera a rebosar. Hugh Myddelton, orfebre y empresario en serie, convenció al rey Jaime I para financiar la mitad de la construcción de un acueducto de 63 km de largo; el rey aceptó a condición de recibir la mitad de las ganancias y de que el canal pasara por los jardines de su palacio, Theobald House. Se contrataron a más de doscientos peones, por el equivalente a 4 peniques al día, para excavar el acueducto de New River. Se canalizó el agua en toda la ciudad en troncos de olmo ahuecados. Aunque este acueducto suministra alrededor del 8% de las reservas de agua potable de Londres, la mayor parte del canal ha sido sepultada por la expansión inmobiliaria.

El New River Walk, trazado en 1954 y mantenido desde entonces por los ribereños voluntarios, bordea el curso del agua. Río arriba el agua es bombeada para crear el efecto de un río en movimiento. Las garzas hambrientas y los torpes patos se dejan llevar a la deriva sobre sus aguas musgosas y poco profundas, que serpentean sobre casi un kilómetro a través de jardines olorosos unidos por pasarelas de madera. Observe el sello de la New River Company estampado a todo lo largo del camino.

QUÉ VER EN LOS ALREDEDORES
Estorick Collection ⑰

39a Canonbury Square, N1.
Tel.: 0207 704 9522. www.estorickcollection.com
Metro Highbury & Islington

Este museo, enteramente consagrado al arte italiano del siglo XX, debe su nombre al coleccionista americano Eric Estorick (1913-1993). Justo después de la II Guerra Mundial, Estorick se instaló en Inglaterra, donde empezó a hacerse con dibujos de Picasso, Gris, Léger y Braque. En 1947, durante su luna de miel en Suiza e Italia, descubrió el futurismo. El movimiento le gustó tanto que compró casi todas las obras de Mario Sironi. Poco antes de su muerte, Estorick legó 80 obras de arte a una fundación pública. Repartida por las seis galerías de una casa del período georgiano, la colección recoge obras de Amedeo Modigliani, Giorgio de Chirico y Zoran Music. En el jardín, el café sirve un excelente cappuccino. En las tardes soleadas, uno se creería casi en Italia.

WEST RESERVOIR

Navegue en un barco de vela en medio de la ciudad

Green Lanes, Stoke Newington N4
Horario: todos los días de 9.00 a 17.00 h y de 9.00 a 21.00 h durante el verano
Entrada gratuita - Las tarifas de las clases de deportes náuticos varían.
Para más información consulte el sitio web:
www.better.org.uk/leisure-centre/london/hackney/stoke-newington-west-reservoir-centre
Metro Manor House o los autobuses 141, 341 ó 106

Aunque Londres pasa por ser una de las ciudades más húmedas del mundo, el nivel de precipitaciones que recibe es más bajo que el de

Madrid, Roma o Dallas. Esto, sin embargo, no impide que cada residente gaste un promedio de 155 litros de agua al día. En el siglo XIX, la mayoría de los londinenses no disponía más que de una fuente municipal que suministraba un hilillo de agua potable durante pocas horas al día. Entre 1831 y 1833, tras muchas epidemias de cólera, se construyeron los embalses Este y Oeste en Stoke Newington, que también sirvieron de estaciones de depuración. Las piedras de London Bridge, recientemente demolido, fueron utilizadas para soportar los cimientos de los embalses. Curiosamente, son pocos los habitantes del distrito que conocen este idílico lugar ubicado en pleno corazón de una zona residencial y poco excitante de Hackney. Un sendero fangoso rodeado de praderas circunscribe el West Reservoir (Embalse Oeste), donde los cisnes y las gaviotas se sumergen entre veleros de diversos colores. En 2001, con ocasión de una larga campaña en defensa de los embalses para impedir que cayeran en las garras de los promotores inmobiliarios, se abrió un centro de deportes náuticos y de educación ambiental en la antigua estación de bombeo. Se pueden tomar clases de vela, kayak y piragüismo, nadar en aguas abiertas (uso obligatorio del traje de buceo) o simplemente maravillarse con las máquinas hidráulicas antiguas que trataban aparentemente "una masa de agua equivalente al contenido de 4366 bañeras o 3 492 800 vasos llenos a rebosar que se vertían desde una altura de diecisiete metros hasta seis veces al día".

Después de sus esfuerzos náuticos, siéntese en una silla del Reservoir Café, cuya plataforma está al borde del agua. La comida es malísima, el servicio es irrisorio, pero las vistas son sensacionales.

Un nuevo río que no es tan nuevo

A comienzos del siglo XVII, cuando el New River (el río nuevo) atravesaba el distrito, Stoke Newington jugó un papel decisivo suministrando agua potable a Londres. Técnicamente, este nuevo afluente de casi 400 años de antigüedad no es un río sino un acueducto artificial, destinado a transportar el agua desde la fuente de Hertfordshire hasta Londres (se sigue utilizando hoy en día). A los que les guste caminar pueden seguir su curso siguiendo un camino de 45 km, que va desde Clerkenwell hasta la campiña londinense.

QUÉ VER EN LOS ALREDEDORES

El centro de escalada del Castillo (19)

Como sugiere su nombre, Green Lane fue otrora un lujoso refugio rural. Cuando se construyó la estación de bombeo de Stoke Newington, en 1856, había pocas casas en los alrededores. Los promotores inmobiliarios consiguieron engatusar a los residentes para darle al edificio principal la apariencia de una fortaleza medieval. Este exuberante monumento en honor a la ingeniería victoriana ha sido transformado en uno de los centros de escalada cubiertos más grandes de Gran Bretaña.

GALERÍA Y MUSEO DE LOS PAYASOS ⑳

Un museo en la iglesia de los payasos

Holy Trinity Church, Beechwood Road Dalston, E8
Tel.: 0870 128 4336
www.clownsinternational.com
Horario: de 12.00 a 17.00 h el primer viernes de mes previa cita
Entrada gratuita
Autobús 243, 38, 149, 236

Desde 1959, Holy Trinity (la Sagrada Trinidad) es la iglesia londinense de los payasos. En el interior, dos amables payasos vestidos de calle cuentan la exposición, al son de la alegre música típica de los parques de atracciones.

La pieza más curiosa del museo es un vitral en el que se ilustran escenas de la vida de Joseph Grimaldi (1778-1837), el rey de los bufones. Entre sellos, dibujos humorísticos y otros homenajes a los payasos, hay referencias religiosas a los Holy Fools (Bufones Sagrados), un tapiz con la inscripción "Here we are fools for Christ" ("Aquí abajo somos los bufones de Cristo"), y también la oración del payaso. No deje de ver la colección de retratos pintados sobre huevos de porcelana.

Siguiendo una tradición que se remonta a la década de 1950, en estos huevos se representan fielmente los maquillajes personales de cada payaso; una manera divertida y práctica de patentar sus pinturas faciales.

La misa anual de los payasos, que se oficia tradicionalmente en la iglesia Holy Trinity, pero que se ha trasladado recientemente a la de All Saints, cerca de ahí, en Livermere Road, se celebra el primer domingo de febrero. La extraordinaria misa de los payasos se celebra el primer domingo de febrero. Mezclados entre los fieles que asisten a la parroquia con sus mejores galas, docenas de payasos vestidos con trajes de colores reparten cachetadas y arman jaleo armado con pompas de jabón y bocinas. Uno de los cánticos más estimados dice: "Si ocurre que, por orgullo, las cumbres vertiginosas del pecado nos tientan, desliza bajo nuestros pies, Señor, una resbaladiza cáscara de plátano..."

Vaya pronto, la misa de los payasos siempre está llena de gente.

¿Quién es Joseph Grimaldi?

Joseph Grimaldi fue el primero en inventar varias técnicas del arte moderno de los payasos. Hay una placa en su antigua casa, en el nº 56 de Exmouth Market, distrito de Clerkenwell.

Su olvidada tumba se encuentra en Isligton, en el pequeño y sórdido parque que lleva su nombre.

Colgada en las rejas, una máscara rinde homenaje a este ídolo de los payasos. Cada año, en junio, se organiza aquí un animado festival en su honor.

EL MUSEO DE LAS CURIOSIDADES ㉑

Los hermosos y los malditos

11 Mare Street, E8 4RP
Tel.: 0207 998 3617 - www.thelasttuesdaysociety.org
Horario: de miércoles a domingo de 12.00 a 22.30 h
Entrada: consulte la web para conocer las tarifas
Tren en las estaciones de Cambridge Heath o de London Fields, Metro Bethnal Green

"**S**i el espectáculo de la muerte y de la decadencia física le ofende, no cruce esta puerta". No diga que no está avisado: el museo de las curiosidades no es para almas sensibles. (En la puerta de entrada se puede leer otro cartel, robado al dandi toxicómano Sebastian Horsley,

que lo había colgado en la puerta de su casa en el Soho: "Esto no es un hotel. No hay prostitutas aquí").

Después de bajar la escalera dorada de caracol que lleva al sótano con olor a moho, se necesita un poco de tiempo para acostumbrarse a la penumbra crepuscular. Las bestias y los monstruos van apareciendo ante sus ojos: un gatito con dos cabezas, un cráneo de unicornio, un piojo comelenguas, un pigmeo momificado y frascos con bebés en formol. Aparte de los animales disecados y de los tótems que cuelgan en las paredes y en el techo mirándole fijamente, hay unas vitrinas de cristal llenas de objetos eróticos (preservativos para penes pequeños), de bromas de colegiales (cacas de famosos) y de objetos ocultistas (una siniestra caja de herramientas de alquimista). El objeto más raro es sin duda una "cajita que contiene un poco de la oscuridad original que Moisés envió a la tierra". Hay un rincón dedicado al artista Stephen Wright (véase p. 366), así como un pequeño santuario dedicado a Sebastian Horsley, que tiene uno de sus trajes rojo brillante y los clavos que usó en su propia crucifixión.

Muchos de los objetos tienen leyendas que podía haber escrito el príncipe Carlos, pero que en realidad son de Viktor Wynd, el coleccionista y conservador de este singular gabinete de curiosidades. Este supuesto "artista, escritor, conferenciante, empresario teatral y 'patafísico' (el apóstrofo es intencionado; nada define mejor la filosofía aproximativa que una banda de provocadores pretenciosos) se hizo famoso en la escena *underground* londinense organizando bailes de máscaras y salones literarios. Durante todo ese tiempo, fue ampliando esta colección privada de objetos grotescos y macabros, asquerosos y ofensivos, sublimes y ridículos. Todo empezó con una tienda-galería de curiosidades que se convirtió en museo gracias a una campaña de financiación privada. Si cree poder tener algo en casa que podría gustarle a Viktor Wynd, envíeselo al museo.

El precio de la entrada incluye una taza de té en el café de la planta de arriba, un lugar aceptablemente lúgubre, lleno de esqueletos, de cráneos y de animales disecados. Podrá probar, bajo su responsabilidad, los cócteles de absenta, insectos comestibles y anos de chocolate. Como a veces imparten talleres de taxidermia o sesiones de espiritismo, es mejor llamar por teléfono antes de ir a visitar el museo.

RAGGED SCHOOL MUSEUM

El museo de la escuela popular

46-50 Copperfield Road, E3
Tel.: 0208 980 6405
www.raggedschoolmuseum.org.uk
Horario: miércoles y jueves de 10.00 a 17.00 h. El primer domingo de mes de
14.00 a 17.00 h . Clase al estilo victoriano a las 14.15 h y a las 15.30 h
Entrada gratuita
Metro Mile End o estación Limehouse de la DRL (Docklands Light Railway)

Aunque Tower Hamlets es en la actualidad uno de los distritos más pobres de la capital, en la época victoriana era sin comparación alguna el más pobre. Las familias se apiñaban en pisos de una sola habitación y los niños analfabetos corrían con los pies descalzos por las calles teñidas de carbón. De cada tres personas que morían, una de ellas era un niño menor de cinco años.

Cuando Thomas Bernardo llegó a Londres en 1866 para convertirse en misionero, una epidemia de cólera acababa de causar estragos en los distritos del este. Bernardo decidió entonces fundar escuelas populares con el fin de asegurar la educación de los niños más pobres.

Hoy en día, los niños mimados del siglo XXI que visitan el museo dedicado a estas escuelas populares, vestigio de los tiempos de Dickens y situado con mucho acierto en Copperfield Road, en el corazón de Mile End, pueden disfrazarse de Oliver Twist.

De 1887 a 1908, decenas de miles de chiquillos se educaron en esta escuela, instalada en un antiguo almacén, al lado de Regents Canal.

El primer domingo de cada mes, una actriz, vestida de época, imparte una clase al estilo victoriano en uno de los salones originales. Los pupitres cubiertos de pintadas y provistos de tinteros, las pizarras y los sombreros de época, ayudan a recrear el ambiente histórico que existía en aquel entonces.

Abajo, el pequeño museo de Tower Hamlets ofrece una breve revisión histórica de los principales monumentos del distrito, como la fábrica de cerillas Bryant & May, hoy en día convertida en pisos de lujo, el Working Lads Institute, cuya misión era enseñar a leer y a escribir a los jóvenes obreros, o la Factory Girls Club, dirigida por "refinadas cristianas" que enseñaban a las jovencitas cómo ser buenas amas de casa para que pudieran emplearse como sirvientas. También se exponen recuerdos del Blitz, entre ellos partituras cuyos alegres títulos (In the Blackout Last Night, por ejemplo) estaban destinados a animar la moral de los ingleses durante la guerra.

Las comidas gratuitas fueron el origen de la asistencia masiva a las escuelas populares, aunque la comida era espantosa: "En el desayuno daban pan y chocolate, y en la comida debían contentarse con una sopa de lentejas o guisantes, acompañada, dependiendo del día, de arroz, ciruelas pasas o judías".

Ante la amenaza de ser demolido a comienzos de los años 80 y tras una campaña de protestas encabezada por los habitantes del distrito, el edificio fue convertido en museo. Bernardo es actualmente una de las organizaciones caritativas más importantes de Gran Bretaña.

EL SALÓN DE SUTTON HOUSE

La casa más vieja de Hackney

2 & 4 Homerton High Street, Hackney, E9
Tel.: 0208 986 2264
www.nationaltrust.org.uk
Horario: de miércoles a domingo de 12.00 a 17.00 h
Entrada: consulte la página web
Estación de tren Hackney Central o Hackney Down, después en autobús

Antaño último bastión de Hackney antes de que llegasen los hipsters, Homerton también se ha aburguesado: dentro de poco tendrá tantos restaurantes de cocina fusión como de comida rápida.

En la época de los Tudor, sin embargo, Homerton era un distrito tan caro que sólo unos cuantos aristócratas pudieron construir aquí sus casas de campo. Thomas Sutton, por ejemplo, el diputado más rico de Gran Bretaña y fundador de una cartuja (véase p. 90), vivió en Homerton. Este edificio, que pertenece al Patrimonio de Monumentos Históricos, tiene el nombre de Sutton por error. En realidad, Sutton vivió al lado, en una residencia que ya fue demolida.

Esta confusión es muy propia de Sutton House, donde la mezcla de estilos arquitectónicos refleja la variopinta sucesión de residentes que lleva acogiendo desde 1535. El primer propietario, Sir Ralph Sadleir, Secretario de Estado de Enrique VIII, era propietario de quince hectáreas de jardines y huertos adjuntos a "Bryk Place", llamado así debido a que era el único edificio de ladrillos en lo que entonces fue un pueblo de casas de madera. La vivienda fue ocupada sucesivamente por un senescal, un comerciante de seda, una escuela de chicas (llamada con coquetería *Ladies' University of Female Arts*) y un club de ocio para hombres (llamado con eufemismo *St John's Church Institute*), antes de que el National Trust (Patrimonio Nacional de Sitios y Monumentos Históricos) la adquiriera en 1938.

A pesar de haber sido ocupada durante un tiempo por un grupo de punks de los años 80, la mayoría de las decoraciones de estilo Tudor sobrevivieron: habitaciones con paredes revestidas de roble, chimeneas esculpidas y un magnífico patio secreto. El salón es la habitación más sorprendente. Sus paredes están recubiertas con 204 paneles tallados a mano, con más de cuatrocientos años de antigüedad. Los paneles desaparecieron a finales de los años 80, pero fueron revendidos al Patrimonio Nacional de Sitios y Monumentos Históricos.

Visitar Sutton House recuerda a una caza del tesoro histórica. Se pueden levantar las tablas del suelo, abrir los paneles y echar un vistazo dentro de los armarios para descubrir huellas del pasado escondidas en la casa. Meta su nariz en el armario victoriano, es decir en el baño: la gente colgaba su ropa ahí, convencida de que la pestilencia del amoniaco alejaría a las polillas. Los niños pueden hurgar en las maletas llenas de trajes de época o explorar una caravana transformada en casa señorial en Breakers Yard. Los vestigios de un trampantojo del siglo XVII están mucho mejor logrados que los murales que unos punks pintarrajearon en el desván, que tiene lo que parece ser el prototipo de la cama sin hacer del artista Tracey Emin. Pero el eslogan del okupa no podría ser más actual: "Londres pertenece a millones de personas y no a los millonarios".

BANNER REPEATER

Un andén artístico

Andén 1, estación de Hackney Downs, Dalston Lane, E8 1LA
www.bannerrepeater.org
Horario: de martes a jueves de 8.00 a 11.00 h. Viernes de 8.00 a 18.00 h. Sábados
de 12.00 a 18.00 h y domingos de 12.00 a 18.00 h (durante las exposiciones)
Entrada gratuita
Estación de tren Hackney Downs o Hackney Central

Viajar en transporte público entre las afueras y el centro de la
ciudad es uno de los inconvenientes de la vida londinense. Trenes
a reventar de gente, a precios carísimos, autobuses llenos de alitas de

pollo a medio comer, borrachos repantigados y amenazas de bomba, estos son hoy los riesgos del transporte público. Si vive cerca de Hackney Downs, vivirá, en las horas punta de la mañana, una experiencia más inspiradora. En 2009, transformaron dos tiendas vacías del andén nº1 de la estación de tren de Hackney Downs en una galería y sala de lectura sin ánimo de lucro, gestionadas por un artista.

Este proyecto de espacio experimental, creado por el artista Ami Clarke, gira en torno al arte textual y numérico, las monografías y las publicaciones impresas. La sala de lectura parece una librería vanguardista pero le animamos a hojear sus libros: hay archivos completos de la editorial Artists' Publishing, y archivos numéricos interactivos en desarrollo. Para quien esté interesado, hay un grupo de lectura regular que estudia la ontología orientada hacia el objeto. Y aunque no sea su caso, podrá leer algo acerca de esto: todas las mañanas, unos artistas distribuyen ejemplares gratuitos de un periódico local titulado *Un-Publish* a unos cuantos de los 4000 pasajeros que transitan a diario por la ruidosa estación de Hackney Downs.

La sala de exposiciones adyacente se dedica a las nuevas obras realizadas por artistas reconocidos o emergentes, videos sobre todo, o fotografías, actuaciones e instalaciones que analizan las tensiones entre la tecnología y las artes. Se organizan frecuentemente charlas y eventos que crean animados debates sobre las cuestiones y los retos a los que se tienen que enfrentar los artistas actuales.

Banner Repeater (señal repetidora) debe su nombre a una señalización ferroviaria que precede una señal de stop situada más lejos en la vía y que podría estar tapada por edificios, puentes o curvas. Sin duda, la idea es que las obras expuestas llamen la atención y hagan que los viajeros se detengan. Para una galería que dice ser accesible al público general, las obras son bastante enigmáticas y académicas. Sin embargo, es una plataforma para los artistas que luchan por sobrevivir en un paisaje cultural y metropolitano cada vez más sometido a las condiciones del mercado financiero. La próxima vez que su tren se retrase, guarde su teléfono móvil y vaya a ver algunas de las obras de arte.

QUÉ VER EN LOS ALREDEDORES

El Record Deck

Hace unos años, el bibliotecario Luke Guilford decidió dejar su trabajo para dedicarse a su pasión por los discos vinilo montando su propio negocio. Al no poder permitirse pagar un alquiler en Londres, reformó su casa flotante en una tienda de discos de segunda mano. No se pierda el Record Deck que recorre las vías navegables de Londres, sobre todo el río Lea.

GOD'S OWN JUNKYARD

Una iluminación sensacional

Unit 12, Ravenswood Industrial Estate, Shernhall Street, E17 9HQ
Tel.: 0208 521 8066
godsownjunkyard.co.uk
Horario: viernes y sábados de 11.00 a 21.00 h. Domingos de 11.00 a 18.00 h
Entrada gratuita
Metro Walthamstow Central o estación de tren Wood Street

Como ha ocurrido con una gran parte de Londres, el barrio de Soho también ha sido saneado. Los *sex shops* sórdidos y los tugurios de mala muerte han sido sustituidos uno a uno por cadenas de restaurantes sosos y bares de cócteles carísimos. El bar Italia todavía aguanta, con

su reloj de neón que atrae a los noctámbulos con ganas de beber un último expreso. Y en Brewer Street quedan algunos *peep-shows* cuyos carteles chillones anuncian la presencia, detrás de las cortinas de brillo, de CHICAS, CHICAS y más CHICAS.

La mayoría de los letreros pícaros del Soho son obra del famoso diseñador de iluminación Chris Bracey que murió en 2014 a los 59 años de edad. Dick, su padre, un minero galés, se estableció en Londres después de la Segunda Guerra Mundial y encontró un trabajo mucho menos sórdido como electricista de las ferias y las salas de juego. En 1952, creó Electro Signs en Walthamstow, la primera empresa londinense de letreros luminosos. Dick Bracey no tardó en detectar el potencial comercial del barrio rojo del Soho: instalaba letreros ilegales en mitad de la noche delante de los *sex shops*, usando a su joven hijo, Chris, como cómplice del crimen.

Electro Signs sigue abierto. A unas calles de ahí, en una siniestra zona industrial, Chris Bracey, creó su propia empresa de neones en 2005. Encajada entre un taller de coches y una minúscula cervecería, God's Own Junkyard (el vertedero del mismo Dios) es a la vez un taller y una sala de exposiciones. Reúne, además de las creaciones personales de Bracey, la mayor colección europea de letreros de neón antiguos.

Cual discoteca psicodélica, el mínimo centímetro de este almacén caótico brilla. Hay labios ardientes y corazones parpadeantes, eslóganes que destellan ("sexo, drogas y sándwiches de beicon") y viejos letreros de prestamistas o salones de masaje. Una cabaña de madera ha sido transformada en un santuario hilarante con estatuas de Buda y un cura católico que rodean a un Jesús tamaño natural con un halo fluorescente sobre la cabeza y que sujeta dos pistolas de neón azul. Esta obra se titula *Son of a Gun* (*Hijo de una pistola*).

Tras cubrir con *strass* los lugares de placer del Soho, Bracey amplió sus actividades creando decorados resplandecientes para varias películas de éxito, como *Blade Runner* y *Batman*. No es nada sorprendente que God's Own Junkyard, que sigue siendo una empresa familiar dirigida por la mujer de Bracey, Linda, y sus hijos, Marcus y Matt, haya servido de decorado para varias películas y sesiones de fotos de moda. Es una agradable sorpresa descubrir este país de las maravillas tecnicolor en los confines de este barrio suburbano. Cuando haya terminado de admirar todas estas cosas tan agradables de ver, puede tomar un té en el jardín secreto con mesas minúsculas custodiadas por setas gigantes.

LA "GRAND JUNCTION" DEL MUSEO DEL VAPOR DE KEW BRIDGE

Proezas tecnológicas victorianas

Green Dragon Lane, Brentford, TW8
Tel.: 0208 568 4757 -www.waterandsteam.org.uk
Todos los días de 11.00 a 16.00 h
Entrada: consultar la página web para conocer los precios y los eventos

Ubicado frente a Kew Gardens, del otro lado del río, el Museo del Vapor posee la mayor colección mundial de máquinas de bombeo. En el edificio se encuentra la Bomba de Kew Bridge, una máquina inaugurada en 1838 que funcionaba sólo con vapor y que formaba parte

de un sistema que suministraba agua potable a la zona oeste de Londres.

Como en la mayoría de los museos industriales, los objetos están expuestos de un modo deliberadamente pedagógico, y en la primera parte de la exposición los visitantes pasan por salas en las que se detalla la historia del suministro de agua de Londres.

Las salas dedicadas a las máquinas de vapor son las más interesantes. La máquina denominada "el final del bailarín" (en honor a la propiedad de Rothschild, en Hertfordshire, de donde proviene) está revestida de una librea rojo intenso, mientras que la máquina de Waddon es de color marrón chocolate.

La verdadera estrella de la colección es la máquina de vapor "Grand Junction 90-inch Cornish". Fue construida en 1846 y tiene unas proporciones monumentales. En cada golpe de pistón, la bomba desplazaba 2 142 litros de agua. Sólo el péndulo pesa 52 toneladas. La máquina es magnífica y el museo muestra la tendencia victoriana a unir las formas antiguas a la tecnología. La máquina se sostiene sobre dos columnas dóricas acanaladas, que armonizan con la forma de los cilindros y de la válvula de escape. El edificio está pintado de marrón oscuro, similar al caoba, lo cual, sumado a la influencia griega, le confiere la apariencia de un templo. Se ve el mismo tipo de carpintería en varias iglesias británicas y especialmente sobre las tumbas y en las tribunas del órgano.

La impresión de grandeza aumenta cuando las máquinas están en funcionamiento. Es fácil caer hipnotizado por sus bellos movimientos. Confirme los horarios de funcionamiento de las máquinas en el sitio web. Nosotros recomendamos los fines de semana en que la máquina de vapor "Cornish" está en funcionamiento. Esos días no sólo funciona la "Grand Junction", sino que además se puede visitar la chimenea de equilibrio. Esta es la torre que permite ver el museo desde lejos. La chimenea parece inspirada en un campanario florentino (otro ejemplo de diseño industrial basado en formas antiguas) y ofrece una hermosa vista de Londres.

A unos pasos de ahí está el Musical Museum, donde se expuso una preciosa colección de instrumentos musicales automáticos. Las visitas guiadas incluyen demonstraciones de copias de pianos, orquestriones, armonios de fuelle manual, órganos de salón, violines automáticos y "Mighty Wurlitzer", un gran órgano de teatro. Abre los martes, viernes, sábados, domingos y festivos. Los lunes de 11.00 a 17.00 h, cierre de taquillas a las 16.00 h. Consulte la web para conocer las tarifas y los eventos (www.musicalmuseum.co.uk).

LONDON TRANSPORT MUSEUM DEPOT

El increíble desván del transporte público londinense

118-120 Gunnersbury Lane, Acton Town, W3 9BQ
Tel.: 0207 565 7298
www.ltmuseum.co.uk/whats-on/museum-depot
El depósito abre dos fines de semana al año pero también se organizan visitas guiadas sobre una parte destacado de la colección. Para más información consulte la web
Entrada: consulte la web para conocer las tarifas
Metro Acton Town

Es una verdadera cueva del tesoro para los apasionados de los trenes, los amantes de los autobuses y los fanáticos de los transportes públicos que viven en Londres, que son sorprendentemente numerosos.

El London Transport Museum de Covent Garden es una colección discreta y bien organizada, de lo mejor que ha tenido la ciudad en la historia del transporte público. Pero el museo, que tiene más de 320 000 objetos repartidos en distintas colecciones, es otra cosa. Cuesta imaginarse que una nave de 6 000 metros cuadrados esté llena a reventar, pero este espacio, que tiene trenes de metro enteros y una amplia colección de autobuses y tranvías, así como todos los accesorios y documentos relacionados con su funcionamiento, da la impresión de que va a reventar en cualquier momento.

Hay una enorme variedad de cosas que ver. Sin duda, hay muchos objetos que solo pueden apreciar los expertos –en especial, los numerosos transformadores eléctricos que parecen haber salido directamente del laboratorio de Frankenstein, cerca de la entrada–, pero la mayoría de lo que está expuesto es para el público en general. La amplia colección de maquetas de arquitectos incluye el laberinto de túneles de pasajeros en Oxford Circus. Obviamente, también hay cientos de señales de estación con la célebre insignia redonda que muestran cómo ha evolucionado con el tiempo, mapas y hasta una vitrina donde se puede ver el famoso tipo de letra Johnston Sans, que parece una reliquia sagrada en un relicario de cristal. También hay curiosidades como un trozo de escalera mecánica de caracol que se usó como experimento en Holloway Road: una idea espantosa que, aun así, se construyó.

A veces parece un enorme mercadillo de segunda mano, pero la joya del museo es la maquinaria. Hay trenes de metro nuevos –el London Underground está cambiando todos los trenes de su red–, pero la gran mayoría son de otras épocas. Empezando por un vagón de primera clase de 1892 que durante años sirvió de gallinero antes de ser restaurado; también lo usaron para transportar pasajeros durante las celebraciones del 150 aniversario del metro en 2013. Un enorme ómnibus Leyland, uno de los predecesores del autocar, parece estar reclamando un conductor que lo ponga en marcha. Y, de hecho, paseando por este depósito, uno acaba deseando que el transporte londinense devuelva a las calles la mayoría de su colección: los tranvías, los autobuses con sus conductores, y los trolebuses. Para un londinense, lo interesante es que casi todo le resulta familiar enseguida, aunque la mayoría de los vehículos lleven fuera de servicio mucho tiempo. Esto viene sin duda de un sentido innato del estilo.

KELMSCOTT HOUSE

La residencia de William Morris a orillas del Támesis

26 Upper Mall, Hammersmith, W6
Tel. : 0208 741 3735
www.sal.org.uk/kelmscott-manor
Horario: jueves y sábados de 14.00 a 17.00 h
Entrada gratuita
Metro Ravenscourt Park

El encanto del pequeño museo, sede de la William Morris Society, radica sobre todo en el edificio y en su sorprendente ubicación, una curva del Támesis que parece estar en medio del campo. Morris creía firmemente que la obra cumbre del arte no podía ser más que una hermosa casa. Un buen libro ilustrado ocupaba el segundo puesto en su jerarquía de las creaciones artísticas. En Kelmscott House, donde pasó los últimos años de su vida y montó una editorial (Kelmscott Press), pudo reunir sus dos pasiones.

Kelmscott House es actualmente una propiedad privada. El público sólo tiene acceso al sótano y a las dependencias, donde se exponen varios diseños de Morris, que utilizó en sus famosos papeles pintados, su prensa tipográfica y un precioso mobiliario. Se pueden ver gran cantidad de fotos del artista. Hay también una pequeña tienda en la que se venden reproducciones de las estampas de Morris.

Morris fue un hombre fuera de lo común -"murió, se dice, después de haber trabajado más que diez hombres juntos"-, y estas tres habitaciones irradian el entusiasmo que ponía en sus múltiples actividades como decorador, artista, escritor y socialista, dejando en cada una de ellas un sello muy personal. Del otro lado del camino se encuentra *The Dove*, el pub más pequeño de Inglaterra (alrededor de 1,5 m x 2,5 m), que tiene una terraza a orillas del agua.

Otros lugares dedicados a Morris en Londres

A unos seiscientos metros río arriba, en el nº7 de Hammersmith Terrace, está la antigua residencia de Emery Walker, tipógrafo, anticuario, amigo y mentor de William Morris. La fachada georgiana esconde un interior espléndido, una joya del movimiento Arts & Crafts, que se ha conservado tal y como era cuando vivió Walker, de 1903 a 1933. La William Morris Gallery, (Lloyd Park, Forest Road, Walthamstow), situada en una de las asombrosas residencias georgianas del artista, dispone de una colección muy importante de estampados, tapices, moquetas, papeles pintados, muebles, vidrieras y baldosas pintadas diseñados por el propio Morris, y también obras de Edward Burne-Jones, Philip Webb, Dante Gabriel Rossetti y Ford Madox Brown -en pocas palabras, obras de todos los prerrafaelitas-. Los hombres (o las mujeres) de izquierdas podrán admirar la cartera en la que Morris llevaba sus tratados socialistas. La obra cumbre del arte estético de Morris es *The Red House* (La Casa Roja), en Bexleyheath, casa cuya construcción encomendó a su amigo Philip Webb en 1859. Administrada hoy en día por la National Trust (Patrimonio Nacional), está decorada con maravillosos jardines en los que Morris organizaba espléndidos picnics. (Horario: de martes a sábado de 9.30 a 13.30 h. Para inscribirse en una visita guiada, llamar al 0208 304 9878.)

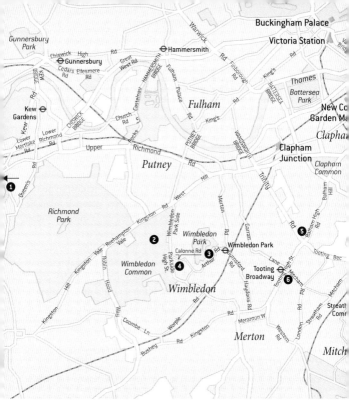

Greater London (Sur)

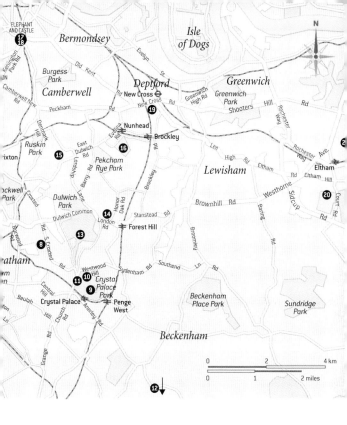

LA TORRE DE PERDIGONES DE CRANE PARK

Explosiones de antaño

Crane Park, Whitton, TW2 6AB - Tel.: 0208 755 2339/07702 669 888
www.wildlondon.org.uk/reserves/crane-park-island
Horario: todos los domingos de 13.30 a 16.00 h
Línea de tren de Whitton o metro y tren en la estación de Richmond, y luego el autobús H22, 110 o 111

Antiguamente Londres tenía muchas fábricas de municiones, la mayoría a una buena distancia del centro porque tenían la mala costumbre de explotar. Aislada cual faro, una torre de perdigones, último vestigio del molino de pólvora de Hounslow, se alza en pleno Crane Park. Antaño, los molinos de esta fábrica bordeaban el río Crane, un afluente del Támesis en el que desembocaba a la altura de Isleworth. Su aislamiento era perfecto para los peligros que corría constantemente una fábrica de armas. La fábrica de pólvora de Hounslow explotaba de manera espectacular periódicamente. En 1772, una explosión hizo que estallaran todos los cristales de Strawberry Hill, la residencia de Horace Walpole, situada a unos siete kilómetros de la fábrica. Hubo muchos accidentes a lo largo de los años, y la última explosión se remonta a 1915. Erigida en 1826, la torre de perdigones de Crane Park es la última construcción intacta de esta fábrica, que estuvo operativa hasta 1927. La torre se usaba para fabricar munición: el plomo se fundía en un crisol en lo alto de la torre, antes de meterlo en un molde de cobre para calibrar el perdigón que caía dentro de la torre hasta el suelo. A medida que estas gotas de plomo caían, la tensión superficial les daba una forma esférica. Los perdigones mal calibrados volvían a mandarse a lo alto de la torre para repetir la operación.

La torre de Crane Park es de pequeñas dimensiones, solo se podían fabricar perdigones de pequeño calibre. Algunas piedras de molino que se usaban para moler el salitre, uno de los ingredientes de la pólvora, están a los pies de la torre. La represa de molino es ahora una reserva natural donde se pueden ver, si se presta atención, algunos vestigios de la presencia de la industria de municiones: montículos para probar los explosivos, compuertas de esclusas y bancos de pruebas. La torre de perdigones, donde le darán información de la reserva natural aledaña, solo abre al público los domingos por la tarde.

Image source: http://www.heritage.vic.gov.au/admin/file/content2/c7/Coops_shot_tower.pdf

Antaño, las fábricas de municiones eran una industria importante que abastecía a todo el Imperio británico. La más grande era el Arsenal Real de Woolwich, que contrató a 80 000 obreros durante la Primera Guerra Mundial. Como era de esperar, el arsenal ha pasado a ser un complejo de viviendas al borde del río, pero podrá descubrir su explosiva historia en el Centro del Patrimonio de Greenwich (https://www.greenwichheritage.org), en la antigua fábrica de artillería.

WIMBLEDON WINDMILL MUSEUM ②

El molino donde vivió Baden-Powell

Windmill Road, Wimbledon Common, SW19
Tel.: 0208 947 2825 - www.wimbledonwindmill.org.uk/museum
Horario: desde finales de marzo hasta finales de octubre: Sábados de 14.00 a 17.00 h . Domingos y festivos de 11.00 a 17.00 h
Entrada: consultar la página web
Metro o estación de tren Wimbledon, estación de tren Putney o metro East Putney y autobús 93

Originariamente, los campos comunales (commons) de Wimbledon, como la mayoría de los campos comunales de Londres, estaban destinados a la agricultura. El molino de viento, situado en la cara noroeste del monte, es el último vestigio que queda de esta práctica. Si bien existían numerosos molinos de agua en la ribera del río Wandle, la comunidad local quería fabricar su propia harina. Es por ello que, en 1817, se le concedió a Charles March la autorización para construir un molino de viento "con la condición de levantar y mantener el molino en beneficio del vecindario". Asimismo, se suponía que los molineros también tenían que vigilar a los amantes de los duelos, a quienes les encantaba cruzar las espadas en los campos comunales. En 1864, hubo que cerrar el molino porque el conde Spencer decidió construir ahí mismo su nueva residencia y cercar Wimbledon Common para tener su jardín privado. Naturalmente, los habitantes del barrio protestaron. En 1871, se promulgó una ley -the Wimbledon & Putney Commons Act- que restituyó los campos comunales a los residentes, quedando suspendido el proyecto del conde. El molino fue habilitado como viviendas para alojar a seis familias. Entre sus residentes se encontraba el fundador del movimiento scout, Lord Baden-Powell. En la actualidad, el molino ha sido convertido en un pequeño museo. El hall de entrada alberga la gran rueda de dientes rectos que permitía ponerlo en funcionamiento. También podemos observar numerosas maquetas de molinos y dispositivos interactivos sobre el funcionamiento de un molino. Los niños pueden moler el trigo, levantar bolsas de harina o cambiar las lonas de las aspas del molino. Una escalera conduce a la torre desde donde se puede ver, en los días de mucho viento, cómo funciona el mecanismo.

QUÉ VER EN LOS ALREDEDORES
Los pozos artesianos de Arthur Road ③

En 1763, el conde Spencer hizo perforar un pozo artesiano en Arthur Road para poder tener agua en su residencia. Un mecanismo, accionado por caballos, bombeaba el agua hasta el depósito situado encima de la cúpula. En 1798, el conde decidió hacer el pozo más profundo, pero tardó más de un año en encontrar más agua, la cual surgió con tanta fuerza que los obreros casi murieron ahogados. Sin embargo, el pozo se secó rápidamente y, en 1975, la torre fue transformada en una residencia privada.

Buddhapadipa temple ④
14 Calonne Road, SW19 - www.watbuddhapadipa.org

Primer templo budista construido en el Reino Unido, este elegante edificio está decorado con murales y rodeado de dos hectáreas de jardines, donde hay un lago decorativo, un jardín con flores y una huerta. Abre al público todos los días de 9.00 a 17.00 h. Consulte la web para conocer la agenda de eventos y para reservar visitas de grupos.

EL MUSEO DE LAS MÁQUINAS DE COSER DE LONDRES

Una puntada a tiempo

308 Balham High Road, SW17 7AA
Tel.: 0208 682 7916
www.craftysewer.com
Abierto el primer sábado de mes (salvo en enero) de 14.00 a 17.00 h
Entrada gratuita
Metro Tooting Bec

Descubrir este museo es como buscar una aguja en un pajar. Nunca hubiese pensado que semejante tesoro se escondiese entre las tiendas de descuentos y de bricolaje de Balham High Road. El exterior –un bloque de cemento gris de los años 1960, cubierto de paneles color azul cielo– tampoco da ninguna pista. Como si quisiera confundir a los eventuales visitantes, el edificio luce el siguiente letrero: "Wimbledon Sewing Machine Co. Ltd.", aunque esté en Tooting.

El interior parece un taller clandestino de Primark, aunque ningún niño trabaje en él. Es un amplio hangar iluminado con neones y con máquinas de coser colocadas en fila. Nuevas o de segunda mano, domésticas o industriales, no solo sirven para coser sino también para sobrehilar, rebatir, bordar con puntada de ojal y para todo lo que se quiera. Pero las más bonitas están expuestas en la primera planta, en dos grandes salas llenas de antiguas máquinas que datan de los años 1830 a 1950.

La pieza maestra es uno de los primeros prototipos de madera fabricados por Barthelemy Thimonnier, el inventor de la máquina de coser. Casi ninguna de esas máquinas primitivas ha sobrevivido porque un grupo de sastres iracundos quemó la fábrica donde las usaban, por miedo a que la mecanización acabase con su sustento. Una competencia cercana de estas máquinas es la máquina ricamente decorada que la reina Victoria mandó fabricar a medida como regalo de bodas para su hija mayor Vicky: adornada con el escudo real, dotada con bobinas de marfil en forma de corona, con pedales de roble esculpido y con una placa de aguja con el castillo de Windsor grabado en ella, debió de costarle una fortuna en 1850. Ray Rushton, su dueño, que también posee el resto de las 700 máquinas, la adquirió por 23 500 £ en 1997. Rushton ha multiplicado los negocios: compró una máquina de coser de la época eduardiana camuflada en un león de hierro forjado a un trapero por solo 7 £.

Este alegre fumador de puros trabaja en esta tienda desde que era un niño. Después de la Segunda Guerra Mundial, Thomas Albert Rushton, su padre, le llevó por todo Londres para conseguir máquinas de coser de segunda mano. Padre e hijo transportaban hasta seis máquinas en cada excursión. Las reparaban y revendían obteniendo un buen beneficio. En 1946, el negocio iba tan bien que Rushton pudo abrir otra tienda en Wimbledon. Se puede ver una reproducción de la tienda original en el museo. Hubo un momento en que la familia tuvo siete tiendas.

Ray empezó a almacenar las máquinas de época que no tenían mucho valor en la reventa durante los años difíciles de la posguerra, cuando era más barato fabricar que comprar ropa. Escondió su colección debajo de unas lonas durante cuarenta años, hasta que abrió el museo en 2000. Ahora tiene un trabajo extra vendiendo elementos de atrezo para películas de época. Cada una de estas máquinas está en perfecto estado de funcionamiento.

CINE GRANADA/GALA BINGO HALL ⑥

La catedral de Chartres tal y como la hubiera diseñado Liberace

50 Mitcham Road, Tooting, SW17
Tel.: 0208 672 5717
Horario: de lunes a jueves de 10.00 a 23.00 h . Viernes y domingos de 10.00 a 00.00 h
Entrada: reservada a los socios, aunque la inscripción es gratuita para toda
persona mayor de 18 años
Metro Tooting Broadway

Este salón, en el que lamentablemente hoy en día se juega al bingo, fue la primera sala de cine de Gran Bretaña. Está catalogado como monumento nacional de primera categoría, el nivel de conservación más riguroso que puede obtener un edificio.

Aunque su exterior no tiene nada de particular, el interior recuerda a la catedral de Chartres tal y como la hubiera diseñado Liberace. La sala de cine se inauguró en 1931. Fue construida por encargo de Sidney Bernstein, un ruso blanco exiliado que además creó la cadena de televisión Granada, y diseñada por el decorador y director de teatro ruso Fyodor Fyodorovich Kommisarzhevsky, quien estuvo casado poco tiempo con la actriz Peggy Ashcroft. Además del predominio del dorado, la residencia está llena de espejos góticos y falsas ventanas con pequeños cristales y cuenta con unas escaleras de mármol circulares a cada lado. Todo esto es bastante sobrio en comparación con la sala de espectáculos.

El escenario se encuentra bajo un techo artesonado y está rodeado de arcos de catedral, símbolos heráldicos y lámparas de araña disimuladas parcialmente por los monitores y la iluminación del bingo. La decoración se intensifica a medida que uno se aproxima al escenario. A todo lo largo de la sala, las bóvedas están cubiertas de pinturas de estilo medieval. No por ello los fanáticos del bingo se distraen o dejan de mirar sus cartas. Da la impresión que han trasladado un casino de Las Vegas a lo más recóndito del suroeste de Londres.

Antiguamente, el Granada era el único cine de la periferia de Londres que tenía su propia orquesta de veinte instrumentos. Los alegres acomodadores llevaban sombrero de copa y llevaban una capa azul sobre los hombros, camisas de seda doradas, pantalones azules y guantes blancos. Los porteros, por su parte, estaban ridículamente vestidos con un uniforme azul con botones de cuero, hombreras doradas y una gorra con visera. Para celebrar su aniversario, el cine ofreció a todos sus clientes un trozo de un pastel que pesaba una tonelada. En las noches de estreno 2 000 personas podían quedarse sin entradas y cada año más de tres millones de espectadores pasaban por esta sala. La llegada de la televisión no tardó en acabar con esta sala de cine que, finalmente, tuvo que cerrar sus puertas en 1973. Las reabrió en 1991 para albergar el actual bingo.

Hay que ser socio para visitarlo, aunque la afiliación es gratuita. Para más información llame al Granada.

Frank Sinatra, los Beatles y los Rolling Stones han cantado en el Granada. El órgano Wurlitzer original se encuentra aún en la sala, aunque sus tubos están sepultados bajo el escenario.

THE ROOKERY, STREATHAM

Jardines de estilo francés en la periférica jungla

Streatham Common South, SW16
Horario: desde las 7.30 h hasta 15 minutos antes de la puesta de sol
Entrada gratuita
Estación de tren Streatham (a 20 min desde London Bridge o Blackfriars).
Al salir de la estación de Streatham, gire a la derecha y continúe recto hasta
Streatham Common. Suba hasta la cima de la colina. Desde ahí se ven los
muros de The Roockery en el lado sur del terreno municipal
El Roockery Café está muy cerca

Es poco probable que Streatham figure en muchas guías. Aunque gran número de talentos han pasado por aquí -comenzando por Bill Wyman, el bajista de los Rolling Stones, la top model Naomi Campbell, el mefistofélico Aleister Crowley (Streatham sin duda puede resultar un tanto siniestro) y William Mildin, conde de Streatham, décimocuarto su generación y al parecer el modelo de Tarzán-, no es un lugar muy agradable. En el siglo XVIII, sin embargo, Streatham fue un refugio de paz muy cercano a la ciudad, donde había gran cantidad de hermosas casas de campo. The Roockery (literalmente "la colonia de cornejas") es un conjunto de jardines públicos adjuntos al terreno municipal de Streatham. Abiertos al público desde 1913, antaño formaron parte de una inmensa propiedad derribada a principios del siglo XX.

Una serie de senderos, en uno de los cuales hay una pérgola cubierta de glicinias, se reparten por los jardines centrales. Esta segmentación ofrece muchas posibilidades para quien quiera alejarse del mundo. En resumidas cuentas, es un lugar ideal para jugar al escondite. Los jardines descienden por la suave pendiente de una colina desde donde la vista es sorprendente, aunque el siniestro centro urbano de Norbury tiende a estropearla. También hay un jardín en el que todas las flores son blancas. Hay mesas (poco frecuentes en los parques ingleses) en las que se puede hacer picnic y un pequeño pozo sellado sobre el cual uno se puede sentar. El jardín está inspirado en el parque de Vita Sackville-West, en Sissinghurst.

En verano, el césped en pendiente de la Rookery sirve de decorado para las representaciones teatrales (Shakespeare sobre todo). El parque forma parte del Capital Ring, el "anillo de la capital", un recorrido peatonal de 125 km de largo, que da la vuelta a Londres (https://tfl.gov.uk/modes/walking/capital-ring) –aunque solo recorra uno de sus quince tramos, hay un montón de cosas que ver en cada uno de ellos–.

Los nacimientos de Streatham

Este pozo es todo lo que queda de los pozos de agua mineral que atraían a tanta gente a Streatham en los siglos XVII y XVIII. Era frecuente que los coches repletos de sedientos esperaran en fila desde la Streatham High Road, a más de un kilómetro. Seguramente que la reina Victoria no tenía que acercarse hasta aquí si le entraban ganas de beber.

En 1659 descubrieron las propiedades sanadoras de este agua, cuando dos agricultores experimentaron sus "efectos purificadores". Tenía la fama de curar toda suerte de enfermedades, especialmente los reumatismos, la gota, la ictericia, los dolores de hígado y la ceguera.

EL MUSEO DE LA TELEVISIÓN Y DE LA RADIO DE ANTAÑO

Radiohead

23 Rosendale Road, SE21 8DS
Tel.: 0208 670 3667
bvwm.org.uk
Solo abre previa cita, aunque los amigos del British Vintage Television and Wireless Museum suelen organizar jornadas de puertas abiertas los viernes de 12.00 a 18.00 h. Se ruega llamar con antelación para reservar una plaza
Estación de West Dulwich

Oculta entre la frondosa vegetación de West Dulwich, esta gran residencia de la época eduardiana fue la casa de Gerry Wells, cuya colección personal de radios antiguas, televisiones y equipamientos relacionados con estos aparatos constituyen la parte esencial del museo. Hijo de un agente de seguros, Wells se apasionó desde muy joven por la electricidad y la radiodifusión. Empezó coleccionando piezas de circuitos eléctricos, que recuperaba en las zonas bombardeadas, así como radiorreceptores. Sus padres no aprobaban esta pasión; su madre le decía que nunca estaría satisfecho hasta que no llenase toda la casa de radios. Las madres suelen tener razón.

La casa y los cobertizos del jardín están llenos de aparatos. Según un cálculo aproximado, habría unos dos mil. Desde que Wells murió en 2014, el museo, que está gestionado por un consejo de administradores, ha intentado poner orden en la colección, organizando los aparatos por cronología, origen o fabricante. La casa estaba un poco más desordenada antes; por ejemplo, Wells recuperó el enorme variador de frecuencia de la estación transmisora de Crystal Palace, cerca de ahí, para ponerlo en su habitación.

Durante años, los radiorreceptores fueron la pieza central de los hogares ingleses, pero con la llegada de la televisión se volvieron obsoletos de la noche a la mañana. Al parecer Wells nunca compró una sola radio en su vida; los traperos, entre otros, que conocían su pasión, dejaban viejas radios en la puerta de su casa en vez de tirarlos. De hecho, la colección es muy heterogénea ya que tiene radios de baquelita *art déco*, una radio en forma de esfera plateada –muy bonita pero suena horriblemente mal– y un par de radios nazis con la cruz gamada. La colección también incluye antiguas televisiones, aparatos que Wells odiaba, pero que coleccionaba de todos modos. Al ojo moderno le cuesta identificarlas aunque su tecnología sea reciente.

El museo intenta mantener todos los radiorreceptores en buen estado. Wells era un melómano y afirmaba que el sonido era mejor con amplificadores; cuando la radio está encendida difícilmente podemos decir lo contrario. Durante un tiempo, Wells fabricó y vendió su propia marca de amplificadores a válvulas para las cadenas de *hi-fi*, una elegante mezcla de estilo retrofuturista, parecido a la serie *Flash Gordon*, todos procedentes del jardín de Wells. Cabe destacar también que entre los objetos que no hay que perderse se encuentra un enorme amplificador de cuerno, de una sorprendente potencia, que preside el salón, así como la cabina personal de DJ que el propio Wells había habilitado para poner música en sus fiestas.

LOS DINOSAURIOS DE CRYSTAL PALACE

*Dinosaurios a escala natural alrededor
de un estanque de patos*

*Sydenham Hill
Crystal Palace Park, SE19
Horario: a partir de las 9.30 h hasta una hora antes de que cierre el parque,
al anochecer
En tren de London Bridge hasta Penge West o de Victoria Station hasta Crystal
Palace*

Los dinosaurios de cemento a escala natural de Sydenham Hill, obra del escultor Benjamin Waterhouse Hawkins, son un singular testimonio del período victoriano de Londres. Se construyeron en 1853, alrededor de un estanque, en el parque de Crystal Palace.

Diseñados para instruir al proletariado británico, los dinosaurios se adelantaron a los darwinistas e indignaron a la aristocracia, a la alta burguesía y a la Iglesia anglicana.

El estudio de los dinosaurios estaba en sus inicios: es más, la palabra "dinosaurio" no fue inventada hasta 1842 por Richard Owen, conservador del Hunterian Museum y consejero de Hawkins. Estas obras, que en su tiempo debieron de ser una fusión genial de arte y ciencia, hoy en día parecen un tanto ridículas (especialmente la idea de ubicar a estos animales alrededor de un estanque de patos, como si hubieran sido domesticados). Además, tienen un aspecto granuloso y bastante inverosímil. En defensa de Hawkins, hay que decir sin embargo que moldear el cemento no debe de ser una tarea nada fácil. Durante los años siguientes, y hasta 2003, la vegetación cubría estos dinosaurios. Cuando se paseaba alrededor del estanque, se veían de pronto surgir de la nada cabezas de cemento. La instalación ha sido completamente restaurada y han vuelto a pintar estos animales respetando en lo posible sus colores originales. También se han añadido dos nuevos pterodáctilos.

Cenar en el vientre de un iguanodonte

La inauguración de los dinosaurios, el 31 de diciembre de 1853, fue famosa porque se organizó una comida en el vientre de un iguanodonte, aún en construcción. Se levantaron los vasos y se declaró: "¡Oh, saurios y pterodáctilos! ¡Habríais podido imaginar, durante vuestras regocijantes vidas primitivas, que otra raza vendría a vivir sobre vuestras tumbas y a cenar entre en vuestros fantasmas?"

En la época victoriana, a Londres le gustaba considerarse el modelo de la razón ilustrada. Crystal Palace Park, en Sydenham Hill, encarnaba esta idea. Se diseñó especialmente para alojar el Crystal Palace, la pieza maestra de la Exposición Universal de 1851 en Hyde Park, y cuyo objetivo era demostrar la superioridad industrial, militar y económica de Gran Bretaña.

También fue en este parque donde el inventor John Logie Baird perfeccionó la televisión. Después de que un incendio destruyese el Crystal Palace en 1936, el entusiasmo por el parque disminuyó, pero los fantasmas de su pasado siguen en él. Un enorme busto de Sir Joseph Paxton domina el estadio de atletismo. Este personaje es conocido sobre todo por haber diseñado el Crystal Palace y por haber desarrollado la cultura del plátano de Cavendish, el plátano más consumido del mundo occidental.

EL PASO SUBTERRÁNEO DE CRYSTAL PALACE

Una maravilla escondida hecha de ladrillos

Crystal Palace Parade, SE19 1LG
www.cpsubway.org.uk
Abierto cuando hay eventos y los fines de semana Open House London. Para
más información consulte la web
Entrada gratuita
Tren en la estación de Crystal Palace

Este maravilloso túnel de ladrillo es prácticamente el único vestigio de la estación de la High Line que iba a Crystal Palace, un gigantesco palacio de vidrio y acero prefabricado que albergó la Exposición Universal de 1851 en Hyde Park, antes de que lo trasladasen, tres años después, a lo que llamaban entonces el terreno municipal de Penge. Fue el acontecimiento turístico de la época. El número de visitantes fue tan elevado que la estación de origen de la Low Line no pudo responder a la demanda, razón por la cual, en 1856, inauguraron la High Line, lo que acortaba el paseo hasta el palacio.

Charles Berry Jr., el hijo del arquitecto del palacio de Westminster, diseñó esta estación y no escatimó en gastos. Desde la estación, los pasajeros de primera clase accedían al paso subterráneo situado bajo la Crystal Palace Parade, que parecía un bulevar elegante antes de convertirse en la actualidad en una carretera principal muy transitada. El paso subterráneo tiene bóvedas de ladrillos de terracota de color crema y descansa sobre quince columnas octogonales. Podría tratarse más de una cripta bizantina que de una vía pública subterránea. Después de cruzar el vestíbulo de techo de vidrio y acero, los visitantes entraban directamente al palacio.

Sin embargo, el esplendor terminó desapareciendo. En 1936, un incendio destruyó el Crystal Palace y la estación decayó rápidamente. En la Segunda Guerra Mundial el paso subterráneo sirvió de refugio antiaéreo, con una capacidad para 192 personas tumbadas y 360 de pie. Después de la guerra, el transporte ferroviario quedó interrumpido y la estación cayó en desuso. Un vecino recuerda que se había convertido en un sitio "demasiado lóbrego". Terminaron por cerrar la estación en 1954 y demolerla en 1961, aunque a Ken Russell le dio tiempo de volver para rodar un cortometraje, *Amelia and the Angel* (*Amelia y el ángel*), en 1957.

Solo el paso subterráneo se salvó. Los niños lo usaron para jugar durante muchos años. En los años 1990, aquí también se organizaron *raves* pero terminaron prohibiendo el acceso por razones de seguridad. Afortunadamente, hoy tiene sus defensores –los Amigos del paso subterráneo del Crystal Palace– que se esfuerzan en hacerlo accesible al público y en aprovechar su espacio todo lo posible.

QUÉ VER EN LOS ALREDEDORES:
El museo de Crystal Palace ⑪
www.crystalpalacemuseum.org.uk

Este museo está justo a la vuelta del paso subterráneo, en lo alto de Anerley Hill. Solo abre los domingos de 11.00 a 16.00 h y tiene maquetas a gran escala del Crystal Palace, así como varios vestigios y elementos relacionados con la Exposición Universal. En verano, todos los primeros domingos de mes, el museo también ofrece visitas guiadas a las ruinas del palacio.

EL MUSEO DE LA MENTE DE BETHLEM

Un psiquiátrico para obras de arte

Monks Orchard Road, BR3 3BX
Tel.: 0203 228 4227 - www.bethlemgallery.com ; museumofhemind.org.uk
Horario: de miércoles a viernes de 10.00 a 17.00 h (cierre de taquilla a las 16.30 h), y el primer y último sábado de mes - Entrada gratuita
Tren en la estación de Eden Park, luego autobús 356; o estación de East Croydon, luego autobús 119 o 198

El Bethlem Royal Hospital, tristemente conocido antaño con el nombre de Bedlam (manicomio), se fundó en 1247 en lo que hoy es la estación de Liverpool Street y donde se exhumaron miles de esqueletos de pacientes internados cuando excavaron el túnel de la línea ferroviaria. Posteriormente, trasladaron el hospital psiquiátrico a Moorfields, el primer parque público de Londres. Luego, en 1815, volvieron a cambiarlo de sitio, esta vez al sur del Támesis, donde hoy está el Imperial War Museum, y al fin, en 1930, lo trasladaron a las afueras, en el sudeste de Londres.

Justo enfrente de la entrada principal del hospital actual se alza un gran edificio de ladrillos que alberga un museo y una galería desde 2015. En la planta superior, el Museo de la Mente acoge una colección de obras de arte y de objetos relacionados con el pasado del hospital de Bethlem y con la historia y el tratamiento de las enfermedades mentales. Se pueden ver vestigios de la historia de altibajos del hospital Bedlam: trozos de paredes acolchadas, instrumentos de "contención" (como una camisa de fuerza) y uno de los primeros (y enormes) aparatos de electrochoque, así como dos esculturas de Caius Cibber, La melancolía y La locura, que originalmente descansaban sobre la entrada de Moorfields. Sin embargo, no se trata de un museo de los horrores: las vitrinas están cuidadosamente diseñadas para generar reflexiones tanto actuales como históricas sobre los cuidados relativos a la salud mental.

La colección de obras de arte del museo abarca dos siglos. Se creó a partir de la colección de pinturas y esculturas de los doctores Guttman y Maclay, dos médicos coleccionistas de obras de artistas experimentados que sufrían de trastornos mentales. Como espectador, es difícil no interpretar estas obras como los síntomas de una enfermedad mental. A veces el vínculo es explícito y doloroso: los tonos gris mate de los dibujos de personas de Marion Patrick podrían prescindir de tener títulos como Depresión II para que entendamos lo que significan. Pero esta colección no carece en absoluto de esperanza. Cuando estuvo internado en 1953, el pintor canadiense William Kurelek pintó The Maze (El laberinto), oscura expresión de su drama personal, pero, más tarde, donó al hospital su obra *Out of the Maze* (Fuera del laberinto), como agradecimiento. Esta obra complementaria muestra una familia haciendo pícnic bajo un cielo extraordinariamente azul y sugiere la curación. Las pinturas de gatos de Louis Wain tienen tal vez un aspecto monomaniaco, pero son igual de alegres. Quién sabe.

En la planta inferior, la galería de Bethlem expone obras realizadas por antiguos pacientes, y actuales, del hospital. El friso de cerámica que tiene el taller de al lado merece que se recorra la corta distancia que lo separa del museo. Bethlem está rodeado de unas 150 hectáreas de zonas verdes bien cuidadas y accesibles a los visitantes: infórmese en recepción de los paseos que se pueden hacer.

EL BOSQUE DE SYDENHAM HILL

Bosque, vida salvaje y grandes maestros del arte

Estación de tren Victoria hasta Sydenham Hill (15 min.)

Este es un paseo que merece la pena hacer. Al salir de la estación Sydenham Hill por el costado de College Road, cruce la carretera y siga el largo camino hasta la cima de la colina, donde podrá degustar una excelente merienda en la Dulwich Wood House Inn. Una vez llegue a la verja, gire a la izquierda y camine unos 500 metros a lo largo de la Crescent Hill Road hasta la entrada del bosque de Sydenham Hill. Al girar a la izquierda, bajará hacia el ferrocarril abandonado de High Level, construido en 1865 con el fin de cubrir el servicio de Crystal Palace.

Siguiendo las vías del ferrocarril durante un kilómetro, el recorrido por los bosques de los alrededores permite descubrir, dependiendo de la estación del año, instalaciones de arte contemporáneo al aire libre y una capilla en ruinas. El banco atravesado en el camino indica que a su izquierda hay unos escalones de madera por donde puede subir. Una valla de metal separa el bosque de un campo de golf, donde sólo los socios pueden disfrutar de las vistas sobre la ciudad.

Siga el camino hasta el viejo puente peatonal, pase por la puerta de metal que está a la izquierda y descienda el Cox's Walk hasta el terreno municipal de Dulwich. Gire a la izquierda y, al cabo de un kilómetro, se encontrará con la puerta de piedra de Dulwich Park. Hay un agradable café en medio del parque. Continúe luego hacia College Road para visitar la bella Dulwich Picture Gallery. Puede desandar sus pasos a lo largo de College Road hasta la estación de Sydenham Hill o tomar la Gallery Road a la izquierda hasta la entrada de Belair Park, y atravesar el parque hasta la estación de West Dulwich o Thurlow Park Road.

Esta parte de Londres es especialmente verde, legado de las parcelas adquiridas por John Alleyn, primera figura del teatro isabelino, quien fundó el Dulwich College. Alleyn tuvo dos fructíferos matrimonios, y fue propietario de diversas y rentables casa de juego, fosas de osos y burdeles. El colegio continúa siendo propietario de los terrenos, que siguen una estricta normativa de edificación.

Dulwich Picture Gallery

La Dulwich Picture Gallery, construida por John Soane, fue el primer edificio del mundo concebido específicamente para albergar una galería de arte. Aquí se puede ver una importante colección de obras de Poussin, Rubens, Murillo, Van Dyck, Rembrandt, Watteau y Gainsborough, que reunió el rey de Polonia en 1790 para crear la colección nacional. Cuando Polonia fue eliminada del mapa en 1795, tras una serie de guerras catastróficas, la colección del rey quedó sin propietario y encontró finalmente un lugar en Dulwich en 1811.

College Road debe su nombre a Dulwich College, uno de los establecimientos escolares más prestigiosos de Inglaterra. El lema del colegio es *God's Gift*, el "don de Dios". Curiosamente, es aquí donde Raymond Chandler, el autor de *El halcón maltés* y *Adiós, muñeca*, estudió; pero cuesta imaginar que fue aquí donde se creó el personaje de Philip Marlowe.

THE HORNIMAN MUSEUM

Una sirena disecada en medio de unos instrumentos musicales...

100 London Road, Forest Hill, SE23 - Tel.: 0208 699 1872
Horario: todos los días de 10.30 a 17.30 h. Los jardines están abiertos de lunes a sábado desde las 7.30 h hasta el anochecer, y los domingos desde las 8.00 h hasta el anochecer
Entrada gratuita excepto para las exposiciones temporales más importantes
5 minutos a pie desde la estación ferroviaria de Forest Hill
ó 13 minutos desde London Bridge

Abierto desde 1901, este edificio fue construido por encargo para albergar la colección de Frederick John Horniman, un comerciante de té. Como la mayoría de las colecciones victorianas, este conjunto, en apariencia excéntrico, de animales disecados, curiosidades antropológicas e instrumentos de música, no es fruto del azar. Algunos objetos son tan insólitos que sólo por ellos vale la pena ir hasta el último rincón de Forest Hill.

La morsa disecada es sin duda la pieza más famosa del Museo Horniman. Los naturalistas reconstruyeron la forma del animal a partir de su piel, sin tener la menor idea de cuál podía ser el aspecto de una morsa. Y como ignoraban que este mamífero marino es muy arrugado, lo rellenaron completamente de paja, de modo que al final obtuvieron una especie de balón con aletas de proporciones semejantes a las de un coche pequeño. Afortunadamente el museo nunca enmendó esta metedura de pata. Los verdaderos tesoros de la colección se encuentran, sin embargo, en la sección etnográfica, una de las más importantes de Gran Bretaña después de la colección del Museo Británico y de la colección Pitt Rivers de Oxford. Entre las numerosas y admirables estatuas africanas -más de 22 000 piezas, de las cuales sólo una parte está expuesta-, destacan, entre otras, las colecciones inventariadas de la región zahorí de Sua y de los Hadza de Tanzania.

La sección más bella es la de música, completamente restaurada entre 1999 y 2002. La sala está llena de escaparates con instrumentos del mundo entero y varios paneles interactivos permiten escuchar grabaciones de cada uno de ellos.

Entre otras curiosidades, cabe destacar especialmente la sirena disecada (el cruce de un mono y un pez, obra de un perverso naturalista), una colmena de cristal y una sorprendente estatua, a tamaño natural, de Kali, la diosa de la Muerte que pisotea cabezas con expresión de pasmo. Es mejor evitar ir al café y la tienda está llena de pequeños regalos originales.

Tenga en cuenta que los fines de semana a los londinenses les encanta venir a este lugar con sus hijos, y por lo tanto es un poco ruidoso...

Un reloj de sol analemático

El museo se extiende a lo largo de 8 hectáreas de jardines desde donde se ve Londres perfectamente. El parque está decorado con una ecléctica colección de relojes de sol, uno de los cuales tiene forma de mariposa. Otro está formado por vidrieras y un gnomom analemático, que le permitirá leer la hora con su propia sombra. Intente planificar su visita al parque en un día soleado.

LA CASA DE LOS SUEÑOS

Artista en residencia

45 Melbourne Grove, East Dulwich, SE22 8RG
www.stephenwrightartist.com
Abre seis días al año (para más información consulte la web) o con previa reserva
Entrada: consulte la web para conocer las tarifas
Tren en la estación de East Dulwich

THE HOUSE OF DREAMS MUSEUM

En el cada vez más aburguesado barrio periférico de East Dulwich, hay una casa que destaca más que las otras. Unas rosas y unos mosaicos enmarcan una puerta azul brillante con un cartel pintado a mano: HOUSE OF DREAMS (La casa de los sueños). Entrar en ella es como caer dentro de una madriguera que lleva a un país de las maravillas de colores vivos, un mundo fantástico hecho de restos de todo tipo de objetos. Dinosaurios de plástico, muñecas desmembradas, santos de yeso y patos de goma que le observan desde el mínimo centímetro de pared o de techo. Dientes postizos, tapones de botellas, guirnaldas de Navidad, pelucas y regaderas forman gigantescas esculturas en poses excéntricas. Incluso los suelos están hechos de mosaicos, caleidoscopios de tejas rota, de vidrios de color y de baratijas.

Stephen Wright, el "artista en residencia", recibe a los visitantes con una gran sonrisa y un cálido abrazo. Este brillante interiorista y diseñador textil y de papelería empezó a transformar su casa en una obra de arte en 1998, tras interesarse por el arte marginal. Las muertes sucesivas de su pareja y de sus padres le llevaron a entregarse a su excéntrica pasión como una forma de catarsis. "Es una especie de santuario hecho con la basura de la gente", comenta Wright riendo. "También es el diario de mi vida". Enormes "tarjetas de memoria" evocan momentos que marcaron la vida de Wright, algunos francamente divertidos, mientras que otros, más tristes, hablan de acosos y duelos.

"Cuando mi madre murió", nos cuenta Wright, "me di cuenta de que toda su ropa estaba llena de imperdibles. Había dejado notitas en sus bolsos de mano. Descubres todos estos secretos misteriosos de la persona que amas cuando fallece. Así que empecé a hacer esculturas con la ropa de mis padres para crear una familia que me reconfortase". Wright es un incansable buscador de objetos o documentos -viejas fotografías de desconocidos, exvotos, etc.- que encuentra en mercadillos o en tiendas de segunda mano durante sus frecuentes viajes. Cada vez más visitantes traen sus propios recuerdos para añadirlos a la casa: vasos, botones, cenizas, mechones de pelo.

"Si comparto esta casa con tanta gente es porque quiero transmitir la libertad de espíritu que desprende", afirma Wright. "Nuestra sociedad está cada vez más regulada y hay cada vez menos oportunidades de crear. La Casa de los Sueños es una reacción contra esto. Quiero volver a la infancia, a esa edad en que no es necesario justificar todo lo que uno crea. No hay reglas que cumplir, haces lo que te da la gana".

Esta casa nunca se terminará. Y como Wright la ha donado al National Trust, no desaparecerá.

CEMENTERIO DE NUNHEAD

El cementerio más fascinante de Londres

Linden Grove, SE15
www.fonc.org.uk
Horario: del 1 de abril al 30 de septiembre: todos los días de 8.00 a 19.00 h .
Del 1 de octubre al 31 de marzo: desde las 8.00 h hasta una hora antes
de la puesta del sol - Las visitas guiadas empiezan en la verja de Linden Grove
el último domingo del mes, a las 14.15 h
Tren de Nunhead hasta Blackfriars (15 minutos). Autobús 343 y P12

Fundado en 1840, el cementerio de Nunhead es el segundo de los siete "magníficos" cementerios construidos en la periferia de Londres a mediados del siglo XIX con el fin de descongestionar los abarrotados

cementerios de las iglesias del centro de la ciudad. Aunque el cementerio de Highgate (donde descansa Karl Marx, quién, aunque sorprendente, vivió una vida burguesa en el barrio de Hampstead) es el más famoso, el de Nunhead es sin duda el más fascinante.

Sus ceremoniosas avenidas de altísimos tilos han sobrevivido aunque hoy sólo delimitan una mezcolanza de lápidas y maleza. El cementerio, situado a 60 metros del nivel del mar, ocupa una superficie de casi 26 hectáreas y ofrece una preciosa vista de la City y de la catedral de St Paul a través de sus árboles.

A comienzos de 1970, la compañía de cementerios abandonó Nunhead ya que al no haber espacio para nuevas tumbas, ya no reportaba ganancias. Pero gracias a un amplio proyecto de renovación, el cementerio volvió a abrir sus puertas en 2001. El lugar está actualmente invadido por la vegetación, y ha llegado a convertirse en una reserva natural donde se pueden ver pájaros cantores, lechuzas, pájaros carpinteros y unas dieciséis especies de mariposas.

Nunhead es un cementerio típicamente victoriano, construido durante el apogeo económico de la ciudad. Las familias ricas encargaron mausoleos que aún conservan su esplendor. Como todas las empresas de la época, este cementerio también era un modelo de eficacia. El recorrido circular permitía que los oficios de la capilla se sucedieran a gran velocidad, sin llegar a ofender a los dolientes. La capilla está provista de un toldo para albergar a los parientes del difunto en épocas de lluvia. Sobresale por encima de una cripta y parece un decorado novelesco sacado de Drácula. Las voluminosas construcciones, deformadas por el crecimiento de las raíces, se elevan entre los árboles, en las esquinas más inesperadas y ángeles en adoración descansan a sus pies entre las flores.

La asociación de los amigos del cementerio de Nunhead (FONC) propone visitas guiadas que empiezan en las verjas de Linden Grove a las 14:15 h, en general el último domingo de mes. Además, a menudo se organizan visitas guiadas especiales que pueden incluir el Music Hall Artistes, el Military Connections, un espacio militar, y el Plant Walk, una fábrica. La asociación se encarga de la grabación de voz de las inscripciones monumentales, pero los voluntarios son bienvenidos.

No deje de ver el obelisco de los mártires escoceses en Dissenters Row, que conmemora la deportación a Australia de cinco defensores de una reforma política de 1792. La capilla anglicana diseñada por Thomas Little en 1843 ha sido recientemente restaurada, tras haber sufrido un incendio intencionado en los años 70.

EL MONUMENTO A MICHAEL FARADAY

Una caja metálica

Elephant & Castle, SE1 6TG
Metro y tren Elephant & Castle

Esta cosa, antaño abandonada en una de las rotondas de la plataforma giratoria del complejo cruce de Elefant & Castle, acaba de ser trasladada, en plena reestructuración del barrio, a la zona peatonal que rodea el centro comercial. ¿Es una discoteca abandonada? ¿Un almacén para productos congelados? En absoluto. En realidad es un monumento al científico victoriano Michael Faraday.

Esta caja de acero inoxidable fue diseñada por el arquitecto Rodney Gordon en 1959 y se construyó dos años más tarde. No la crearon por razones exclusivamente artísticas; contiene una subestación eléctrica para dos líneas de metro, Northern y Bakerloo, bastante apropiado para un monumento dedicado a uno de los mayores pioneros de la electricidad. El proyecto incluía una construcción de vidrio para exponer el mecanismo del transformador. Pero el temor a los actos vandálicos obligó al arquitecto a revisar sus planos y a considerar una caja metálica en su lugar. En realidad, nada alude explícitamente a Faraday en el monumento que le han dedicado, aparte de una inscripción en el suelo de hormigón.

Esta construcción pretende recalcar lo importante que era Faraday como científico (Einstein colgó su retrato en una pared de su despacho). Faraday nació en 1790 cerca de Newington Butts en el seno de una familia pobre y era en gran parte autodidacta. A los catorce años de edad, trabajó de aprendiz con un encuadernador y se pasó los siete años siguientes leyendo cada vez que podía. En 1831, tras años trabajando en la Royal Institution, descubrió la inducción electromagnética, el principio básico del transformador eléctrico y del generador.

QUÉ VER EN LOS ALREDEDORES

El centro comercial de Elephant & Castle ⑱

A menudo en peligro de demolición, este espantoso edificio situado en pleno centro de Elephant & Castle ha logrado sobrevivir a la ira de los promotores sin saber muy bien cómo. Inaugurado en 1965 y presentado como el primer centro comercial cubierto de Europa, merece una visita. Su fealdad parece haber desalentado a las grandes cadenas comerciales; de hecho, tiene muchos comercios independientes, como tiendas y cafeterías con café de Colombia en la planta superior, así como una bolera a precios económicos en la última planta. En el foso de cemento que rodea el edificio –¿en qué estaban pensando los arquitectos Boissevain y Osmond?– hay una amplia variedad de puestos, como unos bares con excelentes zumos y comida caribeña. La gente que trabaja aquí parece estar convencida de que este sitio tiene futuro –probablemente no lo tenga–, pero el caos cordial que reina es una alternativa sana y refrescante a los centros comerciales que se están construyendo por todo Londres.

EDIFICIO BEN PIMLOTT

Un garabato entre los tejados

Goldsmiths College
Universidad de Londres, New Cross, SE14
Línea ferroviaria de New Cross (desde la estación de Charing Cross)

La ampliación del departamento de artes plásticas del Goldsmiths College está ubicada en un edificio de siete plantas revestido de metal y provisto de grandes ventanales que permiten a los artistas aprovechar el aire y la luz del día. Will Alsop, el arquitecto, ha convertido este edificio en un punto de referencia de New Cross, uno de los distritos más pobres de la ciudad, instalando en el tejado un garabato gigante hecho de metal.

Este garabato tiene 72 bucles y pesa más de 25 toneladas. Si se desenrollara, mediría de punta a punta 534 m, dos veces la altura de la torre de Canary Wharf. La escalera de emergencia del lado sur, una caja dentada e independiente de acero prefabricado, también es espectacular. En la fachada principal hay grandes ventanas que van del suelo al techo, de modo que quienes pasan por enfrente pueden espiar a los artistas en pleno proceso de creación. Durante la noche, el edificio está iluminado por una lámpara industrial que forma curiosos charcos de luz y sombra sobre la superficie metálica.

Famosos artistas británicos han estudiado en Goldsmiths College, como Damian Hirst, Gillian Wearing y Anthony Gormley (véase Quantum Cloud). El distrito donde está situado está lleno de pubs de vanguardia, lo que, desafortunadamente, tiene tendencia a darle un aspecto más cutre que guay.

Rubbish & Nasty (308 New Cross Road, SE14), cuyo escaparate verde y nombre ("Basuras y Guarradas") no pasan desapercibidos, es una excelente tienda para quien busque música original o prendas de segunda mano. En ocasiones hay bandas tocando entre los montones de ropa, pero infórmese bien del horario de apertura porque es un tanto extravagante.

Otros edificios modernos de Will Alsop

La arquitectura moderna de Londres se suele asociar a los nombres de Richard Rogers o Norman Foster. Pero las ingeniosas construcciones de Will Alsop también suelen ser sorprendentes, como la Peckham Library (122 Peckham Hill Street), un edificio en forma de L invertida que parece un libro abierto sostenido por siete columnas. También está el edificio de oficinas Palestra, enfrente de la estación de metro Southwark, y sobre todo el Blizard Building, en la Queen Mary University (Turner Street, Whitechapel), un edificio recubierto de vidrios multicolores, dentro del cual hay cápsulas que parecen moléculas gigantes.

EL INTERIOR ART DECÓ DE ELTHAM PALACE

El delirio de un rico excéntrico

Court Yard, SE9
Tel.: 0370 333 1181 - Horario: lunes, martes, miércoles y domingos de 10.00 a 17.00 h
Entrada: consultar la página web
Los trenes con destino a Eltham parten de las estaciones Charing Cross y London
Bridge (cerca de 20 minutos)
Una vez en Eltham, el palacio se encuentra a un cuarto de hora a pie o a unas
pocas paradas de autobús (161 ó 126)

Eltham Palace es uno de los edificios más insólitos de Londres. El obispo Bek le ofreció este palacio al rey Eduardo II en 1305, y Eduardo IV le añadió la Gran Sala, la única parte de la estructura medieval que aún se conserva. Hacia 1530, Enrique VIII lo amplió y construyó una residencia real y unos jardines con un campo de bolos sobre hierba y una pista de tiro con arco. Era el único palacio lo suficientemente grande para recibir a los 800 miembros de la corte. Los vestigios del período de los Tudor demuestran el prestigio que el edificio debió de tener durante su apogeo.

Durante los siglos XVIII y XIX, Eltham Palace sufrió graves deterioros, lo que despertó aún más el interés de artistas presos de ideas románticas, de moda en aquel momento. Era la época en que los ricos estetas llegaban incluso a construirse sitios en ruinas para vagar a su antojo; este tipo de extravagancias era el no va más de la elegancia entre los adinerados.

En 1933, Eltham Palace fue alquilado por una pareja de excéntricos, Sir Stephen y Lady Virginia Courtauld. La llegada de los Courtauld (cuya familia fundó las famosas Courtauld Galleries) marcó el renacimiento del edificio, aunque no tardaron en desatar la controversia contratando a los arquitectos Seely y Paget para que transformaran el palacio en una residencia art decó.

La fachada externa del palacio no presenta mayor interés, lo cual hace aún más sorprendente su delirante interior. Por todas partes abunda la decoración de los años 30: las paredes tienen revestimientos exóticos y las bañeras encastradas en el suelo decoraciones de ónice. La pareja también hizo construir un palacio en miniatura, decorado con motivos de selva, para su mascota, un lémur de cola anillada llamado Mah-jong que compraron en Harrods.

El vestíbulo está decorado con frescos que representan escenas de Venecia. Entre otros detalles coquetos está el yate de los Courtauld. Varias curiosidades tecnológicas de última generación también fueron expuestas en este palacio: desde un sistema centralizado de aspiración por vacío hasta lámparas de techo invisibles. Los motivos curvos abundan en todas las habitaciones: techos abombados, apliques redondos y ojos de buey. La habitación en curva de Virginia Courtauld y su techo circular recuerdan a un templo clásico. Y el suntuoso mapa de cuero de Eltham que cuelga en el despacho, lamentablemente no corresponde con el Eltham de hoy. Eltham se ha convertido en un suburbio y es una zona de Londres poco agraciada.

EL CASTILLO DE SEVERNDROOG ㉑

Una locura en el bosque

Castle Wood, Shooters Hill, SE18 3RT
Tel.: 0800 689 1796
www.severndroogcastle.org.uk
Horario: de abril a octubre, viernes y domingos de 11.00 a 15.00 h. De
noviembre a marzo, jueves, viernes y domingos de 11.00 a 15.00 h
Entrada: consultar los precios en la web
Metro North Greenwich, luego autobús 486, bajar en Memorial Hospital; o en
tren en la estación de Welling, luego autobús 486 u 89

La "locura" del castillo de Severndroog se oculta en el fondo del bosque de Shooters Hill, que domina el sur de Londres. Erigida en 1784 a petición de la viuda del capitán de la marina sir William James, esta torre triangular de estilo gótico se compone de tres salas construidas una encima de la otra, y de una plataforma panorámica en el tejado con una capacidad para diez personas. Con cielo despejado, dicen que, desde la plataforma, se pueden ver siete condados distintos, pero como está rodeada de copas de árboles, a veces las vistas pueden ser limitadas. Como sea, la torre se encuentra en uno de los puntos más elevados de Londres y la vista panorámica es espectacular.

Este castillo se construyó para conmemorar la vida de sir William y sobre todo su hazaña más conocida: destruyó la flota y la fortaleza de Survarnadurg (de ahí Severndroog), en la India, en 1755. Según los ingleses, aquello era un nido de piratas que atacaban los barcos de la Compañía Británica de las Indias Orientales que partían hacia las Indias Occidentales, y según los indígenas, en realidad era la base del almirante de la marina del Imperio maratha.

Sir William se jubiló en Londres, donde trabajó para la Compañía Británica de las Islas Orientales y murió en la opulencia. El castillo pasó a manos privadas, escapó a un proyecto de construcción de 10 000 catacumbas dispuestas en gradas en su mismo emplazamiento y, más tarde, fue usado por el general William Roy para su estudio trigonométrico de Londres, que unía el Observatorio Real de Greenwich, cerca de allí, y el Observatorio de París. Después sirvió de torre de observación para informar del paso de los bombarderos alemanes durante las dos guerras mundiales. Luego pasó a manos del Consejo Municipal, que lo tapió con tablones en 1986. Tras quedar abandonado durante veintiocho años, fue restaurado y reabierto al público en 2014.

Independientemente de las horas habituales de apertura, el castillo se puede alquilar a título privado, así que mejor consulte la web antes de ir a visitarlo. Hay un salón de té en la planta baja.

El castillo se encuentra en la Green Chain Walk (www.greenchain. com), una red de espacios verdes al aire libre unidos entre sí, entre el Támesis y Crystal Palace Park, y también en la Capital Ring, el anillo urbano, un recorrido peatonal que comienza en el vecino Woolwich. Las distancias a recorrer son un poco largas para hacerlas en un solo día, pero es un buen plan si vive al sur de Londres.

Cerca de ahí, Oxleas Wood tiene algunos de los bosques que antiguamente rodeaban la capital. Y en medio de estos bosques, Oxleas Meadow, la pradera de Oxleas, tiene un excelente café inglés tradicional con unas bonitas vistas al paisaje, un depósito de agua enterrado y los confines de Kent.

ÍNDICE ALFABÉTICO

ÍNDICE ALFABÉTICO

NOTAS

AGRADECIMIENTOS

Nuestros agradecimientos a:

Gaby Agis, Etta Lisa Basaldella, Carole Baxter, Frédéric Court, Adam Cumiskey, Nigel Dobinson, Alain Dodard, Benjamin & Maider Faes, Mattie Faint, Patrick Foulis, Ronald Grant, The Greenwich Phantom, Jaco Groot, Charlotte Henwood, John Hilton, Rose Jenkins, Ludovic Joubert, Xavier Lefranc, Islington Local History Centre, Robert Jefries, Zoe Laughlin, Caoimhe Nic a'Bháird, Alex Parsons-Moore, Valérie Passmore, Clare Patey, David Phillips, Ellis Pike, Jeremy Redhouse, Jane Rollason, Michael van Rooyen, Muffin van Rooyen, avv. Renato Savoia, Chris Slade, Amélie Snyers, Angelos Talentzakis, Boz Temple-Morris, Christopher Wade, David Walter, Harriet Warden, Clem Webb, David White, Shazea Quraishi.

CRÉDITOS FOTOGRÁFICOS

Stéphanie Rivoal: La mediateca del British Film Institute, Sinagoga Bevis Marks, British Optical Association Museum, Bunhill Fields, Refugios para taxistas, El desván de la casa del Dr. Johnson, Guildhall Yard, El domingo del jinete, Leighton House, Little Angel Theatre, London Library, London Silver Vaults, London Stone, Notre Dame de France, Monumento a la memoria de la reina Alejandra, St. Bartholomew's the Greater, St Dunstan-in-the-East, El Golden Boy de Pye Corner, El ascenso al Monument, El antiguo anfiteatro de disecciones, The Petrie Museum

Jorge Monedero: 2 Willow Road, Alexander Fleming Laboratory Museum, Edificio Ben Pimlott, British Dental Association Museum, Brixton Windmill, La pista de patinaje de Broadgate, The Brunel Museum, Burgh House y The Hampstead Museum, La pintura mural de Cable Street, Canonbury Tower, Los pozos de hielo del Canal Museum, The Clerk's Well, Creekside Centre, Los dinosaurios de Crystal Palace, The Circus Space, Galería y Museo de los Payasos, Chumleigh Gardens, La casa de los muertos de Somerset House, The Ferryman's Seat, Cementerio moravo de Fetter Lane, La primera fuente pública de Londres, The Fan Museum, Cine Granada/Gala Bingo Hall, The HandleBar Club, Hunterian Museum, La casa de John Wesley, Los libros de la biblioteca de Joe Orton, Kelmscott House, Museo del Vapor de Kew Bridge, London's Living Room, The London Scottish Regimental Museum, Marylebone Cricket Club, El templo masónico del hotel Andaz, Las celdas de la prisión de Newgate, New River Walk, Cementerio de Nunhead, La bañera de la princesa Carolina, Ragged School Museum, La casa de Rudolph Steiner, Slice of Reality y Quantum Cloud, Sutton House, El bosque de Sydenham Hill, Thames River Police Museum, El cerezo de la Olde Mitre Tavern, La lanzadera solar del lago Serpentine, El Museo del Cine, Las cariátides en piedra de coade, Execution Dock, La campana del verdugo, The Horniman Museum, Royal Hospital, The Rookery, The Tent, Twinings Tea Museum, West Reservoir, Wimbledon Windmill Museum, La fundición de campanas de Whitechapel

Peter Scrimshaw: La estación de bombeo de Crossness

Adam Tucker: Anaesthesia Heritage Centre, Los mosaicos de Boris Anrep, El Museo de la Televisión y de la Radio de antaño, La lanzadera solar del lago Serpentine, El osario de Crossbones, El monumento a Michael Faraday, La iglesia finlandesa, Florence Nightingale Museum, Fountain Court, Las catacumbas de Kensal Green, Longplayer, La maqueta del Puente de Londres, Marx Memorial Library, Los monstruos de Trafalgar Square, Novelty Automation, El primer teatro del Globe, Parkland Walk, La habitación de Sherlock Holmes, Strand Tube, El embalse del Támesis, Tower Subway, El convento de Tyburn, West London Bowling Club

El auto-icono de Jeremy Bentham © University Colege of London - Barts Pathology Museum © Carla Valentine - Bleigiessen © Thomas Heatherwick Studio – La reserva natural de Camley Street © Anna Guzzo London Wild Trust – La torre de perdigones de Crane Park © Marathon – Estación de bombeo de Crossness © Crossness Trust Crystal Palace Subway © James Balton – La casa de Dennis Severs © James Brittain - Eltham Palace © English Heritage Photo Library - Fenton House © Jenna Garrett - Fitzroy House © Fitzroy House - Garden Museum © Gavin Kingcome - Geffrye Museum © Chris Ridley - Grant Museum © Fred Langford Edwards & UCL - God's Own Junkyard © God's Own Junkyard - Horse Hospital © Horse Hospital - Institute of Making © Institute of Making – Jardín japonés sobre el tejado © Brunei Gallery, SOAS University of London – El Museo de la máquina de ensayos mecánicos de Kirkaldy © Lars Plougmann – El Museo de las máquinas de coser de Londres © London Sewing Machine Museum - London Transport Museum © Transport for London - London Wall © Fremantleboy, Drallim – El reloj de la pajarera del zoo de Londres © Tim Hunkin – Museo de las Marcas, los Envases y la Publicidad © Museum of Brands, Packaging and Advertising – El Museo de las Curiosidades © Oskar Proctor – Anfiteatro romano © Guildhall - Roots & Shoots © Roots & Shoots – El triforio de la catedral de St Paul © St Paul - St Stephen Church © David Ilif - El Castillo de Severndroog © Severndroog Castle – Un jardín en el cielo © Sky Garden - Sir John Soane Museum © Lewis Bush - Shri Swaminarayan Mandir © Shri Swaminarayan Mandir - The Banner repeater © Holly Whittaker - The Foundling Museum © Richard Bryant Arcaid - The Magic Circle Museum © The Magic Circle - The National Theatre © The National Theatre – La sala basculante de Tower Bridge © Tower Bridge - Two Temple Place © Peter Dazeley - 575 Wandsworth Road © National Trust Images/Christian Barnett – Museo de la Cripta de la Abadía de Westminster © Dean & Chapter of Westminster

Cartografía: **Cyrille Suss** - Diseño: **Coralie Cintrat** - Maquetación: **Stéphanie Benoit** – Traducción: **Patricia Peyrelongue, Paloma Martínez de Velasco y Carlos Granés** - Corrección de estilo: **Milka Kiatipoff y Anahí Fernández**

© JONGLEZ 2017
Depósito legal: Junio 2017 – Edición: 02
ISBN: 978-2-36195-223-5
Impreso en Bulgaria por Multiprint